一本书看透
股权架构

李利威 / 著

机械工业出版社
China Machine Press

图书在版编目（CIP）数据

一本书看透股权架构 / 李利威著. —北京：机械工业出版社，2019.4（2023.1 重印）

ISBN 978-7-111-62368-7

I. 一… II. 李… III. 股权管理 - 研究 IV. F271.2

中国版本图书馆 CIP 数据核字（2019）第 054813 号

本书是国内首部从法律、财务、税务、管理 4 个角度系统讲解股权架构的实战类书籍。全书以空间轴（顶层架构—主体架构—底层架构—架构重组）为经，时间轴（创业期—扩张期—成熟期—再创业）为纬，梳理出股权架构中隐含的 95 个法律的"坑"和 38 个节税的"点"，化繁为简地归纳了股权架构的 9 种模型，并剖析每种模型背后的逻辑以及应用场景，帮助企业快速地对自身架构进行诊断。同时，企业也可参照模型高效地找到相契合的架构方案，让股权架构成为撬动企业经营的杠杆。全书精选小米、海底捞、公牛集团、碧桂园、顺丰等 30 家名企案例及 126 张股权架构图，让读者看得懂、学得会、用得上。本书不仅是股权入门必备的工具书，更是超级实用的股权架构实战指南。

一本书看透股权架构

出版发行：机械工业出版社（北京市西城区百万庄大街 22 号　邮政编码：100037）	
责任编辑：宋　燕	责任校对：李秋荣
印　　刷：保定市中画美凯印刷有限公司	版　　次：2023 年 1 月第 1 版第 21 次印刷
开　　本：170mm×242mm　1/16	印　　张：24.75
书　　号：ISBN 978-7-111-62368-7	定　　价：79.00 元

客服电话：(010) 88361066　68326294

版权所有·侵权必究
封底无防伪标均为盗版

PREFACE
自序

如果人类失去太阳，会在 8 分钟之后发现。
但股东把股权架构搭错了，要几年甚至十几年后才会察觉。

初心：避开股权的那些"坑"

写这篇自序时，是我进入股权咨询领域的第 15 个年头。15 年里，我陪伴并见证了很多优秀企业家用"股权"作为杠杆，撬动起一个个成功的商业帝国，但也见到很多企业家掉进了股权的"坑"：或是陷入股权纠纷，让苦心经营的公司在控制权争夺战中元气大伤；或是股权结构失衡，导致公司发展的底层动力不足，日渐没落；或是没有税务规划，导致架构重组或投资退出时承担了巨额的税负；或是不懂风险隔离，让企业经营风险引火烧身，甚至惹上牢狱之灾；更有一些企业家在股权传承、离婚析产中让亲情和事业双双受损……

这些经历一直在驱动我思考：怎样才能让企业提前避开这些"坑"？尽管市面上不乏灌输股权顶层设计理念的课程，但在这样一个信息爆炸的时代，企业家们并不缺乏重视股权的意识，而是需要一个个切实落地的"点"。于是在经过近千天的埋头梳理之后，我终于挖出股权设计中近百个法律的"坑"和节税的"点"，并用"股权架构"作为主枝干将其系统地串联起来，希望能助力企业家在股权大时代运用股权核武器撬动企业经营。

特色：这本书的"与众不同"

2004年我硕士毕业，第一份工作是律师。职业习惯让我对风险有着极端的憎恶。我高度关注客户公司的治理结构，会逐字逐句地过滤公司章程和投资协议中每一个可能引发争议的条款。在我的眼中，只有安全的股权架构才是企业家事业长青的基石。

2009年，我取得了注册会计师和注册税务师执业资格，工作也换到了税务师事务所。当跨越到财税领域，我才发现，原来所有的股权架构中都藏着一个"隐形股东"——税务局！无论是持股期间的股息红利还是退出环节的转股所得，甚至是左手倒右手的内部架构重组，都有税负成本，以致小米创始人雷军都曾抱怨资本税负之重⊖！股权设计中的"税负考量"是如此重要，可以称得上是与"法律考量"并驾齐驱的"哼哈二将"。

2014年，我辞去事务所的工作，开始在全国各地讲授股权课程，随后成立了自己的股权咨询公司。角色的切换让我再一次领悟到天外有天。尽管法律、财税这些硬规则很重要，但股权的真正内核其实是"人性"。无论是股权激励，还是股权合伙，都是在激发人性中的梦想！当股权大时代到来，人的"股权意识"逐渐觉醒，越来越多的企业家选择以"分股"为契机，或以"股权做中枢"向内打通"战略定位—商业模式—组织架构—绩效机制"的管理经络；或以"股权为纽带"向外进行"连横合纵"或"并购整合"的资本运作。所以，"股权"是有魂的，股权设计的终极目的是为企业运营输送源源不断的、最底层、最原生的动力，"股权架构"更是一个牵一发而动全身的系统，如下图所示。

⊖ 见《雷军谈中国为何缺少天使投资人：税收太重不划算》，来源于http://www.edushi.com/zixun/info/113-115-n3123098.html，时间：2016年6月27日。

在本书写作过程中，对于每种架构模型，我尽量打通法律、税务、财务、管理四门学科的边界，将硬规则（法律、财税）与软理念（战略、管理）融会贯通，不让你因知识割裂而对股权架构盲人摸象。

同时，为了增加本书的可读性，我精选了小米、蚂蚁金服、碧桂园、顺丰控股、万科地产、海底捞、公牛集团等30家名企案例和126张股权架构图，还原它们股权路上的风风雨雨，并总结其成败得失，期待你在似曾相识的场景中引发共振并有所体悟。

框架：这本书到底写了什么

本书共分四个部分：顶层架构、主体架构、底层架构、架构重组。四个部分的布局遵循了自上而下空间轴的逻辑，也隐含着一家公司创业期→扩张期→成熟期→再创业的时间轴顺序。

第一部分顶层架构分为3章。分别是解码24个核心持股比、分股不分权的7种方法、分股的"道"和"术"。这部分是入"股门"的必备知识，更是股权学习的地基工程。

第二部分主体架构分为6章。当企业经历了创业期的创新摸索，找到了可复制的商业模式，这时就进入扩张期。此时，股东开始思考：公司的终极归宿是被并购、上市还是家族传承？伴随着这种思考，股权架构也要做出相应的调整，以核心公司为轴心搭建合适的主体架构。本部分总结出6种主体架构模型：有限合伙架构、自然人直接架构、控股公司架构、混合股权架构、海外股权架构、契约型架构，方便你根据自身的情况按图索骥，快速找到相契合的架构方案。

第三部分底层架构分为3章。如果一家企业在商业模式复制过程中拥有了护城河，它就进入了成熟期。成熟期的企业可能会尝试业务再创新或者做顺应时势的组织变革，于是便有了主体架构下的底层架构。本部分将底层架构简化为3种模型：创新型子公司、复制型子公司和拆分型子公司，并讲解了每种架构模型背后的逻辑以及应用场景。

第四部分架构重组分为3章。现实中，不管我们事先规划得如何完美，都可能遭遇计划不如变化快的尴尬。本部分区分了拟上市型、家族传承型、被并购型

3类企业，分别讨论了每类企业如何随着时过境迁对架构进行调整，这些调整又有哪些操作路径以及落地要点。

希望本书能为你搭建起一个完整、动态、立体的股权架构系统。如果股权知识体系是一棵树，本书帮助你搭建的就是它的主干，有了主干，枝杈、树叶、花朵才有所安放。同理，掌握了股权架构系统后，日常学习获得的股权知识碎片，才会成为你知识体系的有益补充，而不至于像沙漏中的流沙一样轻易流失。

赫拉利的《人类简史》中有一句话："人类以为自己驯化了小麦，其实是小麦驯化了我们。"其实这句话做个替换同样适用："我们以为在驾驭股权，其实是股权在驾驭我们。"希望以本书为媒，与诸君相识，一起沿着股权之术→股权之法→股权之道逐步进阶，最终领悟股权精髓，共同迎接股权大时代。

李利威

2019年3月8日于上海

CONTENTS 目录

自序

第一部分 顶层架构

第1章 解码24个核心持股比 / 3

1.1 有限公司 / 3
    1.1.1 股东捣蛋线（34%） / 4
    1.1.2 绝对控股线（51%） / 5
    1.1.3 完美控制线（67%） / 6
    1.1.4 外资待遇线（25%） / 6
    1.1.5 重大影响线（20%） / 6
    1.1.6 申请解散线（10%） / 7

1.2 非公众股份公司 / 8
    1.2.1 股东代表诉讼线（1%） / 8
    1.2.2 股东提案资格线（3%） / 9
    1.2.3 股东大会召集线（10%） / 9
    1.2.4 申请公司解散线（10%） / 10

1.3 新三板公司 / 10
    1.3.1 重大重组通过线（67%） / 11
    1.3.2 实际控制认定线（30%） / 12

  1.3.3 权益变动报告线（10%）／12
  1.3.4 重要股东判断线（5%）／12
1.4 上市公司　／13
  1.4.1 重大事项通过线（67%）／13
  1.4.2 实际控制认定线（30%）／15
  1.4.3 要约收购触碰线（30%）／15
  1.4.4．首发公众股比线（25%）／16
  1.4.5 权益变动报告线（20%）／16
  1.4.6 科创板激励上限（20%）／16
  1.4.7 激励总量控制线（10%）／17
  1.4.8 重要股东判断线（5%）／18
  1.4.9 股东减持限制线（2%）／21
  1.4.10 独立董事提议线（1%）／21

第 2 章 分股不分权的 7 种方法　／22

2.1 有限合伙企业　／23
  2.1.1 有限合伙企业简介　／23
  2.1.2 案例 1 海康威视　／24
  2.1.3 有限合伙企业妙用　／27
2.2 金字塔架构　／29
  2.2.1 金字塔架构简介　／29
  2.2.2 金字塔架构启发　／31
  2.2.3 两种股权架构比较　／37
2.3 一致行动人　／41
  2.3.1 一致行动人的概念　／41
  2.3.2 案例 2 养元饮品　／43
  2.3.3 一致行动人点评　／45
  2.3.4 一致行动人协议　／48
2.4 委托投票权　／53
  2.4.1 委托投票权的定义　／53
  2.4.2 案例 3 天常股份　／53

2.4.3　委托投票权点评　/ 54
2.5　公司章程控制　/ 54
　　2.5.1　案例 4　上海新梅　/ 55
　　2.5.2　公司章程要点　/ 63
2.6　优先股　/ 69
　　2.6.1　优先股的含义　/ 69
　　2.6.2　案例 5　中导光电　/ 69
　　2.6.3　优先股点评　/ 72
2.7　AB 股　/ 73
　　2.7.1　AB 股的概念　/ 73
　　2.7.2　案例 6　小米集团　/ 75
　　2.7.3　AB 股点评　/ 80

第 3 章　分股的"道"和"术"　/ 85

3.1　分股之道　/ 85
　　3.1.1　擅平衡：案例 7　独立新媒　/ 85
　　3.1.2　知深浅：案例 8　1 号店　/ 88
　　3.1.3　驭人性：案例 9　真功夫　/ 92
3.2　分股之术　/ 95
　　3.2.1　vesting 制度　/ 95
　　3.2.2　控分股节奏　/ 100
　　3.2.3　避分配雷区　/ 100

第二部分　主体架构

第 4 章　有限合伙架构　/ 112

4.1　有限合伙架构简介　/ 112
4.2　案例 10　汇财金融　/ 113
4.3　有限合伙架构实操要点　/ 116
　　4.3.1　合伙企业的税收陷阱　/ 116

4.3.2　合伙企业注册地陷阱 / 117
4.4　有限合伙架构适用情形 / 122
　　4.4.1　钱权分离度极高的创始人股东 / 122
　　4.4.2　有短期套现意图的财务投资人 / 124
　　4.4.3　员工持股平台 / 124

第 5 章　自然人直接架构 / 125

5.1　自然人直接架构简介 / 125
5.2　案例 11　明家科技 / 125
5.3　自然人直接架构点评 / 126
　　5.3.1　自然人直接架构的优点 / 126
　　5.3.2　自然人直接架构的缺点 / 130
　　5.3.3　自然人直接架构适用情形 / 132

第 6 章　控股公司架构 / 133

6.1　控股公司架构简介 / 133
6.2　案例 12　红星美凯龙 / 134
　　6.2.1　架构调整之痛 / 134
　　6.2.2　美凯龙案例反思 / 137
6.3　控股公司架构点评 / 138
　　6.3.1　控股公司架构的优点 / 138
　　6.3.2　控股公司架构的缺点 / 139
　　6.3.3　控股公司架构适用情形 / 140

第 7 章　混合股权架构 / 141

7.1　混合股权架构简介 / 141
7.2　案例 13　公牛集团 / 142
　　7.2.1　要上市的公牛 / 142
　　7.2.2　顶层架构设计 / 143
　　7.2.3　主体架构详解 / 146
7.3　混合股权架构点评 / 147
7.4　混合股权架构适用情形 / 148

第 8 章　海外股权架构　/ 149

8.1　海外股权架构素描　/ 149
  8.1.1　红筹架构：股权控制模式和 VIE 模式　/ 149
  8.1.2　"走出去"架构：案例 14　巨轮股份　/ 151
8.2　案例 15　龙湖地产　/ 155
  8.2.1　返程投资架构　/ 156
  8.2.2　5 层龙湖架构　/ 157
8.3　海外股权架构实操要点　/ 162
  8.3.1　红筹架构的并购审批　/ 163
  8.3.2　海外股权架构的外汇登记　/ 167
  8.3.3　海外股权架构的税收要点　/ 171

第 9 章　契约型架构　/ 174

9.1　契约型架构概述　/ 174
9.2　案例 16　奥康国际　/ 175
  9.2.1　设立员工持股计划　/ 176
  9.2.2　购买奥康国际股票　/ 178
  9.2.3　员工持股计划套现　/ 179
9.3　契约型架构点评　/ 179
  9.3.1　契约型架构的优点　/ 179
  9.3.2　契约型架构的缺点　/ 180

第三部分　底层架构

第 10 章　创新型子公司　/ 186

10.1　案例 17　体内控股之华谊创星　/ 188
  10.1.1　体内控股架构介绍　/ 188
  10.1.2　体内控股架构点评　/ 189
10.2　案例 18　完全体外之顺丰集团　/ 191
  10.2.1　顺丰借壳前的架构调整　/ 191

10.2.2 上市前调整架构的原因 / 193

10.2.3 案例启发：可以向华谊和顺丰学到什么 / 195

10.3 案例19 剥离上市之麻辣诱惑 / 196

10.3.1 剥离上市股权架构背景 / 196

10.3.2 第一阶段："麻小外卖"初试水 / 197

10.3.3 第二阶段："餐饮"转型"食品" / 201

10.4 案例20 体内参股之安井食品 / 204

10.4.1 体内参股架构概览 / 204

10.4.2 体内参股架构背景 / 205

10.4.3 体内参股架构点评 / 208

第11章 复制型子公司 / 213

11.1 项目跟投机制 / 213

11.2 案例21 万科地产 / 214

11.2.1 事业合伙人持股计划 / 214

11.2.2 项目跟投制度 / 214

11.3 案例22 碧桂园 / 218

11.3.1 碧桂园激励机制 / 218

11.3.2 万科和碧桂园跟投机制对比 / 220

11.4 跟投制度点评 / 220

第12章 拆分型子公司 / 226

12.1 案例23 海底捞 / 226

12.1.1 海底捞帝国初建 / 227

12.1.2 拆分调料业务 / 227

12.1.3 拆分供应链管理 / 229

12.1.4 拆分人力资源 / 232

12.1.5 拆分信息技术 / 233

12.1.6 火锅餐饮上市 / 234

12.1.7 海底捞帝国全貌 / 236

12.2 拆分型子公司点评 / 236

第四部分　架构重组

第 13 章　拟上市型企业 / 240

13.1　境内 IPO / 240

　　第一阶段：公司创立 / 240

　　第二阶段：引入创业伙伴 / 241

　　第三阶段：创业伙伴退出 / 241

　　第四阶段：直接架构变混合架构 / 244

　　第五阶段：员工股权激励 / 248

　　第六阶段：上下游持股 / 253

　　第七阶段：引入第一轮 PE / 254

　　第八阶段：设立复制型控股子公司 / 260

　　第九阶段：设立拆分型全资子公司 / 260

　　第十阶段：体内设立创新型子公司 / 261

　　第十一阶段：体外设立创新型子公司 / 261

　　第十二阶段：体外设立参股公司 / 263

　　第十三阶段：股权置换 / 264

　　第十四阶段：并购体外参股公司 / 266

　　第十五阶段：引入第二轮 PE / 274

　　第十六阶段：股份制改造 / 276

　　第十七阶段：IPO 上市 / 279

13.2　境外上市 / 280

　　13.2.1　案例 24　红筹架构之周黑鸭 / 280

　　13.2.2　案例 25　红筹架构之正荣地产 / 286

　　13.2.3　案例 26　VIE 架构之美图公司 / 289

第 14 章　家族传承型企业 / 293

14.1　夫妻股权 / 293

　　14.1.1　离婚之痛：案例 27　昆仑万维 / 293

　　14.1.2　债务之痛：案例 28　小马奔腾 / 306

14.2　兄弟股权 / 310

14.2.1 兄弟反目 / 310
14.2.2 分家方案 / 310
14.3 子女股权 / 315
14.3.1 案例29 富贵鸟传承之痛 / 315
14.3.2 富贵鸟案例启发 / 321

第15章 被并购型企业 / 323

15.1 案例30 慈铭体检 / 323
15.1.1 第一阶段架构 / 323
15.1.2 第二阶段架构 / 324
15.1.3 第三阶段架构 / 327
15.1.4 第四阶段架构 / 328
15.2 被并购架构点评 / 329
15.2.1 税收筹划 / 329
15.2.2 并购基金 / 331

附录A 不同持股比含义依据法规汇编 / 333

附录B 离婚析产中期权分割司法判例 / 359

附录C 婚姻法及其司法解释 / 368

附录D 企业重组税收政策汇编 / 372

致谢 / 378

| PART 1 |

第一部分

顶层架构

印度作家普列姆·昌德有句名言:"财富带来痴迷,权力带来疯狂。"股权是股东基于股东资格而享有的从公司中获得利益并参与公司经营管理的权利,叠加了股东对"财富"和"权力"的双重诉求。因此,糅杂着"钱"与"权"的股权注定是最能展现人性痴狂且极具故事性元素的领域。表 P1-1 根据对钱、权诉求强弱的不同,将股东分为如下 4 类。

表 P1-1　4 类股东诉求表

	A 型股东	B 型股东	C 型股东	D 型股东
钱	强诉求	弱诉求	强诉求	弱诉求
权	强诉求	强诉求	弱诉求	弱诉求

A 型股东。这是很多企业家的梦想,他们羡慕像比尔·盖茨那样自己创建公司,并且能够始终控制公司的企业家。比尔·盖茨不仅是世界上最富有的人之一,也是令人畏惧的 CEO。但在现实中,既收获财富又不分股的企业家并不多。实际上,创业过程中的许多决定都要求创业者在财富与公司控制权之间做出取舍。对财富的渴望和对公司控制权的追求在大多数的场景中,是鱼与熊掌不能兼得的。出现这种矛盾的主要原因是创业者必须吸引外部资源(人力、信息、资金)才能让公司创造价值,而这要求创业者用财富和控制权作为交换条件。

B 型股东。如果说面对"钱"和"权",企业家无法做到鱼和熊掌兼得,那么很多创始人股东在抉择时,会选择对控制权的倾斜。比如,京东 CEO 刘强东在中央电视台《对话》栏目中就说道:"如果不能控制这家公司,我宁愿把它卖掉！"①

C 型股东。如果说，创始人股东在钱权抉择中，往往把控制权排在第一位，那么公司员工和财务投资人（VC/PE）则会做出相反的选择——对钱的强诉求＋对权的弱诉求。也正是 B 型股东和 C 型股东的相反选择，使得不同类型的股东具有了互补性，奠定了合作的基础。

D 型股东。钱的弱诉求和权的弱诉求，这在现实世界中几乎是不存在的，我们可以忽略不计。

本部分主要针对 B 型股东和 C 型股东展开介绍。在第 1 章中，我们将解析不同持股比例在法律上的规定，以及这些比例会给股东带来哪些影响。在第 2 章中，我们将站在 B 型股东的角度，讨论在与 C 型股东合作时，如何分股不分权。在第 3 章中，我们将讨论，如果两个股东是创业伙伴，恰恰又都属于 B 型股东，该如何对股权进行分配。

---

① 援引自《刘强东：如果不能控制这家企业，我宁愿把它卖掉》，来源于 http://www.woshipm.com/chuangye/845186.html，时间 2019 年 2 月 5 日。

CHAPTER 1

第 1 章

解码 24 个核心持股比

要控制公司，拥有更高的持股比例肯定是最简单粗暴且最有效的办法。到底股东拥有的持股比例达到多少可以牢牢地控制公司呢？这首先需要我们了解不同持股比例所代表的含义。为了便于按图索骥，我们将公司分成 4 类：有限公司、非公众股份公司、新三板公司⊖和上市公司。

1.1 有限公司

有限公司兼具"人合"和"资合"两种属性。有限公司人合属性体现在：股东是基于股东间的信任而集合在一起，股东间的关系较为紧密；股东人数有上限，不超过 50 人；《中华人民共和国公司法》（以下简称《公司法》）赋予股东通过公司章程设计治理规则的空间很大；股东对外转让股权有一定的限制。一言蔽之，有限公司的股东结构更具有闭合性的特点。表 1-1 列示了有限公司股东常见持股比例⊜所代表的含义。以下我们将通过

⊖ 属于非上市公众公司。
⊜ 包括了表决权比例，本章中的持股比例均包括表决权比例。

案例对这些持股比例进行解析。

表 1-1　有限公司股东持股比例含义

持股比例	含　义	详　解
34%	股东捣蛋线	对股东会的 7 类事项决策拥有一票否决权
51%	绝对控股线	除 7 类事项外，拥有决策权
67%	完美控制线	对股东会所有决策，均有一票通过权
25%	外资待遇线	外国投资者出资比例高于 25%，方可享受外商投资企业待遇
20%	重大影响线	股东需用"权益法"对该投资进行会计核算
10%	申请解散线	拥有申请法院解散公司和召开临时股东会的权利

1.1.1　股东捣蛋线（34%）

这个案例改编自 2005 年我做律师时代理过的一个诉讼案件。

【例 1-1】

有三个好兄弟，我们姑且称其为熊三、牛四和马五。他们曾在 2002 年一起注册了一家公司，注册资本 100 万元。在成立之初分配股权时，三人计划是三分天下，每人持股 1/3。但工商注册持股比例需要以百分数表示，1/3 不方便登记，于是熊三提出自己出资 34 万元，占股比例为 34%；牛四和马五各出资 33 万元，占股比例各为 33%。当时牛四和马五并未多想，因为 33% 和 34% 只相差 1% 且均未达到 51% 的绝对控股。公司运营两年后，熊三与牛四、马五的经营理念不合，发生诸多冲突，牛四和马五便合议谋划，换掉熊三的董事长和法定代表人。但二人发现，如果更换董事长必须先修改公司章程，而按《公司法》的规定，修改公司章程必须经代表 2/3 以上表决权的股东通过，也就是说如果熊三不同意修改公司章程，更换董事长的决议将永远无法通过。

所以，我们称 34% 的持股比例为股东捣蛋线。如果你作为股东无法达到 51% 的持股比例，至少应该争取 34% 的持股比例，因为这个持股比例使股东至少拥有 7 项捣蛋的权利：修改公司章程、增加注册资本、减少注册资本、公司合并、公司分立、公司解散、变更公司形式。

⚖️ **法规链接**

《公司法》第四十三条　股东会会议作出修改公司章程、增加或者减少注册资本的决议，以及公司合并、分立、解散或者变更公司形式的决议，必须经代表三分之二以上表决权的股东通过。

1.1.2　绝对控股线（51%）

51%的持股比例被称为绝对控股。很多人会受到"绝对"二字的误导，以为股东持股 51% 就可以拥有绝对话语权，在公司里呼风唤雨。但事实上，"绝对控股"仅仅是相对于"相对控股"的一个概念。根据《公司法》的规定，持股比例虽然不足 50%，但所享有的表决权足以对股东会决议产生重大影响的股东也被称为"控股股东"，这种股东通常被称为"相对控股"。股东切记，即使拥有 51% 的持股比例，但未达到 67%，有 7 个事项是无法独立决策的，分别为修改公司章程、增加注册资本、减少注册资本、公司合并、公司分立、公司解散、变更公司形式。

⚖️ **法规链接**

《公司法》第二百一十六条　本法下列用语的含义：……

（二）控股股东，是指其出资额占有限责任公司资本总额百分之五十以上或者其持有的股份占股份有限公司股本总额百分之五十以上的股东；出资额或者持有股份的比例虽然不足百分之五十，但依其出资额或者持有的股份所享有的表决权已足以对股东会、股东大会的决议产生重大影响的股东。……

1.1.3 完美控制线（67%）

除非公司章程另有约定，否则股东拥有公司 67% 的持股比例，才会拥有最完整的控制权，因此我们称 67% 为完美控制线。

1.1.4 外资待遇线（25%）⊖

在中外合资经营企业中外国合营者的投资比例一般不低于 25%。外国投资者在并购后所设外商投资企业注册资本中的出资比例高于 25% 的，该企业才可以享受外商投资企业待遇。

1.1.5 重大影响线（20%）⊜

根据《企业会计准则》的规定，当股东持股比例超过 20% 但低于 50% 时，通常被认为对被投资公司有重大影响。投资方一旦对被投资公司有重大影响，将被要求以"权益法"对该项投资进行会计核算。

【例 1-2】

华谊创星（833568）在新三板挂牌前曾投资一家公司"易茗尚品"⊝，持股比例为 19.6%。因为持股比例没有达到 20%，华谊创星对"易茗尚品"的投资采用"成本法"进行会计核算，除非"易茗尚品"分红或者华谊创星将"易茗尚品"转让或者华谊创星对"易茗尚品"投资计提减值准备，否则该项投资不会影响华谊创星的利润。但如果华谊创星新三板挂牌时，对"易茗尚品"的持股比例为 21%，将视为对"易茗尚品"产生重大影响，

⊖ 本部分法规见附录 A.1.4。
⊜ 本小节法规见《企业会计准则第 2 号——长期股权投资》第五条、第七条、第九条，具体内容见附录 A.1.5。
⊝ 全称为"易茗尚品（天津）电子商务有限公司"。

并采用"权益法"进行会计核算。在该种核算方法下,"易茗尚品"每年的盈亏情况会对华谊创星合并报表中的利润产生影响。

1.1.6 申请解散线(10%)⊖

2010年,我曾经在兰州接到一桩关于股权纠纷的咨询案例。张老板、李老板、王老板3名股东合资成立了一家污水处理公司,三方的持股比例分别为51%、41%、8%。该公司盈利状况一直良好且稳定。但在运营过程中,张老板和李老板产生了矛盾,由于财务部里会计是张老板委派的,出纳是李老板委派的,股东间的战争直接导致财务部硝烟弥漫,进而财务系统失灵、公司运营瘫痪。大股东和二股东财大气粗,宁愿不蒸馒头争口气,彼此间相持不下。三股东王老板调停失败,只能眼睁睁地看着公司每日违约负债,心急如焚。这种情况在合资经营的公司中屡见不鲜,法律界称之为"股东僵局"。通俗地讲,公司是拟制的法人,其实际管理要依靠股东会、董事会等意思机关⊜和执行机关的有效运行。股东会和董事会等就像公司的大脑和四肢。如果大脑和四肢瘫痪,公司这个组织体的运营管理就会出现严重困难。为了打破股东僵局,《公司法》赋予了部分股东救济手段,只要单独或合计持有公司全部股东表决权10%以上的股东,便可以去法院立案申请公司解散,以防止公司损失进一步扩大。但可惜的是,王老板的持股比例仅为8%,持有的表决权也未达到10%,不仅没有资格申请召开临时股东会议,连申请法院解散公司的资格都没有。所以,作为实业投资人,尤其是参与公司运营的投资人,建议拥有表决权的比例尽量不要低于10%。

⊖ 本小节法规见《公司法》第三十九条、第一百八十二条,《最高人民法院关于适用〈中华人民共和国公司法〉若干问题的规定(二)》第一条。具体内容见附录A.1.6。
⊜ 意思机关,即形成法人意思的机关,是法人的权力机关、决策机关。在股份公司中,意思机关就是股东大会。

1.2 非公众股份公司

股份公司是纯粹的"资合公司",在股份公司里,资本起着决定性作用,公司的资本越雄厚,其信用越好。股东个人的声望、信用与公司信用无关。"资合公司"以出资为条件,强调资本的结合。所以,股份公司的股份转让没有限制。当有限公司改制为股份公司后,标志着公司将由闭合型股权结构迈入开放型股权结构。表 1-2 列示了非公众股份公司股东常见持股比例所代表的含义。

表 1-2 非公众股份公司股东持股比例含义

持股比例	含 义	详 解
1%	股东代表诉讼线	当董事高管侵害公司利益时,有权提起诉讼
3%	股东提案资格线	提交股东大会议案
10%	股东大会召集线	拥有申请法院解散公司和召集临时股东会的权利
	申请公司解散线	

1.2.1 股东代表诉讼线(1%)[⊖]

2004 年 6 月,北京红石实业有限责任公司的三位小股东汪钢、谢光学和姚军以潘石屹侵害公司财产为由将其告上法庭,索赔 1.05 亿元。三位原告在诉状中称,大股东潘石屹在他们不知情的情况下,将原红石实业拥有的 SOHO 现代城、建外 SOHO 的相关权益非法转让到了潘氏夫妇持有的 SOHO 中国名下,严重侵害了中小股东们的利益。[⊖]由于潘石屹是知名企业家,该案受到了法学家和企业界的关注。该案例直接推动了《公司法》于 2005 年修改时引进了股东代表诉讼制度,当公司利益受到侵害时,在公司拒绝或者怠于行使诉权的情况下,股东可以为了公司的利益而以自己的

⊖ 本部分所涉及法规。见《公司法》第一百五十条,具体见本书附录 A.2.1。
⊖ 李领臣,赵勇.论股东代表诉讼的和解 [D].昆明:云南大学学报(法学版),2010(2):57。

名义直接向人民法院提起诉讼。在实践中，大股东操纵董事、高级管理人员损害公司利益以及公司中小股东利益的情况时有发生，赋予股东提起代表诉讼的权利，具有重要的实际意义。但需要注意的是，提起股东代表诉讼有前置性条件，只有有限责任公司的股东以及股份有限公司连续180日以上单独或者合计持有公司1%以上股份的股东，才有资格提起股东代表诉讼。

1.2.2 股东提案资格线（3%）⊖

根据《公司法》的规定，在股份有限公司中，只有单独或者合计持有公司3%以上股份的股东，才可以在股东大会召开10日前提出临时提案并书面提交董事会。

1.2.3 股东大会召集线（10%）⊜

在股份公司中，股东大会是公司的权力机构，它是通过召开会议的形式来行使自己的权力的。股东大会会议依其召开时间的不同，分为股东大会年会和临时股东大会。由于股份公司通常股东人数较多，不可能经常召开股东会议，因此《公司法》确定股东大会应当每年召开一次年会，决定公司一年中的重大事项。股东大会年会何时召开、审议哪些事项，由公司章程规定。公司章程还可以规定一年中多次召开股东大会定期会议。在两次股东大会年会期间，公司可能出现一些特殊情况，需要由股东大会审议决定某些重大事项，因而有必要召开临时股东大会。临时股东大会与股东大会年会的区别在于：二者的召集权人和召集程序不同，审议的事项也有

⊖ 本部分所涉及法规见《公司法》第一百零二条，具体内容见本书附录A.2.2。
⊜ 本部分所涉及法规见《公司法》第一百零一条，具体内容见本书附录A.2.4。

所区别。在股份公司中，股东单独或者合计持有公司 10% 以上股份，表明其在公司中的权益占有相当的比重，当其认为必要时，可以要求公司召开临时股东大会，审议、决定其关注的事项。

1.2.4　申请公司解散线（10%）

公司经营管理发生严重困难，继续存续会使股东利益受到重大损失，通过其他途径不能解决的，持有公司全部股东表决权 10% 以上的股东，可以请求人民法院解散公司，具体解析见 1.1.6 内容。

1.3　新三板公司

新三板，即全国中小企业股份转让系统，是经国务院批准设立的全国性证券交易场所。股份公司在新三板挂牌后，股东可以通过做市转让方式和集合竞价转让方式将股票转让给合格投资者⊖。通过新三板挂牌，股东结构更具开放性，股票的流动性也较之挂牌前有所增加。表 1-3 列示了新三板公司股东常见持股比例所代表的含义。

⊖ 根据《全国中小企业股份转让系统投资者适当性管理细则》的规定，除特殊金融投资机构外，有资格投资新三板的机构投资者为：①实收资本或实收股本总额 500 万元人民币以上的法人机构；②实缴出资总额 500 万元人民币以上的合伙企业。有资格投资新三板的自然人投资者包括：①在签署协议之日前，投资者本人名下最近 10 个转让日的日均金融资产 500 万元人民币以上。金融资产是指银行存款、股票、债券、基金份额、资产管理计划、银行理财产品、信托计划、保险产品、期货及其他衍生产品等；②具有 2 年以上证券、基金、期货投资经历，或者具有 2 年以上金融产品设计、投资、风险管理及相关工作经历，或者具有《证券期货投资者适当性管理办法》第八条第一款规定的证券公司、期货公司、基金管理公司及其子公司、商业银行、保险公司、信托公司、财务公司，以及经行业协会备案或者登记的证券公司子公司、期货公司子公司、私募基金管理人等金融机构的高级管理人员任职经历。

表 1-3　新三板公司股东持股比例含义表

持股比例	含义	详解
67%	重大重组通过线	重大资产重组须经出席会议的股东所持表决权的 2/3 以上通过
30%	实际控制认定线	实际支配挂牌公司股份表决权超过 30% 被认定为拥有新三板挂牌公司的控制权
10%	权益变动报告线	投资人拥有权益的股份达已发行股份的 10%，需编制并披露权益变动报告书
5%	重要股东判断线	权益受限要披露；减持披露；拥有权益增减幅达 5% 要披露；自愿要约收购，约定比例不低于 5%；外资比例超过 5% 要备案

1.3.1　重大重组通过线（67%）⊖

为了保护新三板公司小股东的利益，《非上市公众公司重大资产重组管理办法》规定，股东大会就重大资产重组事项做出决议，必须经出席会议的股东所持表决权的 2/3 以上通过。新三板公司重大资产重组是指公众公司及其控股或者控制的公司在日常经营活动之外购买、出售资产或者通过其他方式进行资产交易，导致公众公司的业务、资产发生重大变化的资产交易行为。新三板公司及其控股或者控制的公司购买、出售资产达到下列标准之一，构成重大资产重组：

（1）购买、出售的资产总额占新三板公司最近一个会计年度经审计的合并财务会计报表期末资产总额的比例达到 50% 以上。

（2）购买、出售的资产净额占新三板公司最近一个会计年度经审计的合并财务会计报表期末净资产额的比例达到 50% 以上，且购买、出售的资产总额占公众公司最近一个会计年度经审计的合并财务会计报表期末资产总额的比例达到 30% 以上。

⊖ 本部分所涉及法规见附录 A.3.1。

1.3.2 实际控制认定线（30%）[一]

根据《全国中小企业股份转让系统挂牌公司信息披露细则（试行）》的规定，当实际支配新三板公司股份表决权超过 30%，将被认定为拥有新三板挂牌公司的控制权。

1.3.3 权益变动报告线（10%）[二]

如果投资者及其一致行动人通过做市方式、竞价方式、协议方式拥有权益的股份达到新三板公司已发行股份 10%，应当在该事实发生之日起 2 日内编制并披露权益变动报告书，报送全国中小企业股份转让系统，同时通知该新三板公司；自该事实发生之日起至披露后 2 日内，不得再行买卖该新三板公司的股票。

1.3.4 重要股东判断线（5%）[三]

在对新三板公司进行监管的法规中，5% 的持股份额是一个很重要的比例，持股比例达到 5% 以上的股东我们称之为"重要股东"。之所以"重要"，有以下几个原因：

（1）重要股东减持需披露。在新三板挂牌公司中拥有权益的股份达到公司总股本 5% 的股东，其拥有权益的股份变动达到全国股份转让系统公司规定的标准的，应当及时通知挂牌公司并披露权益变动公告。

（2）股权受限需披露。新三板挂牌公司任一股东所持公司 5% 以上股份被质押、冻结、司法拍卖、托管、设定信托或者被依法限制表决权的，新三板公司应当自事实发生之日起 2 个转让日内披露。

[一] 本部分所涉及法规见附录 A.3.2。
[二] 本部分所涉及法规见附录 A.3.3。
[三] 本部分所涉及法规见附录 A.3.4。

（3）增加或减少5%要披露。投资者拥有权益的股份达到新三板挂牌公司已发行股份的10%后，其拥有权益的股份占该公众公司已发行股份的比例每增加或者减少5%（即其拥有权益的股份每达到5%的整数倍时），应该进行披露。自该事实发生之日起至披露后2日内，不得再行买卖该公众公司的股票。

（4）自愿要约收购比例下限。收购人自愿以要约方式收购新三板挂牌公司股份的，其预定收购的股份比例不得低于该公众公司已发行股份的5%。

（5）外资比超过5%须备案。外商投资的上市公司及在全国中小企业股份转让系统挂牌的公司，可仅在外国投资者持股比例变化累计超过5%以及控股或相对控股地位发生变化时，就投资者基本信息或股份变更事项办理备案手续。

1.4 上市公司

上市公司是指其股票在证券交易所上市交易的股份有限公司。我国内地的证券交易所包括深圳证券交易所和上海证券交易所。国际知名证券交易所有：纽约证券交易所（NYSE）、香港交易所（HKEX）、纳斯达克（NASDAQ）、伦敦证券交易所（London Stock）等。本节主要讨论A股上市公司。从投资端角度来看，由于投资上市公司股票的门槛很低，所以投资者众多。从融资端角度来看，企业IPO的门槛较高，上市公司相对比较优质。所以，上市公司的股票流动性要远远好于新三板公司。表1-4列示了上市公司股东常见持股比例所代表的含义。

1.4.1 重大事项通过线（67%）[○]

上市公司拟实施股权激励计划或者在1年内购买、出售重大资产或者

[○] 本部分所涉及法规见本书附录A.4.1。

表 1-4 上市公司股东持股比例含义

持股比例	含义	详解
67%	重大事项通过线	重大重组、重大担保，股权激励须经出席的股东会议的股东所持表决权的 2/3 以上股东通过
30%	实际控制权认定线	投资者可以实际支配上市公司股份表决权超过 30%，为拥有控制权
	要约收购触碰线	收购人持有已发行股份的 30%，继续增持股份的，应采取要约方式进行
25%	首发公众股比例线	首次公开发行的股份达到公司股份总数的 25% 以上
20%	权益变动报告线	收购超过 20%，需披露详式权益变动报告书
	科创板激励额上限	科创板上市公司股权激励总量不能超过 20%
10%	股本超 4 亿首发公众股比例线	首发上市时股本超 4 亿首发公众股比 10%
	子公司关联方认定线	持股对上市公司具有重要影响的控股子公司 10% 以上股份为关联方
	股权激励总量控制线	股权激励所涉及的标的股票总数累计不超过公司股本总额的 10%
	股份回购的最高线	本公司回购本公司股份不超过已发行股份 10%
	特别表决权股东限制线	特别表决权股东应拥有权益的持有上市公司 10% 以上
	科创板非公众股界定线	社会公众股不包括持有上市公司 10% 以上股份的股东
5%	股东披露线	拟 IPO 公司持股 5% 以上股东需披露，持股 5% 以上股东通过竞价交易减持需预披露
	关联方认定线	持股 5% 以上的股东被认定为关联方
	内幕知情人认定线	持股 5% 以上的股东为证券交易内幕信息知情人
	举牌红线	持股 5% 以上时将触碰举牌红线并需要报告
	短线交易认定线	持股 5% 以上的股东禁止短线交易
	外资备案线	外国投资者持股比例超过 5% 须备案
	非科创板激励对象持股线	持股 5% 以上的股东不能成为上市公司股权激励对象
	科创板激励对象持股线	持股 5% 以上的股东可以成为科创板股权激励对象
	科创板契约型股东穿透线	科创板持股 5% 以上的契约型交易红线并打透披露
	科创板质押披露线	科创板持股 5% 以上股东质押股份应披露
	激励表决时不单独披露	上市公司股权激励表决时，5% 以上股东不单独披露
2%	股东减持限制线	大股东减持时，一年内减持不得超过 2%
1%	独立董事提议线	持股 1% 以上股东可以提出独立董事的候选人
	单个激励对象股权激励上限	任一激励对象累计获授股票不超过总股本 1%；大股东 3 个月内集中竞价减持不超过 1%

担保金额超过公司资产总额 30% 的，应当由股东大会做出决议，并经出席会议的股东所持表决权的 2/3 以上通过。由于企业申请 A 股上市，需公开发行的股份达到 25% 以上（见 1.4.4），所以理论上，实际控制人要想在公司上市后拥有 67% 的表决权，在上市前需拥有接近 90%⊖的表决权。但是由于上市公司的投资者多数为财务投资人，并不会出席股东大会行使表决权，所以，在实务中，大股东想控制上市公司并不需要拥有 67% 这么高的持股比例。

1.4.2　实际控制认定线（30%）

投资者为上市公司持股 50% 以上的控股股东，或投资者可以实际支配上市公司股份表决权超过 30%，为拥有上市公司控制权。

1.4.3　要约收购触碰线（30%）⊜

当投资者可以实际支配上市公司股份表决权超过 30% 时，将被证监会认定为"拥有上市公司控制权"。因为上市公司股票流动性极好，投资者可以很容易地购买或抛售公司股票，所以大部分投资者并不会通过出席股东大会行使表决权，只会选择"用脚投票⊝"。因此，上市公司认定实际控制人的标准要比非上市公司低很多。另外，通过证券交易所的证券交易，收购人持有一个上市公司的股份达到该公司已发行股份的 30% 时，继续增持股份的，应当采取要约⑲方式进行，发出全面要约或者部分要约。以要约方

⊖　67%/(1−25%)=89.33%

⊜　本部分所涉及法规见附录 A.4.2。

⊝　"用脚投票"一词来源于股市，是"用手投票"的反义词。"用手投票"是指投资者以其投入资本的比重，参与公司的利润分配，享有所有者权益，并以其股权比重，通过公司股东代表大会、董事会，参与公司的重要决策，其中包括选择经理层。反之，投资者还拥有另一种选择权，即卖掉其持有的公司股票，被称之为"用脚投票"。

㉔　要约收购是指收购人向被收购的公司发出收购的公告，待被收购上市公司确认后，方可实行收购行为。这是各国证券市场最主要的收购形式，通过公开向全体股东发出要约，达到控制目标公司的目的。

式收购上市公司股份的，收购人应当编制要约收购报告书，聘请财务顾问，通知被收购公司，同时对要约收购报告书摘要做出提示性公告。

1.4.4　首发公众股比线（25%）[⊖]

企业申请 A 股上市，公司股本总额不少于人民币 3 000 万元，而且公开发行的股份需要达到公司股份总数的 25% 以上（例外情况为公司股本总额超过人民币 4 亿元的，公开发行股份的比例为 10% 以上）。

1.4.5　权益变动报告线（20%）[⊖]

投资者及其一致行动人拥有权益的股份达到或者超过一个上市公司已发行股份的 20% 但未超过 30% 的，应当编制详式权益变动报告书并进行披露。

1.4.6　科创板激励上限（20%）

科创板上市公司全部在有效期内的股权激励计划所涉及的标的股票总数，累计不得超过公司总股本的 20%。

科创板主要服务于符合国家战略、突破关键核心技术、市场认可度高的科技创新企业，重点支持新一代信息技术、高端装备、新材料、新能源、节能环保、生物医药等高新技术产业和战略性新兴产业。对这些产业，科创板给予了更包容的上市条件，而且对上市后股权激励的限制也给予了放宽。比如，科创公司授予激励对象限制性股票的价格，允许低于市场参考价的 50%，而在《上市公司股权激励管理办法》中，主板、中小板、创业板的授予价格原则上不得低于下列价格较高者：①股权激励计划草案公布前 1 个交易日的公司股票交易均价的 50%；②股权激励计划草案公布前

⊖　本部分所涉及法规见本书附录 A.4.3。
⊖　本部分所涉及法规见本书附录 A.4.4。

20 个交易日、60 个交易日或者 120 个交易日的公司股票交易均价之一的 50%。又如，科创板上市公司全部在有效期内的股权激励计划所涉及的标的股票总数，累计不得超过公司总股本的 20%，而主板、中小板、创业板的比例不超过 10%。

1.4.7 激励总量控制线（10%）[⊖]

1. 股权激励总量控制线

除科创板公司外，上市公司全部在有效期内的股权激励计划所涉及的标的股票总数累计不得超过公司股本总额的 10%。

2. 股份回购的最高线

当公司因 3 种情形（包括：①将股份用于员工持股计划或者股权激励；②将股份用于转换上市公司发行的可转换为股票的公司债券；③上市公司为维护公司价值及股东权益所必须）回购本公司股份的，公司合计持有的本公司股份数不得超过本公司已发行股份总额的 10%，并应当在 3 年内转让或者注销。

3. 子公司关联方认定线

根据《上海证券交易所上市公司关联交易实施指引》的规定，持有对上市公司具有重要影响的控股子公司 10% 以上股份的法人或自然人或其他组织，如果根据实质重于形式原则认定与上市公司有特殊关系，可能导致上市公司利益对其倾斜，将被认定为上市公司的关联方。

4. 股本超 4 亿元首发公众比例线

股份有限公司申请股票上市，如果公司股本总额超过人民币 4 亿元的，公开发行股份的比例为 10% 以上。

⊖ 本部分所涉及法规见本书附录 A.4.5。

5. 特别表决权股东限制线

科创板上市公司如果实行 AB 股制度，特别表决权股东在上市公司中拥有权益的股份合计应当达到公司全部已发行有表决权股份 10% 以上。

6. 科创板非公众股界定线

科创板较之主板、中小板、创业板有着更为严格的退市制度。当股权分布不具备上市条件，则公司需要退市。具体而言，如果社会公众股东持有的股份连续 20 个交易日低于公司总股本的 25%（公司股本总额超过人民币 4 亿元的，低于公司总股本的 10%。），属于股权分布不具备上市条件。上述社会公众股东不包括持有上市公司 10% 以上股份的股东及其一致行动人以及上市公司的董事、监事、高级管理人员及其关联人。

1.4.8 重要股东判断线（5%）⊖

无论是拟上市公司还是上市公司，5% 的持股份额都是一个很重要的比例，持股比达到 5% 以上的股东我们称之为"重要股东"。之所以"重要"，有以下几个原因。

1. 关联方认定线

根据上海证券交易所和深圳证券交易所的法规，均将持有上市公司 5% 以上股份的法人或者其他组织及其一致行动人认定为上市公司的关联法人；将直接或者间接持有上市公司 5% 以上股份的自然人认定为上市公司的关联自然人。

2. 内幕知情人认定线

持有公司 5% 以上股份的股东为证券交易内幕信息的知情人。《中华人民共和国刑法》规定，如果该内幕信息知情人在涉及证券的发行，证券、期货

⊖ 本部分法规见本书附录 A.4.6。

交易或者其他对证券、期货交易价格有重大影响的信息尚未公开前，买入或者卖出该证券，或者从事与该内幕信息有关的期货交易，或者泄露该信息，或者明示、暗示他人从事上述交易活动，情节严重的，处 5 年以下有期徒刑或者拘役，并处或者单处违法所得 1 倍以上 5 倍以下罚金；情节特别严重的，处 5 年以上 10 年以下有期徒刑，并处违法所得 1 倍以上 5 倍以下罚金。

3. 股东披露线

在《上市公司大股东、董监高减持股份的若干规定》中，上市公司控股股东和持股 5% 以上的股东并称为大股东。上市公司大股东计划通过证券交易所集中竞价交易减持股份，应当在首次卖出的 15 个交易日前预先披露减持计划。另外，如果上市公司员工持股计划持有公司股票达到公司已发行股份总数的 5% 时，应当依据法律规定履行相应义务。

4. 非科创板激励控制线

除科创板外的上市公司（主板、中小板、创业板）进行股权激励时，单独或合计持有上市公司 5% 以上股份的股东或实际控制人及其配偶、父母、子女，不得成为激励对象。

5. 科创板激励对象持股线

与主板、中小板、创业板不同，科创板上市公司允许单独或合计持有科创公司 5% 以上股份的股东或实际控制人及其配偶、父母、子女，作为董事、高级管理人员、核心技术人员或者核心业务人员成为激励对象。

6. 科创板契约型股东穿透线

持有科创板上市公司 5% 以上股份的契约型基金、信托计划或资产管理计划，应当在权益变动文件中披露支配股份表决权的主体，以及该主体与上市公司控股股东、实际控制人是否存在关联关系。

7. 举牌红线

为保护中小投资者利益，防止机构大户操纵股价，《中华人民共和国证券法》(以下简称《证券法》)规定，投资者持有一个上市公司已发行股份的 5% 时，应在该事实发生之日起 3 日内，向国务院证券监督管理机构、证券交易所做出书面报告，通知该上市公司并予以公告，并且履行有关法律规定的义务。业内称之为"举牌"。

8. 短线交易认定线

持有上市公司股份 5% 以上的股东，将其持有的该公司的股票在买入后 6 个月内卖出，或者在卖出后 6 个月内又买入，该种行为被称为"短线交易"。因短线交易所取得的收益归上市公司所有。

9. 外资备案线

外商投资的上市公司可仅在外国投资者持股比例变化累计超过 5% 以及控股或相对控股地位发生变化时，就投资者基本信息或股份变更事项办理备案手续。

10. 科创板质押披露线

科创板上市公司持股 5% 以上股东质押股份，应当在 2 个交易日内通知上市公司，并披露本次质押股份数量、累计质押股份数量以及占公司总股本比例。

11. 激励表决时不单独披露

上市公司股东大会对股权激励计划内容进行表决，应经出席会议的股东所持表决权的 2/3 以上通过。除上市公司董事、监事、高级管理人员、单独或合计持有上市公司 5% 以上股份的股东以外，其他股东的投票情况应当单独统计并予以披露。

1.4.9 股东减持限制线（2%）

根据《关于发布〈上海证券交易所上市公司股东及董事、监事、高级管理人员减持股份实施细则〉的通知》（上证发〔2017〕24号）的规定，大股东减持或者特定股东减持，采取大宗交易方式的，在任意连续90日内，减持股份的总数不得超过公司股份总数的2%。《上海证券交易所科创板股票上市规则》的规定，科创板上市公司，公司上市时未盈利的，在公司实现盈利前，控股股东、实际控制人自公司股票上市之日起3个完整会计年度内，不得减持首发前股份；自公司股票上市之日起第4个会计年度和第5个会计年度内，每年减持的首发前股份不得超过公司股份总数的2%，并应当符合《减持细则》关于减持股份的相关规定。

1.4.10 独立董事提议线（1%）⊖

1. 独立董事提议线

单独或者合并持有上市公司已发行股份1%以上的股东可以提出独立董事候选人，并经股东大会选举决定。

2. 单个对象股权激励上限

根据《上市公司股权激励管理办法》的规定，非经股东大会特别决议批准，任何一名激励对象通过全部有效的股权激励计划获授的本公司股票累计不得超过公司股本总额的1%。

⊖ 本部分法规见本书附录A.4.7。

CHAPTER 2
第 2 章

分股不分权的 7 种方法

如果不能控制这家公司，我宁愿把它卖掉！

——刘强东[一]

前面，我们给 B 型股东进行画像，这类企业家既渴望通过分享股权来做大做强企业，又非常惜股，生怕控股权丧失，在分股与不分股之间徘徊与纠结，错失了股权分配的最佳时机。其实分股并不等于分掉话语权。阿里巴巴（股票代码 BABA）上市后，马云仅持有 7.8% 的股份。[二]但是，7.8% 的股份既没阻挡住马云牢牢控制阿里巴巴，也没阻挡住马云多次成为中国首富。股权里包含两种权利：财产权（钱）和话语权（权）。钱与权可以合二为一，也可以分而治之。

如何做到分"钱"而不分"权"呢？"工欲善其事必先利其器"，这里就向大家介绍 7 种控制权设计工具，如图 2-1 所示。在实务中，应用频次排序依次为有限合伙企业＞金字塔架构＞一致行动人＞委托投票权＞公司章程控制＞优先股＞ AB 股模式。我们也将按上述顺序对这 7 种控制权工具进行介绍。

[一] 来源于 2016 年 7 月 17 日中央电视台财经频道《对话》栏目，根据视频整理。

[二] 资料来源于阿里巴巴在纽约证券交易所上市时公告的招股说明书。

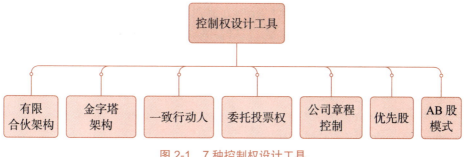

图 2-1　7 种控制权设计工具

2.1　有限合伙企业

2.1.1　有限合伙企业简介

2007 年 6 月 1 日是中国商法史上具有里程碑意义的一天，因为修改后的《中华人民共和国合伙企业法》(以下简称《合伙企业法》)在这一天开始实施，从此，中国诞生了一种新的组织体——有限合伙企业。有限合伙企业与普通合伙企业的不同之处在于：除了"普通合伙人"之外，合伙人中还包括"有限合伙人"。有限合伙制度源于英美法系，"普通合伙人"的英语为 general partner，简称"GP"。"有限合伙人"的英语为 limited partner，简称"LP"。在合伙企业中，普通合伙人（GP）对合伙企业债务承担无限连带责任，有限合伙人（LP）则对合伙企业之债务承担有限责任。在有限合伙企业中，股东不是直接持股拟设立的核心公司⊖，而是先由股东搭建有限合伙企业作为持股平台，再由持股平台间接持有核心公司。典型的有限合伙架构如图 2-2 所示。

⊖ 在本书中，核心公司是指拟作为上市主体的公司或者是从事集团主营业务或核心业务的公司。

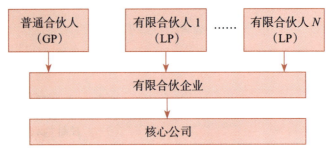

图 2-2 典型的有限合伙架构

2.1.2 案例 1 海康威视[一]

1. 上市前股权架构

为了轻松了解有限合伙企业,我们来看海康威视(002415)的案例。海康威视,曾为深交所中小板市值第一股,其股东龚虹嘉也曾因减持 46.8 亿元被称为"套现王"[二]。2001 年 11 月,海康威视在杭州诞生。2004 年 1 月,海康威视董事会通过决议,对以胡扬忠为代表的经营团队给予期权激励。2007 年 11 月,该期权进入行权期。据招股说明书披露,本次行权的员工共有 51 人,该 51 人如何持有海康威视股权呢?当时有两种方案可供选择,如图 2-3 所示。

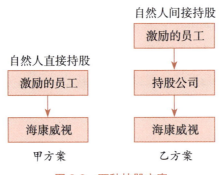

图 2-3 两种持股方案

[一] 本案例根据海康威视首次公开发行股票招股说明书内容整理。
[二] 见《2017 年十大"套现王"曝光 海康威视一年减持 37 亿居首》。投资快报,http://stock.10jqka.com.cn/20171219/c602091768.shtml,2018-10-7。

甲方案为自然人直接持股，即激励对象直接持股海康威视。乙方案为自然人间接持股，即激励对象先注册成立一家持股公司，再以持股公司持股海康威视。

甲方案很快被创始人股东否决。根据《公司法》的规定，一旦有限公司改制为股份公司，每股股本将拥有同样的表决权[一]。自然人持股方案意味着，这51个自然人不仅拥有海康威视股份的财产权，也将拥有海康威视股份的表决权。让员工股东拥有拟上市公司的表决权，有哪些弊端呢？让我们来看两个真实案例。

【例 2-1】 天地数码

天地数码（300743）在申报 IPO 时曾出现过两名小股东金投智汇（持股比 3.6202%）、钱江创投（持股比 2%）在股东大会上对公司申报上市的全部议案投反对票且拒不出具与上市有关的全部承诺，[二]导致证监会对该事件给予关注，并在反馈意见中提出质疑。虽然天地数码最后有惊无险地过会，但该案例却提示企业，让众多员工股东拥有表决权，一旦有股东行使否决权，确实会增加不必要的麻烦。[三]

【例 2-2】 欧派家居

欧派家居（603833）在 2013 年 10 月由有限公司改制为股份制公司，股改后对员工进行股权激励，引入 110 名自然人股东对欧派家居直接持股。[四]在上市过程中，欧派家居所有直接持股股东都将被要求签署众多法律

[一] 见《公司法》第四章股份公司的设立和组织机构第一百零三条："股东出席股东大会会议，所持每一股份有一表决权。但是，公司持有的本公司股份没有表决权。"第一百二十六条："股份的发行，实行公平、公正的原则，同种类的每一股份应当具有同等权利。"

[二] 见杭州天地数码科技股份有限公司创业板首次公开发行股票招股说明书（申报稿 2016 年 6 月 16 日报送版）。

[三] 见杭州天地数码科技股份有限公司创业板首次公开发行股票申请文件反馈意见。

[四] 见欧派家居招股说明书第 61～63 页。

文件，在漫长的证监会审核期也可能出现员工因离职等原因退出持股的现象，⊖这种自然人直接持股模式导致程序效率低下，也极不利于股权激励的退出。

为了方便股权集中管理，海康威视选择了乙方案，先后成立了杭州康普投资有限公司（以下简称"康普投资"）和杭州威讯投资管理有限公司（以下简称"威讯投资"）作为51名自然人的持股平台，让自然人通过两家持股公司间接持有海康威视的股份。

2010年海康威视成功登陆中小板。其上市前的股权结构如图2-4所示⊖。

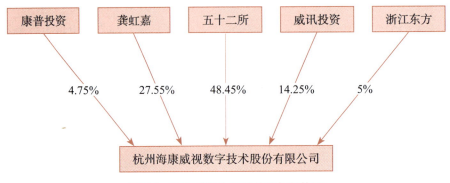

图2-4 海康威视上市前的股权架构图

2. 痛不欲生的减持

上市后的海康威视市值一路狂奔，只用了3年的时间便成长为深圳证券交易所中小板的"市值王"。2011年5月28日，员工的限售股解禁，但员工们即将减持套现的喜悦很快被一抹阴云笼罩了，那就是减持税收！

由于当初采取了自然人→持股公司→上市公司的间接架构，未来减

⊖ 欧派家居于2017年3月成功上市。在此之前，股权激励对象中邹俊、程华、刘霏、张耿林4人于2015年下半年离职；肖伟、刘红波、姚良胜、曾向文、黄开勇5人于2016年离职。

⊖ 参见杭州海康威视首次公开发行股票招股说明书，第1-1-62页。

持套现的税负为40%，即持股公司出售海康威视股票所得交25%的企业所得税，75%的税后利润分红给员工时还需代扣代缴20%的个人所得税（75%×20%=15%税负）！如此沉重的税负，是海康威视员工无法承受之痛！怎么办？

3. 最终的解决之道

翻开海康威视2011年的年报，我们看到"股本变动及股东情况"一章中有如下一段文字："公司股东杭州威讯投资管理有限公司已于2011年6月迁往新疆乌鲁木齐市，并变更为新疆威讯投资管理有限合伙企业。""公司股东杭州康普投资有限公司已于2011年6月迁往新疆乌鲁木齐市（以下简称'乌市'），并变更为新疆普康投资有限合伙企业。"⊖

为何威讯投资和康普投资由杭州迁往新疆乌市？这是因为一个行政文件——《新疆维吾尔自治区工商行政管理局关于有限责任公司变更为合伙企业的指导意见》（新工商企登〔2010〕172号）。该文件规定允许符合条件的有限公司直接在工商局变更为合伙企业。

为什么股东们要不辞辛苦，举家西迁，在乌市将持股平台由有限公司变更为合伙企业呢？

2.1.3　有限合伙企业妙用

有限合伙企业作为持股平台，较之持股公司作为持股平台，有哪些优点呢？

1. 纳税上的节税效应

根据《合伙企业法》的规定，合伙企业属于税收透明体，该层面并不征收所得税，经营收益直接穿透合伙企业流入合伙人账户，仅由合伙人缴

⊖ 见海康威视公告的2011年年度报告第12页。

纳一次所得税。[一]在新疆，自然人合伙人的适用税率为20%[二]。而且自然人合伙人在纳税后，当地政府会给予地方留成部分60%～80%的财政返还。

根据海康威视公告[三]，2012年4月27日，员工通过威讯投资减持海康威视12 250 000股，套现2.61亿元，同时换取2.79亿元ETF基金。威讯投资纳税筹划前后不同的税负差异如表2-1所示。

表2-1 不同持股主体减持税负比较表

	威讯投资为杭州公司	威讯投资为新疆合伙企业
持股平台税负	1.35亿元①	0②
员工个人税负	0.81亿元③	1.08亿元④
税负合计	2.16亿元	1.08亿元

① （2.61+2.79）×25%=1.35（亿元）
② 非纳税义务人，税负为零。
③ （2.61+2.79）×（1-25%）×20%=0.81（亿元）
④ （2.61+2.79）×20%=1.08（亿元）

以上计算中，我们尚未考虑新疆给予的财政返还，如果以个人所得税地方留成返还60%为例，员工的实际税负可能只有8 208万元[四]。

2. 治理结构钱权分离

对于企业家而言，拥有股权中的话语权往往重要于拥有股权中的财产权。有限合伙企业恰好可以实现企业家心中理想的"钱权分离"。与《公司法》相比《合伙企业法》，赋予了合伙人设计机制极大的灵活性，无论是利益分配机制还是合伙人的权力分配机制，都可以在合伙协议中自由约定。

[一] 《关于印发〈关于个人独资企业和合伙企业投资者征收个人所得税的法规〉的通知》（财税〔2000〕91号）第三条规定："个人独资企业以投资者为纳税义务人，合伙企业以每一个合伙人为纳税义务人（以下简称投资者）。"

[二] 见《关于印发〈新疆维吾尔自治区促进股权投资类企业发展暂行办法〉的通知》（新政办发〔2010〕187号）第二十条："合伙制股权投资类企业的合伙人为自然人的，合伙人的投资收益，按照"利息、股息、红利所得"或者"财产转让所得"项目征收个人所得税，税率为20%。合伙人是法人或其他组织的，其投资收益按有关规定缴纳企业所得税"。

[三] 见海康威视于2012年4月27日发布的《关于公司股东减持股份的提示性公告》。

[四] 个人所得税的地方留成比例为40%，计算过程为1.08×（1-40%×60%）=0.820 8（亿元），即8 208万元。

合伙企业中的有限合伙，更是依据合伙人对外承担责任的类型，分成普通合伙人和有限合伙人。普通合伙人可以为创始人大股东，承担合伙企业的无限连带责任，享有合伙企业决议的全部表决权，但不分配财产权，即只要"权"，不要"钱"；有限合伙人为高管员工，不享有合伙企业的表决权，但未来可以享受合伙企业对外投资的财产收益权，即只要"钱"，不要"权"。这样的治理结构为在乎"权"者与在意"钱"者之间的合作提供了浑然天成的平台。

2.2 金字塔架构⊖

2.2.1 金字塔架构简介

金字塔股权架构是指公司实际控制人通过间接持股形成一个金字塔式的控制链，从而实现对该公司的控制。在这种方式中，公司控制权人控制第一层公司，第一层公司再控制第二层公司，依此类推，通过多个层次的公司控制链条取得对目标公司的最终控制权。金字塔架构是一种形象的说法，就是多层级、多链条的集团控制结构。为了方便大家理解金字塔架构，举个简单的例子。

【例 2-3】

王老板想注册成立一家天狗有限公司，注册资本 100 万元。如果王老板想拥有天狗公司 51% 的控制权，王老板需出资多少钱？一般人的回答是出资 51 万元。但如果采用金字塔架构，王老板仅需 6.76 万元便可以获得天狗公司的控制权。具体设计如图 2-5 所示。

⊖ 金字塔股权架构在本书中又被称为"多层控股公司架构"。

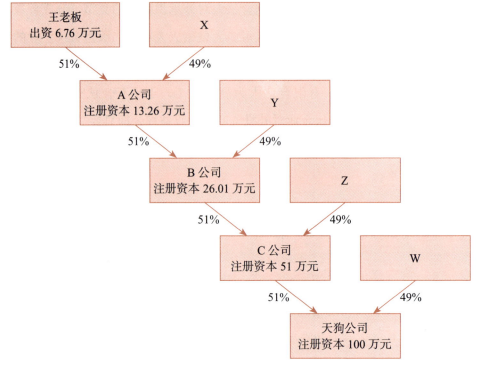

图 2-5 天狗公司的金字塔架构图

通过金字塔结构设计，王老板的出资只有 6.76 万元（现金流权[⊖]），但通过几层纵向间接控股，最终拥有了对天狗公司 51% 的话语权（控制权）。

金字塔结构是上市公司实际控制人经常采用的架构方式，通过金字塔架构实现只用少量现金流权控制上市公司以方便资本运作。我们再来看一个现实中的金字塔架构案例——在 A 股主板上市的天士力（600535）。

【例 2-4】

图 2-6 为 2018 年年底天士力的股权架构图[⊜]。

⊖ 现金流权是指按持股比例拥有该公司的财产权，现金流权由每一控制链条的持股比例的乘积所得。

⊜ 根据启信宝 App 查询整理。

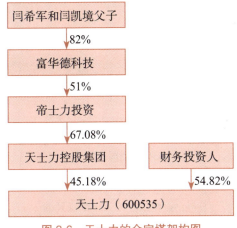

图 2-6 天士力的金字塔架构图

我们可以看到天士力的实际控制人闫希军和闫凯境父子的终极控制权为 45.18%，其现金流权为 12.67%（45.18%×67.08%×51%×82%）。两权偏离幅度的绝对值（两权差值）为 32.51%，控制杠杆高达 3.56，其中控制层级为 4 级，控制链个数为 1 个。

2.2.2 金字塔架构启发

常有企业家问："未来我有计划上市，对拟上市公司，我是应该直接持股还是通过控股公司间接持股？"学习金字塔架构后，大家应该会得到一定的启发。在创始人股东和拟上市公司中间搭建控股公司，即自然人→控股公司→拟上市公司，具有以下 6 个优点。

1. 股权杠杆以小博大

杠杆原理告诉我们，如果利用杠杆，就能用一个最小的力，把无论多么重的东西举起来，只要把这个力放在杠杆的长臂上，而让长臂对重物起作用。金字塔结构顶端的控股股东可以用少量的自有资金控制大量的外部资金，金字塔的链条越长，控股股东用同样财富控制的资产规模就会越大，从而实现以小博大。

【例 2-5】

我们来看长江润发（002435），图 2-7 是该公司上市前的股权架构图[注]。

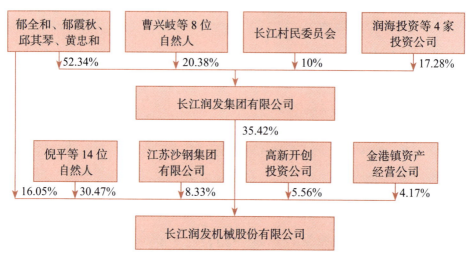

图 2-7　长江润发上市前的股权架构图

公司控股股东为长江润发集团有限公司，实际控制人为郁全和、郁霞秋、邱其琴、黄忠和 4 位自然人。其中，郁霞秋为郁全和之女，邱其琴为郁全和之堂侄女婿，黄忠和为郁全和之妻侄，以下我们将 4 位自然人简称为郁氏家族。如果郁氏家族直接持股长江润发，则持股比仅为 18.54%（=52.34%×35.42%）。但通过长江润发集团控股平台集中了另外对长江润发 16.88%（=47.66%×35.42%）的控制权，从而只用 18.54% 的现金流权取得了 35.42% 的控制权。该架构使得郁氏家族获得了股权杠杆，用少量资金撬动了更大的控制权。

2. 纳税筹划效应

自然人→控股公司→上市公司的持股架构，在特定的持股目的下有税收筹划的效应。

⊖　来源于长江润发公告的首次公开发行股票招股说明书第 1-1-63 页。

【例2-6】

让我们来看一个案例，图2-8为桐昆股份（601233）上市前的股权架构图[1]。

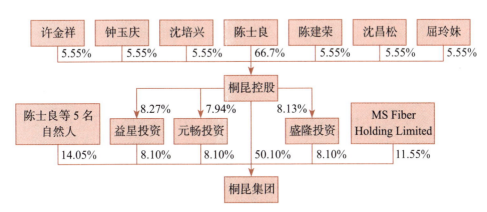

图2-8　桐昆集团上市前的股权架构图

该公司实际控制人陈士良通过桐昆控股[2]间接持股桐昆集团。截至2017年年底，桐昆集团上市后分别进行5次分红，桐昆控股取得股息红利超过11亿元（具体计算见表2-2）[3]。

表2-2　桐昆控股取得分配的现金股利计算表

（单位：元人民币）

公告日期	总股本	每股股利	持股比例	归属股本	分配股利
2013年4月17日	963 600 000.00	0.1	37.62%	362 506 320.00	36 250 632.00
2014年6月27日	963 600 000.00	0.023	37.62%	362 506 320.00	8 337 645.36
2015年6月26日	963 600 000.00	0.035	37.62%	362 506 320.00	12 687 721.20
2016年9月30日	1 231 936 300.00	0.05	31.60%	389 291 870.80	19 464 593.54
2017年6月19日	1 231 936 300.00	2.8	31.60%	389 291 870.80	1 090 017 238.24
合计				389 291 870.80	1 166 757 830.34

[1] 来源于桐昆股份公告的首次公开发行股票招股说明书第80页。
[2] 桐昆控股全称为"浙江桐昆控股集团有限公司"。
[3] 详见桐昆股份历年利润分配公告。

根据《中华人民共和国企业所得税法》(以下简称《企业所得税法》)的规定，桐昆控股取得的股息红利免征企业所得税[一]。桐昆控股在取得上述股息红利后，又进行了新的投资，先后投资了辽宁嘉成石化有限公司、安徽佑顺新材料有限公司、大连汇昆新材料有限公司、浙江佑丰新材料股份有限公司等4家公司。如果陈士良在当初设计股权架构时，采用自然人→拟上市公司的架构，即使陈士良等人取得的分红用于再投资新公司时，也需缴纳2.3亿元的个人所得税。

由此可见，在自然人→控股公司→实体公司的架构设计中，控股公司如同一个资金池，可以把旗下被投资公司的分红很方便地调配用于再投资，而无须承担税负。除了分红，被投资公司转增注册资本，控股公司[二]也可以享受免税待遇。关于公司转增注册资本，股东如何纳税可以参考本书第13章的转增纳税情况一览表（见表13-7和表13-8）。

3. 便利债权融资

上市公司（或拟上市公司）上面设立控股公司，一方面，由于控股公司可以合并上市公司报表及其他产业的报表，有些控股公司资金实力强于上市公司，受到银行认可的程度较高。控股公司在上市公司银行借款、发行债券等过程中，提供相应的担保，提高上市公司债项的信用等级，降低融资成本；另一方面，控股公司可以在达到一定资产规模之后，以发行企业债等方式获得资金，开展一些不宜在上市公司（拟上市公司）内部开展的业务。例如，目前不宜上市的房地产或者目前处于亏损期尚需在控股公司体内培育的新兴产业。

[一] 《企业所得税法》第二十六条："企业的下列收入为免税收入：……（二）符合条件的居民企业之间的股息、红利等权益性投资收益；……"

[二] 该控股公司享受免税待遇需满足居民企业条件。

4. 方便人事安排

很多公司在上市时，创业元老长期跟随实际控制人，为将公司做大做强并能够实现上市做出了巨大贡献。但是上市成功之后，有些元老因为持有上市公司股票，拥有了巨额财富，丧失了事业激情，且知识结构老化，学习动力不足，已无法顺应上市公司的进一步发展，出现了躺在功劳簿上睡大觉的现象。实际控制人碍于情面又不能将他们赶走，导致上市后为公司发展做出了巨大牺牲，且一直很有想法、很有干劲的中层骨干的晋升通道被堵死了。如果在上市公司上面设有控股公司，将冲劲不足、愿意躺在功劳簿上的老管理层升至控股公司担任相应的虚职，腾出相应的职位空间给下面的中层干部，这样就既照顾了老管理层的情绪，又保证了新管理层的活力，同时打开了公司整体的晋升通道。这在目前以人治为主的公司管理中非常重要。

5. 控股公司单独上市

如果控股公司实力发展到一定程度，也可以单独在港股上市。最典型的案例有复星国际（00656）、北京控股（00392）、中国燃气（00384）等。图 2-9 为复星国际（00656）上市前的股权架构图[⊖]。

【例 2-7】

2007 年 7 月 6 日，旗下已拥有 5 家 A 股上市公司的复星国际在香港主板以红筹方式上市成功。复星国际完成在香港上市，不仅为集团的境外融资打通了一个新渠道，还提升了复星在国际上的影响力。郭广昌等股东也具有了境内和境外财富管理及资本运作的双通道。

⊖ 来源于复星国际首次公开发行股票招股说明书第 75 页。

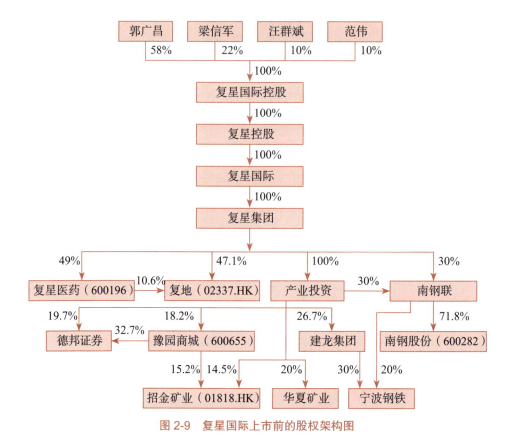

图 2-9　复星国际上市前的股权架构图

6. 上市后的市值管理

公司上市后，会通过减持、并购、定增、分红、资产注入、控股权转让等资本运作进行市值管理。一方面，设立控股公司可以随时准备承接上市公司的非优质资产和暂时在培育期的项目，待时机成熟后单独上市或以定向增发方式注入上市公司。例如，华润集团的"孵化模式"，便是由上市公司或战略业务单元挑选合适的项目，由集团购入项目并进行孵化，再注入上市公司。另一方面，设立控股公司可以为集团公司的现在和未来发展协调各种战略资源，安排不宜在上市公司层面安排的利益。

设立控股公司也会简化资本运作流程，提高效率。

【例2-8】

高升控股（000971），原简称"湖北迈亚"，该上市公司实际控制人曾两度易主，2012年自然人仰智慧通过蓝鼎集团㊀收购"湖北迈亚"的大股东毛纺集团㊁100%股权，上市公司更名为"蓝鼎控股"。2014年自然人韦振宇通过"德泽投资"㊂收购"蓝鼎控股"的大股东蓝鼎实业100%股权，上市公司更名为"高升控股"。在上述控股权转让中，均在上市公司的母公司控股公司层面进行，既绕开了证券交易所烦琐的股票变更流程，也为控股权转让过程中的税收筹划提供了更大的空间。

2.2.3 两种股权架构比较

以上介绍了金字塔架构（又称多层控股公司架构）和有限合伙企业。可以说两种架构都可以实现股权财产权和控制权的有效分离，那么两者比较又有哪些差别呢？

1. 税负的差异

控股公司架构和有限合伙企业作为持股平台，可能获得两种财产收益：一种为从被投资公司取得的分红；另一种为转让被投资公司股份的所得。我们举例说明两种持股平台取得收益的纳税情况。

【例2-9】

中国自然人张三计划设立中国X公司作为经营主体，现有两种方案（见图2-10）。假设张三持有X公司期间，取得了X公司分红。张三最终转让X公司股权，取得股权转让所得。

㊀ 全称为"安徽蓝鼎投资集团有限公司"。
㊁ 全称为"湖北仙桃毛纺集团有限公司"，后更名为"蓝鼎实业（湖北）有限公司"。
㊂ 全称为"深圳德泽世家科技投资有限公司"。

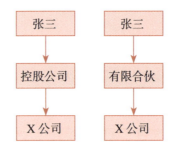

图 2-10 控股公司架构和有限合伙架构

表 2-3 列示了不同持股模式下整体所得税税负情况。

表 2-3 不同持股模式下的税负对比表

	控股公司做持股平台			有限合伙企业做持股平台		
	控股公司	张三	税负合计	有限合伙	张三	合计
取得 X 分红	免税①	20%②	20%	不纳税③	20%④	20%
转让 X 所得	25%⑤	15%⑥	40%	不纳税③	20%/35%⑦	20%/35%

① 控股公司取得的 X 公司分红，免征企业所得税。见《企业所得税法》第二十六条。

② 控股公司将从 X 公司投资取得的分红分配给张三，张三应按股息红利税目缴纳 20% 个人所得税。见《个人所得税法》第三条第三款。

③ 合伙企业不是个人所得税的纳税主体（见《关于印发〈个人独资企业和合伙企业投资者征收个人所得税的法规〉的通知》（财税〔2000〕91号）第三条），同时合伙企业也不是企业所得税的纳税主体《企业所得税法》第一条），因此合伙企业对取得的所得无须缴纳所得税。

④ 见《〈关于个人独资企业和合伙企业投资者征收个人所得税的规定〉执行口径的通知》（国税函〔2001〕第84号）。

⑤ 控股公司转让 X 公司股权取得的所得属于财产转让所得，企业所得税税率为 25%。见《企业所得税法》第六条第三款和第四条。

⑥ 控股公司转让 X 公司取得的所得缴纳了 25% 的企业所得税，控股公司实现 75% 的税后利润。75% 的税后利润分配给张三，张三需缴纳 20% 个人所得税，即张三承担的所得税税负为：75%×20%=15%。

⑦ 关于自然人合伙人从合伙企业取得分配的合伙企业转让股权所得，合伙人如何缴纳个人所得税，存在几种观点，具体见本书第 4 章 4.3.1 中第 1 点的内容。

由表 2-3 可见，选择何种股权架构税负更优，与持股目的息息相关。如果自然人为财务投资者（即以获利为目的，通过投资行为取得经济上的回报，在适当的时候进行套现的投资者），采取有限合伙企业转股套现时整体税负为 20% 或 35%⊖，远低于控股公司架构的整体税负 40%；如果是战略投资人（即与被投资公司业务联系紧密、有业务合作关系或潜在合伙意向，且欲长期持有被投资公司股份的投资者），采取控股公司架构与有限合伙企业在取得分红收益时整体税负均为 20%，但考虑到合伙企业的税收立法对纳税时点、税基计算、纳税地点等规定存在模糊性⊜，控股公司作为持股平台为更优的选择。

【例 2-10】

我们再看一个欧派家居（603833）案例。图 2-11 为欧派家居上市前的股权架构图。⊜

图 2-11 欧派家居上市前的股权结构图

欧派家居的股东"红星喜兆"为一家公司，全称为"红星喜兆投资有限公司"，其股东为"红星美凯龙家居集团股份有限公司"（持股 90%）和吴业添（持股 10%）。红星美凯龙家居集团主要从事家具卖场的经营管理业务，为欧派家居的经销商和直营店在红星美凯龙家居商场内提供展位，搭建统一的营销、展示平台。在招股说明书中欧派家居披露"红星喜兆"入股的原因为：

A. 红星喜兆入股前，公司主营业务高速发展，公司希望通过资金的注

⊖ 在实务中，有个别地方对合伙企业采取核定征收及财政返还，实际税负也可能低于 20%。
⊜ 具体见本书第 4 章 4.3 有限合伙架构实操要点。
⊜ 根据欧派家居首次公开发行股票招股说明书第 82 页股权结构图整理。

入充实资本实力、扩大生产规模、降低财务风险、增强持续发展能力，因此希望通过增资方式引入投资者。B.红星喜兆为红星美凯龙全资子公司，红星美凯龙为我国家居建材市场的龙头企业之一，经过行业内多年的合作，红星美凯龙对公司有较为深刻的了解，比较看好公司未来的发展前景，希望通过投资方式成为公司股东，分享公司快速发展和IPO上市的收益。C.红星美凯龙通过红星喜兆增资入股成为公司股东，希望双方未来在家居行业领域实现更广泛的合作。

由此可见，"红星喜兆"入股欧派家居除了投资赚钱，还兼具进一步开展业务合作的战略目的。另外一个与"红星喜兆"同时入股的"天欧投资"则为有限合伙企业，全称为赣州天欧投资合伙企业（有限合伙）。天欧投资及其合伙人与欧派家居没有任何业务联系，属于纯粹的财务投资，以合伙企业作为持股平台则为最优的选择。

2. 机制的弹性

《公司法》共有十三章二百一十八条，纵观这些条款多为强制性规范[一]，比如股东进入和退出时必须经过法定的程序等。《合伙企业法》则赋予了合伙人更多设计合伙机制的自由空间，除了极少数强制性规范[二]外，合伙协议的条款几乎都可以根据合伙人的意志约定。所以，有限合伙企业有了更强的机制灵活性。例如，合伙协议可以约定由执行事务合伙人拥有合伙企业全部的表决权，而无须合伙人一人一票表决权[三]。合伙协议可以约定不按出

[一] 所谓强制性规范，是指必须依照法律适用、不能以个人意志予以变更和排除适用的规范。主要分为义务性规范和禁止性规范两种形式。

[二] 例如《合伙企业法》第四十八条关于当然退伙的约定。

[三] 见《合伙企业法》第三十条："合伙人对合伙企业有关事项作出决议，按照合伙协议约定的表决办法办理。合伙协议未约定或者约定不明确的，实行合伙人一人一票并经全体合伙人过半数通过的表决办法。"

资比例对合伙人进行利润分配。㊀举个例子，白先生欲设立一个持股平台以实现对白云公司的间接控股。如果白先生选择有限公司作为持股平台，白先生需对有限公司的持股比例达到 67%，方可完全控制持股平台；但如果选择有限合伙企业作为持股平台，则白先生仅需对合伙企业出资 1%㊁，并通过合伙协议约定的方式控制持股平台。正是由于合伙企业机制的灵活性，这些年来，它已成为控制权设计中最重要的工具，每年在全国各地注册的数量也呈现几何倍数的增长。

但合伙企业也并非完美无缺，不应该被滥用。这主要是因为我国《合伙企业法》引入有限合伙制度比较晚㊂，在税收立法和工商登记等配套体系上尚未完善，在公众心目中的认知度和权威度也远不如公司制度。所以，建议企业家用以终为始的思维，先确定持股目的，再综合考虑税收、法律、商业等维度，慎重选择持股平台。

2.3 一致行动人

2.3.1 一致行动人的概念

"一致行动人"的概念起源于英国《城市法典》，该法典将"一致行动人"界定为包括根据正式或非正式的协议或默契，积极地进行合作，通过其中任何人取得目标公司股份以获得或巩固对目标公司控制权的人。我国《公司法》规定㊃，实际控制人，是指虽不是公司的股东，但通过投资关系、协

㊀ 见《合伙企业法》第三十三条："合伙企业的利润分配、亏损分担，按照合伙协议的约定办理；合伙协议未约定或者约定不明确的，由合伙人协商决定；协商不成的，由合伙人按照实缴出资比例分配、分担；无法确定出资比例的，由合伙人平均分配、分担。"
㊁ 仅需满足合伙企业注册地工商局对合伙人持股比例最低要求即可。
㊂ 《合伙企业法》出台于 1997 年，2006 年 8 月 27 日该法经中华人民共和国第十届全国人民代表大会常务委员会第二十三次会议通过修订案，正式引入了有限合伙企业制度。
㊃ 见《公司法》第二百一十六条第三款。

议或者其他安排,能够实际支配公司的人。由此可见,即使不是公司股东,通过协议安排,也可能成为实际控制人。《上市公司收购管理办法》将"一致行动"定义为,投资者通过协议、其他安排,与其他投资者共同扩大其所能够支配的一个上市公司股份表决权数量的行为或者事实。㊀

由上述定义可见,公司股东签署一致行动人协议相当于在公司股东会之外又建立了一个有法律保障的"小股东会"。每次在股东会表决或者协议约定事项进行时,有关各方可以在"小股东会"中先讨论出一个结果作为各方对外的唯一结果,然后再在股东会里表决或者决定事项是否进行。简单来讲就是抱团一致对外。如果有人没有按照协议约定的一致行动进行,那他会受到一致行动人协议中约定的条款惩罚。惩罚可以是法律所允许的任何形式,如罚金、赔偿股份等。

非上市公司的一致行动人和上市公司的一致行动人在界定上又有一定的差别,主要体现为在证监会审核体系里,即使上市公司股东未做一致行动人约定,也可能将被自动认定为"一致行动人"。比如,德邦物流(603056)的实际控制人为崔维星,其弟崔维刚以及其配偶薛霞自动被认定为一致行动人。㊁

《上市公司收购管理办法》对此列举了"一致行动人"的正面清单㊂:如无相反证据,投资者有下列情形之一的,为一致行动人:

(一)投资者之间有股权控制关系;

(二)投资者受同一主体控制;

(三)投资者的董事、监事或者高级管理人员中的主要成员,同时在另一个投资者担任董事、监事或者高级管理人员;

(四)投资者参股另一投资者,可以对参股公司的重大决策产生重大

㊀ 见《上市公司收购管理办法》(2014年修订)第八十三条第一款。
㊁ 见德邦股份招股说明书。
㊂ 见《上市公司收购管理办法》(2014年修订)第八十三条第三款。

影响；

（五）银行以外的其他法人、其他组织和自然人为投资者取得相关股份提供融资安排；

（六）投资者之间存在合伙、合作、联营等其他经济利益关系；

（七）持有投资者 30% 以上股份的自然人，与投资者持有同一上市公司股份；

（八）在投资者任职的董事、监事及高级管理人员，与投资者持有同一上市公司股份；

（九）持有投资者 30% 以上股份的自然人和在投资者任职的董事、监事及高级管理人员，其父母、配偶、子女及其配偶、配偶的父母、兄弟姐妹及其配偶、配偶的兄弟姐妹及其配偶等亲属，与投资者持有同一上市公司股份；

（十）在上市公司任职的董事、监事、高级管理人员及其前项所述亲属同时持有本公司股份的，或者与其自己或者其前项所述亲属直接或者间接控制的企业同时持有本公司股份；

（十一）上市公司董事、监事、高级管理人员和员工与其所控制或者委托的法人或者其他组织持有本公司股份；

（十二）投资者之间具有其他关联关系。一致行动人应当合并计算其所持有的股份。投资者计算其所持有的股份，应当包括登记在其名下的股份，也包括登记在其一致行动人名下的股份。投资者认为其与他人不应被视为一致行动人的，可以向中国证监会提供相反证据。

2.3.2 案例 2　养元饮品

养元饮品（603156）注册成立于 1997 年，在 2005 年之前系国资企业。2005 年 12 月，随着河北省国企改革的深化，养元饮品被以姚奎章为核心的 58 名员工收购，完成了养元饮品的"摘红帽子"。由于公司特殊的成长背景，养元饮品被私有化之初，公司最大的股东姚奎章的持股比例仅为 30.01%，未能绝对控股。截至 2016 年 10 月（公司 IPO 申报前），养元饮品上市前的股权结构如图 2-12 所示。

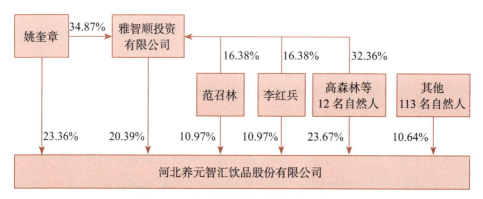

图 2-12 养元饮品上市前的股权架构图

姚奎章直接持有养元饮品股份的 23.36%，另外对雅智顺⊖的持股比例为 34.87%，未能拥有对雅智顺的控制权。所以姚奎章对养元饮品的现金流权虽为 30.47%⊜，控制权却仅为 23.36%⊜。除姚奎章之外的其他股东也均未能绝对控股，即任何一人凭借其股权均无法单独对公司股东大会决议、董事会选举和公司的重大经营决策实施决定性影响，养元饮品处于无实际控制人的状态！

为了避免由于股权的分散导致决策分歧，从而影响上市效率，急需采用一定工具，对公司的控制权进行整合。此时将小股东对养元饮品的直接持股平移至有限合伙企业持股是最好的整合方案。但由于公司面临上市，

⊖ 全称为"雅智顺投资有限公司"。
⊜ 姚奎章拥有现金流权的计算过程为：姚奎章直接持股+姚奎章间接持股=23.36%+20.39%×34.87%=30.469 993%（四舍五入约等于 30.47%）。
⊜ 姚奎章通过雅智顺间接持股养元饮品的股份，由于姚奎章未能拥有对雅智顺的控制权，从而导致间接持股部分同样没有绝对话语权。所以姚奎章的控制权仅为直接持股养元饮品部分。

对小股东而言，放弃直接持股，转而通过合伙企业间接持股，他们很难接受。所以，我们看到了如下安排：

雅智顺于 2016 年 6 月 6 日召开临时股东会，会议审议通过了《关于签订〈姚奎章先生与雅智顺投资有限公司一致行动协议〉的议案》。审议表决时，执行董事姚奎章进行了回避，代表有表决权资本 65 128 143 元的其他 14 名股东一致表决通过该议案。同日，姚奎章与雅智顺签署《姚奎章先生与雅智顺投资有限公司一致行动协议》[⊖]。在签署一致行动人协议后，养元饮品的股权结构如图 2-13 所示。

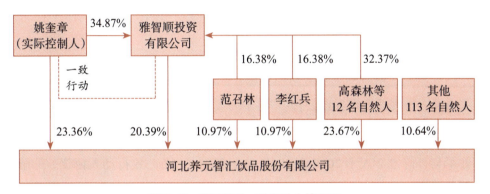

图 2-13　养元饮品一致行动人情况图

通过一致行动人协议，姚奎章成为养元饮品的实际控制人，拥有了养元饮品 43.75% 的控制权。

2.3.3　一致行动人点评

"一致行动人"较之"有限合伙企业"和"金字塔架构"效力较弱，并非最好的控制权工具，主要原因如下。

1. 一致行动人协议有"行动一致"的期限

一致行动人协议一般都有一定的期限，在期限届满后，协议将失效。

⊖　具体内容见本书"2.3.4 一致行动人协议"养元饮品。

例如，星星科技（300256）发布公告："公司实际控制人叶仙玉先生及其一致行动人星星集团有限公司、王先玉先生、王春桥先生、荆萌先生、殷爱武先生已于2017年8月2日分别签署《声明》，声明各方在星星科技的一致行动关系将于2017年8月19日到期，到期后即告自动终止，不再顺延。"

2. 一致行动人协议可能因目的完成而被解除或撤销

保持一致行动人往往是为了某种特殊目的，例如上市，一旦目的达成，协议可能会被解除或者被撤销。

【例2-11】

华志信（835642）挂牌新三板前，股东何胜军、孙静雯签署一致行动人协议。挂牌后公司发布公告："鉴于一致行动人协议的各方当事人有意愿更清晰地独立表达作为股东的真实意愿，经协议各方友好协商和沟通，何胜军与孙静雯2人于2016年10月11日签署了《〈一致行动人协议〉的解除协议》。"

3. 一致行动人协议对第三方没有约束力

一致行动人协议效力仅限于签约主体，对合同外第三方，除非经过效力追认，否则没有法律效力。例如，签署一致行动人的小股东可能因身故导致股权被继承，此时需要股东与继承人重新达成补充协议，一致行动人才得以成立。再如，一致行动的小股东的股份在上市后一旦成为流通股，将通过证券交易所进行竞价交易，一致行动人协议将无法对受让股票的一方具有约束力。

尽管在实践中，律师会尽量考虑各种导致一致行动人协议失效的情形，并加以约束，但由于其终归源于合同双方意思自治，仅在一定期限内可以实现控制权的稳定。

笔者提示，在签署一致行动人协议时可将一致行动人协议内容写进公司章程，增加协议内容对第三方的对抗效力。

【例 2-12】

福瑞股份（300049）在申报 IPO 时，其创始人股东王冠一仅持有福瑞股份 21.99% 的股份。㊀ 为此，王冠一与公司自然人股东李北红、霍跃庭、杨晋斌共同签署了《一致行动人协议》。根据《一致行动人协议》，王冠一能够控制的股份达 35.95%，成为实际控制人，如图 2-14 所示。㊁

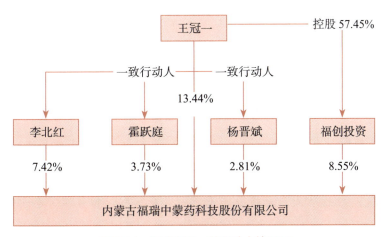

图 2-14　福瑞股份一致行动人情况图

在签署一致行动人协议后，福瑞股份修改了公司章程，将实际控制人地位、一致行动关系、委托投票权等事项加入到了公司章程之中。具体条款如下。㊂

㊀ 见该公司招股说明书第 56 页："王冠一直接持有本公司 13.44% 的股份，并通过福创投资（王冠一持有 57.45% 的股权）间接控制本公司 8.55% 的股份，王冠一直接和间接合计控制本公司 21.99% 的股份。"
㊁ 摘自该公司招股说明书第 57 页。
㊂ 摘自福瑞股份 2010 年 8 月版公司章程。

《公司章程》第八十七条 ……根据一致行动人签署的《一致行动人协议》，其他一致行动人在对公司行使经营管理决策权及在公司股东大会行使表决权时，应将在公司股东大会上的表决权委托王冠一行使。

《公司章程》第一百二十条 董事会会议应有过半数的董事出席方可举行。董事会做出决议，必须经全体董事的过半数通过。

董事会决议的表决，实行一人一票。

根据一致行动人签署的《一致行动人协议》，若在公司董事会中有一致行动人委派的人员担任董事或一致行动人本人担任董事时，其他一致行动人委派人员担任的董事或其本人（其他一致行动人本人担任董事时）在公司董事会上进行表决时，应将其在公司董事会上的表决权委托王冠一委派人员担任的董事或王冠一（王冠一本人担任董事时）行使。

《公司章程》第一百九十四条 释义：……

（二）实际控制人，是指虽不直接持有公司股份，或者其直接持有的股份达不到控股股东要求的比例，但通过投资关系、协议或者其他安排，能够实际支配公司行为的自然人或法人。本公司实际控制人为王冠一。

（三）一致行动人，是指股东王冠一、霍跃庭、杨晋斌、李北红四人，其四人在公司的股东权利行使、对公司的管理及决策等方面保持一致；其他一致行动人，是指在上述一致行动人中除王冠一以外的其他人，即霍跃庭、杨晋斌、李北红。

2.3.4 一致行动人协议

一致行动人协议内容并非法律强制性规范，所以完全取决于协议各方的合意，协议的内容非常重要，表2-4和表2-5选取了一些一致行动人协议内容供大家在实践中参考。

表2-4 一致行动人共性条款内容摘要

序号	共性条款内容摘要
1	重大事项决策（表决权、提案权、提名权等）保持一致，如佳讯飞鸿（300213）、汇川技术（300124）、网宿科技（300017）等
2	不能形成统一意见时，按照所代表的股权大小计算，少数股权数服从多数股权数/以实际控制人合计持有发行人表决权的半数以上的意见作为一致行动的意见，各方须按该意见行使股东权利，如步森股份（002569）、宁波建工（601789）、凯嘉科技（838721）等
3	股票上市交易之日起36个月内不转让或委托他人管理其本次发行前已持有的股份，也不由发行人回购该部分股份，如宁波建工（601789）、佳讯飞鸿（300213）、东软载波（300183）等

表2-5 一致行动人个性条款内容摘要

公司名称	个性条款内容摘要
宁波建工（601789）	2010年3月6日，徐文卫、王宇凌、潘信强等8人签署《一致行动人协议书》，该协议书约定："自本协议签署之日起，协议各方中如发生宣告失踪、死亡、丧失民事行为能力等客观上不能行使表决权之情形，则自上述事实发生之日起，不能行使表决权人之股份表决权自动委托由本协议各方过半数推选的代表（代表应为本协议一方）行使。受托人应在维护委托人合法权益的前提下，按照有利于保持广天日月（控股股东）、宁波建工生产经营的稳定性和公司治理结构的有效性的原则行使表决权。" 2010年4月23日，原实际控制人之一王宇凌因病过世，其原持有发行人及广天日月股份的所有权由其子王一丁继承 2010年5月26日，徐文卫等7人签署了原一致行动人协议的《补充协议书》；王一丁认可原协议书及《补充协议书》。根据该《补充协议书》，王一丁所持股份之表决权自动委托徐文卫等7人过半数推选的代表（代表应为协议一方）行使；协议各方过半数推选的代表行使原王宇凌先生所持有股份的表决权时，在维护委托人合法权益的前提下，在广天日月、发行人股东大会上，其表决意见应当与根据原协议书所形成的表决意见保持一致
科大讯飞（002230）	2003年7月24日，刘庆峰、王仁华、陈涛、吴相会等14人签订《协议书》 （1）王仁华等13人（委托人）委托刘庆峰（受托人）出席股东会或临时股东会，并在股东会或临时股东会上，就股东会所议事项和所决议事项，代表委托人决策并行使投票权 （2）当委托人本人亲自出席公司的股东会或临时股东会时，经受托人同意，可由委托人自己行使投票权，委托人承诺与受托人保持行动一致，否则，委托人的投票无效 （3）委托人同意对讯飞公司董事、高级管理人员的提名或推荐权由受托人行使；若委托人出任讯飞公司的董事，则在讯飞公司的董事会或临时董事会上，就董事会所议事项和所决议事项与受托人保持一致

（续）

公司名称	个性条款内容摘要
亚威股份 （002559）	2008年4月，吉素琴、冷志斌等9名自然人共同签署一致行动的《协议书》 《协议书》有效期为5年（即自2008年3月1日起至2013年2月28日）。约定：若公司成功上市，自上市之日起至该协议期满日止，不足3年的，则本协议的有效期应延长至公司上市届满3年之日 （公司股票于2011年3月3日上市交易，截至2014年3月2日，公司上市已3年，一致行动的《协议书》期限已届满。）
网宿科技 （300017）	2009年4月，陈宝珍和刘成彦签署《一致行动人协议》 （1）该协议自双方签署后生效，至发行人首次公开发行股票并上市交易36个月届满后失效 （2）如果协议双方进行充分沟通协商后，对有关公司经营发展的重大事项行使何种表决权达不成一致意见，双方在股东大会上对该等重大事项共同投弃权票
汇川技术 （300124）	2009年8月25日，朱兴明等10名自然人共同签订《一致行动人协议书》： （1）本协议有效期为各方为公司股东期间，如任何一方不再为公司股东，本协议对其他各方仍有约束力 （2）本协议任何一方违反本协议约定，给他方造成的损失，应当依法进行赔偿 2010年7月28日，朱兴明等10名自然人签署《一致行动人协议书之补充协议》，约定： 股东大会召开10日前，各方应通过协商就需要决策的事项达成一致，并在股东大会上发表该等一致意见。如进行充分沟通后，对会议议案行使何种表决权未能达成一致意见，各方按人数简单多数进行表决，并按多数方意见在股东大会对该等议案发表一致意见。如出现赞成和反对票相同的情形，各方同意朱兴明多一票表决权
中元华电 （300018）	2005年6月8日邓志刚、王永业、张小波等8位自然人股东签订《一致行动人协议》，2009年2月16日各方又签订《关于〈一致行动人协议〉之补充协议》 （1）在发行人存续期间内，任何一方未经其他各方的书面同意不得向签署本协议之外的第三方转让所持公司的股份 （2）任何一方持有本公司的股份不得通过协议、授权或其他约定委托他人代为持有 （3）一致行动关系不得由协议的任何一方单方解除或撤销；协议所述与一致行动关系相关的所有条款均为不可撤销条款 （4）任何一方均不得与签署本协议之外的第三方签订与本协议内容相同、近似的协议或合同 （5）一致行动协议在公司存续期间长期有效
东软载波 （300183）	2009年9月16日崔健、胡亚军、王锐签署《一致行动人协议书》，2010年3月15日重新签署《一致行动人协议书》 （1）按照法定情形董事会、监事会不召集和主持股东大会的，按合计数共同行使自行召集和主持股东大会的权利 （2）按照合计数共同行使股东享有的公司法规定的代表诉讼和直接诉讼的权利

（续）

公司名称	个性条款内容摘要
步森股份 （002569）	措施一：《步森集团有限公司章程》中的有关规定 根据2008年8月18日修订的《步森集团有限公司章程》第十二条："本公司股东寿彩凤、陈建飞、陈建国、陈能恩、陈智宇、陈智君、王建霞、王建军、王建丽、寿能丰、寿鹤蕾系寿氏家族成员，为一致行动人，在行使股东权利（包括但不限于股东大会提案权、董事的提名权、股东大会表决权等权利）时，统一按照一致行动的原则行使相应权利，始终保持一致行动。如各方对提案、提名及表决有不同意见时，以合计持有半数以上有表决权股份的股东的意见作为一致行动的意见，该约定对全体一致行动人具有约束力，各方须按该意见行使股东权利。" 措施二：公司股东吴永杰的有关承诺 2008年8月18日，吴永杰出具《承诺书》，承诺："本人作为浙江步森服饰股份有限公司股东，在对公司重大事务决策方面与步森集团有限公司保持一致意见" 措施三：2009年10月15日，寿彩凤、陈建飞、陈建国等12人签署《一致行动人协议书》，约定：未能形成一致意见的，则无条件服从时任公司董事长的意见。通过行使股东选举权和董事选举权，确保公司时任董事长为12人中的一人。如在选举公司董事长时出现意见不一致且无法统一时，将无条件选举陈建飞担任公司董事长
神农基因 （300189）	2010年12月17日黄培劲与柏远智等10位自然人股东签署《一致行动人协议》 （1）柏远智等10位股东中的任何一方如发生两次以上（包括两次）违反本协议的行为，黄培劲有权要求该等违约方将其对股东大会的提案权和在股东大会上的表决权在本协议的有效期内授权黄培劲行使，在授权期限内，该等违约方不得再亲自行使提案权和表决权 （2）协议自各方签署之日起生效，至神农基因首次公开发行的股票上市交易之日起满36个月后失效。同时，柏远智等10位自然人股东承诺，自发行人股票上市之日起，在公司连续服务年限不少于3年 2010年12月17日PE股东红岭创投和财信创投、财信房地产及其实际控制人财信投资出具《承诺函》，承诺红岭创投（及财信创投、财信房地产及其实际控制人财信投资）与发行人其他股东之间不存在关联关系；不谋求发行人的控制权、不直接或间接增持发行人股份、股份锁定期满后不通过证券交易所大宗交易系统将股份转让给可能控制发行人的股权受让方
华平股份 （300074）	2005年年末，公司拟境外上市，设立了境外特殊目的公司——爱微康国际，刘晓丹、熊模昌、梁艺丹（王昭阳之妻）签订《一致行动协议》，约定： 任何情况下，只要刘晓丹是华平有限公司的直接或间接持股人，熊模昌及梁艺丹同意（梁艺丹需促使王昭阳同意）提名并选举或委派刘焱（刘晓丹之母）、刘晓露（刘晓丹之兄）、王强、王昭阳、熊模昌为华平有限公司的董事，且在董事会中选举刘焱担任董事长及法定代表代表人
海兰信 （300065）	2007年12月28日申万秋与魏法军签署《合作协议》 （1）双方在对其所持有的海兰信股份进行任何卖出、质押等处分行为或新增买入海兰信的股份时，应通过相互协商以保持一致意见和行动 （2）协议有效期为5年，经双方协商一致，可以延长有效期

(续)

公司名称	个性条款内容摘要
江海股份（002484）	朱祥等45名自然人股东与陈卫东先生于2008年7月18日签署《授权委托书》，授权公司股东、董事长陈卫东先生代为行使其持有公司股份所享有的股东大会的投票权、提案权、提名权、临时股东大会的召集权。2009年5月31日，朱祥等45名自然人股东与陈卫东进行了协商，对《授权委托书》进行调整。主要调整内容为： ①将《授权委托书》在形式上调整为《委托协议书》 ②对"统一表决意见"进行了重新界定，补充了"如不能形成50%以上的统一意见，则股东意见中支持比例最高的表决意见为统一表决意见"的约定 新签署的《委托协议书》主要内容如下 1. 朱祥等45名自然人自本委托协议书签署之日起至公司股票发行上市后36个月内，将其持有的公司股份的下列股东权利委托给受托方陈卫东先生统一行使，委托方不再单独行使下列股东权利： （1）股东大会的投票权 （2）提案权 （3）董事、独立董事、监事候选人的提名权 （4）临时股东大会的召集权 2. 委托方和受托方一致同意按照如下规则行使上述股东权利：受托方和委托方应在公司股东大会召开前，召集全体委托方、受托方就股东大会会议议案进行讨论，形成统一表决意见，并按照相关规定出具股东大会的授权委托书，在某个委托方违反本授权委托书约定，不出具授权委托书时，应当向其他委托方就每次违约行为支付100万元的违约金 在行使提案权、董事、独立董事、监事候选人的提名权，临时股东大会的召集权时召集委托方、受托方进行讨论，形成统一意见。在委托方、受托方违反本委托协议书约定时，应当向守约方就每次违约行为支付共计100万元的违约金 占全体委托方、受托方所持股份总数50%以上的股东意见为统一表决意见（如不能形成50%以上的统一意见，则股东意见中支持比例最高的表决意见为统一表决意见），受托方应当按照此统一意见行使本协议项下的股东权利。委托方、受托方同意接受统一表决意见的约束 3. 受托方如有下列情形之一的，由委托方中持股比例最高且能够出席股东大会的自然人股东代行本协议项下股东权利，也可由委托方协商更换成其他受托方： （1）受托方不能履行或不履行上述受托事项 （2）受托方不再担任公司董事 （3）占全体委托方所持股份总数50%以上的股东同意更换的其他情形 4. 受托方或继任受托方不按本委托协议书确定的表决规则统一行使本协议项下股东权利的，应承担法律责任 5. 受托方必须遵守法律和股份公司章程，不得利用委托方的授权损害股份公司的利益或者其他股东的利益 6. 未经全体委托方书面同意，受托方不得将本委托书中列明的股东权利全部或者部分授予他人行使 7. 本委托协议书一经签署即具有法律约束力，且未经全体委托方和受托方同意不得予以变更

2.4 委托投票权

2.4.1 委托投票权的定义

委托投票权（proxy voting）是指股东在股东大会召开之前已经在某些问题上进行了投票或把投票权转让给出席股东大会的其他人来行使。我国《公司法》（2018 年修正）第一百零六条规定："股东可以委托代理人出席股东大会会议，代理人应当向公司提交股东授权委托书，并在授权范围内行使表决权。"

2.4.2 案例 3 天常股份

天常股份（300728）⊖实际控制人为陈美城。该公司有一家子公司连云港天常⊜，申报 IPO 前，天常股份对其持股比例为 40%。天常股份与连云港天常的自然人股东肖彩霞签署了《委托投票权协议》，约定肖彩霞将所持连云港天常 19% 的股权（含未来资本公积转增股本，送红股增加的股权）对应的股东权利（收益权和处分权除外）授权给天常股份行使，具体包括：①连云港天常股东会会议审议议案时，发行人可根据自己的意志行使 19% 的股权对应的表决权；②发行人享有 19% 的股权对应的提案权、提名权等股东权利；③委托期限自协议签署之日起至肖彩霞持股比例低于 1% 以内；④上述授权委托无条件且不可撤销。肖彩霞承诺自协议签订之日起 5 年内不转让上述 19% 的股权，期限届满后拟转让股权的，同等条件下发行人享有优先购买权。肖彩霞委托投票表决权主要出于：其长期生活在北京，参与连云港日常管理不便且主观意愿不强，其实际仅承担财务投资人角色；肖彩霞与陈美城系多年朋友，双方存在较深的信任关系；天常股份多年来经营管理连云港天常运作良好。因此，肖彩霞愿意将连云港天常 19% 的股

⊖ "天常股份"全称为"江苏天常复合材料股份有限公司"，该公司 IPO 申请已获证监会核准，但截至 2018 年年底尚未发行。

⊜ 全称为"连云港天常复合材料有限公司"。

权对应的投票权委托给天常股份行使。[注] 随后，为了保证天常股份在上市过程中对连云港天常合并财务报告，肖彩霞又签署声明与承诺，且经连云港天常股东会全体股东决议通过，肖彩霞又放弃其所持连云港天常27%股权的表决权。

2.4.3 委托投票权点评

常有企业家咨询委托投票权和一致行动人有什么区别？通俗一点，如果把一致行动人表述为，大股东与小股东意见一致时，听大股东的，大股东与小股东意见不一致时，仍听大股东的；委托投票权则是作为委托人的股东完全放弃表决权，交由受托人行使。因此，一致行动人需要各方均为公司股东，但委托投票权的受托方可以不是公司股东。

在公司上市过程中，如果存在股权分散且几个股东股权比例非常接近的情况，中介机构一般会建议股东捆绑成为一致行动人，在极个别情况下，也会直接认定没有实际控制人。但是在股权比例较高的一方股东是纯粹的财务投资者的情况下，如果财务投资人并不愿意被绑定，且将财务投资者强行认定是一致行动人也有些不伦不类，这时中介机构会建议持股较少的股东选择委托投票权的方式将控制权集中给最大的股东，以方便认定实际控制人。

2.5 公司章程控制

公司章程被称为"公司宪法"，是股东间合作的最高行为准则，在公司内部具有最高法律地位。但非常遗憾，实践中很少有企业家对公司章程给予足够的重视。一方面，中国资本市场开放程度较低，大部分企业家觉得上市与自己相距甚远，因此公司股权结构也处于极度的闭合状态（公司

[注] 摘自天常股份招股说明书第57页。

股东仅限于创始人或其家族），未能引入 VC/PE、高管员工、战略投资人等其他股东。如果说公司章程是股东与股东以及股东与高管之间的游戏规则，闭合型股权结构中股东仅有自己，管理层也多为家族成员，股东既是裁判员又是运动员，那么自然也就没有重视的必要。另一方面，中国数千年儒家文化的浸染，导致一部分中国企业家好面子，认为对公司章程"咬文嚼字"是彼此不信任的表现。重面子、轻契约的文化传统，也导致了大部分公司章程仅是工商设立登记时的一纸资料而已。但近几年，随着资本市场的开放和企业间股权合作的频繁，越来越多的企业家开始吃一堑长一智，意识到重视公司章程的必要性。

据统计，仅 2016 年便有不少于 13 家上市公司上演控制权争夺战，如万科 A、南玻 A、廊坊发展、三维丝、硅宝科技、华帝股份、东方银星、新华百货、康达尔、永新股份、西藏发展和 *ST 亚星、ST 慧球等。这些控制权争夺战有的是管理层与资本方的较量，有的是大股东与中小股东的较量，有的是创始人与实业合伙人的较量，可谓精彩纷呈，每场都是一部经典的商战大片。如果说控股权争夺战的缘起是上市公司股价的起伏和人性中控制欲的角逐，那么"公司章程"则是这场战役决胜的关键武器。

2.5.1 案例 4 上海新梅

我们来看一个上海新梅（600732）通过公司章程对恶意争夺控股权的野蛮人进行阻击的案例。由此可见公司章程设计对控制权的重要性。

1. 一则公告

2014 年 5 月 31 日，上海新梅（600732）发布了一则公告《上海新梅关于修订〈公司章程〉的公告》，很快又发布了一则补充公告《上海新梅关于修订〈公司章程〉的补充公告》。以下为补充公告的内容。

一、《公司章程》第五十三条的修订情况

原《公司章程》第五十三条：

第五十三条　公司召开股东大会，董事会、监事会以及单独或者合并持有公司3%以上股份的股东，有权向公司提出提案。单独或者合计持有公司3%以上股份的股东，可以在股东大会召开10日前提出临时提案并书面提交召集人。召集人应当在收到提案后2日内发出股东大会补充通知，公告临时提案的内容。

除前款规定的情形外，召集人在发出股东大会通知公告后，不得修改股东大会通知中已列明的提案或增加新的提案。股东大会通知中未列明或不符合本章程第五十二条规定的提案，股东大会不得进行表决并做出决议。

现拟修改为：

第五十三条　公司召开股东大会，董事会、监事会以及单独或者合并持有公司3%以上股份的股东，有权向公司提出提案。连续12个月单独或者合计持有公司3%以上股份的股东，可以在股东大会召开10日前提出临时提案并书面提交召集人。召集人应当在收到提案后2日内发出股东大会补充通知，公告临时提案的内容。

除前款规定的情形外，召集人在发出股东大会通知公告后，不得修改股东大会通知中已列明的提案或增加新的提案。股东大会通知中未列明或不符合本章程第五十二条规定的提案，股东大会不得进行表决并做出决议。

修改依据：对持股3%以上的股东行使提案权的持股时间做出要求，防止短线交易或持恶意收购目的的股东滥用提案权，对公司正常经营和稳定发展造成不利影响。同时，公司也参考了其他多家上市公司的现行章程的相关条款，对3%以上股东行使提案权的持股时间也均设置了要求。

律师法律意见：该条款修订系为稳定上市公司股权结构，充分保证上市公司的权益而对原章程所做的调整，相关法律法规并未对该条款的修订

做出禁止性规定，该条款在经股东大会以特殊决议审议通过本章程修订案后生效。

二、《公司章程》第八十二条的修订情况

原《公司章程》第八十二条：

第八十二条　董事、监事候选人名单以提案的方式提请股东大会表决。董事会应当向股东公告候选董事、监事的简历和基本情况。股东大会就选举董事、监事进行表决时，可以实行累积投票制。前款所称累积投票制是指股东大会选举董事或者监事时，每一股份拥有与应选董事或者监事人数相同的表决权，股东拥有的表决权可以集中。在选举董事、监事的股东大会上，董事会秘书应向股东解释累积投票制度的具体内容和投票规则，并告知该次董事、监事选举中每股拥有的投票权。在执行累积投票制度时，投票股东必须在一张选票上注明其所选举的所有董事、监事，并在其选举的每位董事、监事后标注其使用的投票权数。董事、监事产生的方式和程序如下：

（一）由公司董事会提名委员会在征询有关方面的意见和进行任职基本条件审核的基础上产生候选董事并提交董事会会议讨论通过，由股东大会选举产生董事。

（二）股东代表担任监事，由公司监事会在征询有关方面的意见和进行任职基本条件审核的基础上经监事会会议讨论通过产生监事候选人，并提请股东大会选举产生监事。

（三）单独或者合并持有公司3%以上股份的股东依据本章程的规定提出提案，提请股东大会选举产生董事或者监事。

（四）职工代表担任的监事，经公司职工民主选举产生后，向股东大会通报。

现拟修改为：

第八十二条　董事、监事候选人名单以提案的方式提请股东大会表决。

董事会应当向股东公告候选董事、监事的简历和基本情况。股东大会就选举董事、监事进行表决时，可以实行累积投票制，但须由连续持股超过12个月有提案权的股东书面提出，经董事会审议通过后实施。

前款所称累积投票制是指股东大会选举董事或者监事时，每一股份拥有与应选董事或者监事人数相同的表决权，股东拥有的表决权可以集中。在选举董事、监事的股东大会上，董事会秘书应向股东解释累积投票制度的具体内容和投票规则，并告知该次董事、监事选举中每股拥有的投票权。在执行累积投票制度时，投票股东必须在一张选票上注明其所选举的所有董事、监事，并在其选举的每位董事、监事后标注其使用的投票权数。董事、监事产生的方式和程序如下：

（一）由公司董事会提名委员会在征询有关方面的意见和进行任职基本条件审核的基础上产生候选董事并提交董事会会议讨论通过，由股东大会选举产生董事。

（二）股东代表担任监事，由公司监事会在征询有关方面的意见和进行任职基本条件审核的基础上经监事会会议讨论通过产生监事候选人，并提请股东大会选举产生监事。

（三）单独或者合并持有公司3%以上股份的股东依据本章程的规定提出提案，提请股东大会选举产生董事或者监事。

（四）职工代表担任的监事，经公司职工民主选举产生后，向股东大会通报。

按照前述第（三）项规定提名董事和监事时，提名人应按董事会提名委员会的要求，提交候选人适合任职的专项说明，董事会提名委员会对人选提出审议意见，提出董事候选人的推荐人选。

修改依据：依据《公司董事会提名委员会实施细则》《上海证券交易所上市公司董事选任与行为指引（2013年修订）》，对相应程序进行完善补充。

律师法律意见：该条款修订系为进一步明确公司董事会、监事会的选举制度，相关法律法规并未对该条款的修订做出禁止性规定，该条款在经股东大会以特殊决议审议通过本章程修订案后生效。

三、《公司章程》第九十六条的修订情况

原《公司章程》第九十六条：

第九十六条　董事由股东大会选举或更换，任期3年。董事任期届满，可连选连任。董事在任期届满以前，股东大会不能无故解除其职务。

董事任期从就任之日起计算，至本届董事会任期届满时为止。董事任期届满未及时改选，在改选出的董事就任前，原董事仍应当依照法律、行政法规、部门规章和本章程的规定，履行董事职务。

董事可以由经理或者其他高级管理人员兼任，但兼任经理或者其他高级管理人员职务的董事以及由职工代表担任的董事，总计不得超过公司董事总数的1/2。

现拟修改为：

第九十六条　董事由股东大会选举或更换，任期3年。董事任期届满，可连选连任。董事会换届选举时，更换董事不得超过全体董事的1/3；每一提案所提候选人不得超过全体董事的1/3；非董事会换届选举时，选举或更换（不包括确认董事辞职）董事人数不得超过现任董事的1/4，董事在任期届满以前，股东大会不能无故解除其职务。

董事任期从就任之日起计算，至本届董事会任期届满时为止。董事任期届满未及时改选，在改选出的董事就任前，原董事仍应当依照法律、行政法规、部门规章和本章程的规定，履行董事职务。

董事可以由经理或者其他高级管理人员兼任，但兼任经理或者其他高级管理人员职务的董事以及由职工代表担任的董事，总计不得超过公司董事总数的1/2。

修改依据：为确保公司经营的稳定性，对董事会换届要求进行明确。

律师法律意见：该条款修订系为进一步明确公司董事会、监事会的选举制度，相关法律法规并未对该条款的修订做出禁止性规定，该条款在经股东大会以特殊决议审议通过本章程修订案后生效。

四、《公司章程》第一百一十一条的修订情况

原《公司章程》第一百一十一条：

第一百一十一条　董事会设董事长1人，可以设副董事长。董事长和副董事长由董事会以全体董事的过半数选举产生。

现拟修改为：

第一百一十一条　董事会设董事长1人。董事长由董事会以全体董事的2/3以上多数选举产生。

修改依据：公司现不设副董事长，依据实际情况变化进行修改。

律师法律意见：该条款修订系为进一步明确公司董事长的选举制度，相关法律法规并未对该条款的修订做出禁止性规定，该条款在经股东大会以特殊决议审议通过本章程修订案后生效。

董事长由"全体董事过半数选举产生"到"全体董事的2/3以上多数选举产生"；提交临时议案人由"单独或者合计持有公司3%以上股份的股东"到"连续12个月单独或者合计持有公司3%以上股份的股东"；增加"累积投票制"须由连续持股超过12个月有提案权的股东书面提出，经董事会审议通过后实施；增加"董事会换届选举时，更换董事不得超过全体董事的1/3"等，这一系列变动背后究竟发生了什么？

2. 危机逼近

上海新梅原简称为"上海港机"，于1996年8月在上海证券交易所主板上市。2003年原控股股东上海港口机械制造厂将持有上海港机的66.56%

的股份全部转让给上海兴盛房地产开发（集团）有限公司（以下简称兴盛集团）。公司易主后更名为"上海新梅"，新的实际控制人为张兴标。截至2012年6月30日，兴盛集团对上海新梅的持股比为55.7%。2012年11月，上海新梅发布公告，兴盛集团分立为新兴盛集团和荣冠投资㊀，分立前后的股东及持股比例均保持不变。㊁至此，新兴盛集团持股上海新梅27.47%，荣冠投资持股上海新梅28.23%，上海新梅的实际控制人仍为张兴标。随后的几个月，张兴标通过荣冠投资和新兴盛集团开始了频繁的减持套现之路，见表2-6。

表2-6 荣冠投资和新兴盛集团减持统计表[①]

减持时间	减持主体	交易方式	股数	减持股比	交易价格
2013年2月4日	荣冠投资	竞价交易	399 600	0.16%	
2013年2月28日	荣冠投资	大宗交易	12 400 000	5.00%	11.03元/股
2013年3月5日	荣冠投资	大宗交易	22 320 000	5.00%	6.75元/股
2013年3月8日	荣冠投资	大宗交易	22 320 000	5.00%	6.03元/股
2013年3月5日	荣冠投资	大宗交易	22 320 000	5.00%	5.78元/股
2013年3月15日	荣冠投资	大宗交易	22 320 000	5.00%	5.5元/股
2013年3月19日	荣冠投资	大宗交易	13 680 720	3.07%	5.19元/股
小计			115 760 320	28.23%	
2013年3月19日	新兴盛集团	大宗交易	8 639 200	1.94%	5.19元/股
2013年3月22日	新兴盛集团	大宗交易	22 320 000	5.00%	5.35元/股
2013年3月26日	新兴盛集团	大宗交易	5 725 000	1.28%	5.35元/股
小计			36 684 200	8.22%	

① 本表数据来源于上海新梅2013年披露的《关于股东减持公司股份的公告》，时间为2013年2月5日至2013年3月27日。

短短一个多月，荣冠投资的持股完全套现。截至2013年年底，新兴盛集团的持股比例也下降至11.19%。与新兴盛集团减持遥相呼应的却是，

㊀ 全称为"荣冠投资有限公司"，注册地为喀什经济开发区深圳产业园创业二路深喀创业服务中心。
㊁ 兴盛集团的分立重组主要原因是为后续减持上海新梅股份做税收安排。具体见本书第四部分股权架构重组。

从 2013 年 7 月至 11 月，王斌忠实际控制开南公司等 15 个证券账户（以下简称"开南系"）持续不断买入上海新梅股票。截至 2013 年年底，开南系合计持有上海新梅已发行股份已增至 14.86%，超越新兴盛集团持股比例 11.19%，成为第一大股东。新兴盛集团如此大规模减持上海新梅，不得不让市场怀疑其是否要主动退位让贤，而开南系则是接盘手。不过，很快双方便爆发了激烈的战争，用行动回复了外界的猜测，张兴标控股的新兴盛集团并未计划退出上海新梅，开南系的收购被新兴盛集团怒斥为"违规举牌、违法持股、违法收购"！㊀

3. 反击大战

控股权战争的核心战场很快锁定为上海新梅的董事会。由于上市公司股东众多，权力表达只能采用代议民主制的方式，即在股东大会上选出董事会，再由董事会的决议体现股东的权利和意志。股东的权力斗争通过董事会展开，董事会的结构就成为股东实现自己权力意志的重要方式，董事会中的每一个席位都是必争之地，谁手中的董事人数多，谁就将拥有话语权，进而赢得这场战役。于是便出现了前面的修改公司章程的连续公告，新兴盛集团希望借此对开南系改组董事会进行狙击。但由于修改公司章程选择的时机正处于矛盾激化的风口浪尖，因内容太过敏感而被上海证监局质疑，最后该议案在 2013 年度股东大会召开时被取消。㊁随后，新兴盛集团一方面向宁波监管局实名对开南系进行举报；另一方面对开南系提起民事诉讼，一场旷日持久的诉讼案拉开了帷幕。2016 年 12 月，新兴盛集团与开南系由于上海市政府的调停达成了和解，以撤诉方式了结此案，随后双双退出 ST 新梅㊂。但由于治理结构的不稳定，管理层无心经营，上海新

㊀ 见上海新梅 2014 年年度报告第 3 页。
㊁ 见《上海新梅关于 2013 年度股东大会取消部分提案的补充通知暨提示性公告》。
㊂ ST 新梅后续控制权的进展情况可见《关于公司实际控制人变更的提示性公告》。

梅于 2015 年被沦为 ST 新梅，几近退市的边缘。

4. 案例启发

上海新梅的控股权争夺战折射出强行收购方开南系对监管规则的蔑视和无知，以及狙击方新兴盛集团对控股权保护的认知缺失。案例中关于公司章程的桥段也不容忽视，如果早在新兴盛集团减持前就有意识修改公司章程保护自己，而不是在野蛮人入侵时再做应变，也许开南系在收购之初便心有忌惮，进而望而却步。所以，公司章程在公司治理中的作用，如何强调都不为过。

2.5.2 公司章程要点

我们将区分公司为有限公司和股份公司两种类型，对其公司章程要点加以梳理。

1. 有限公司

有限公司兼具"人合"[一]和"资合"两种属性。作为持股一方，往往因其特定的技术、才能、社会资源等因素获得股东地位，股东之间存有一定的利益分配或权力制衡的因素，公司股权结构往往经过充分而细致的考量，股权结构的稳定对公司的经营和治理有着极为重要的影响。基于这种"人合"的属性，《公司法》赋予了有限公司股东对公司治理更多的自治性，股东间以公司章程对彼此权利义务进行自由约定的空间更大。以下为企业家必须了解的关于公司章程意思自治[二]的常识。

[一] 人合性，是指在有限责任公司的成员之间，存在着某种个人关系，这种关系很像合伙成员之间的那种相互关系。

[二] 意思自治，是指在民事活动中，民事主体的意志是独立的、自由的，不受国家权力和其他当事人的非法干预。也就是说，民事主体在没有非法的外力强迫的情况下，完全根据自己的主观判断来决定民事法律关系的设立、变更和终止。摘自刘美林著《市场经济法律概论》（第 2 版），科学技术文献出版社，2009 年。

（1）章程可以约定"分红比例与出资比例不一致"。

《公司法》第三十四条　股东按照实缴的出资比例分取红利；……但是，全体股东约定不按照出资比例分取红利……的除外。

（2）章程可以约定"不按出资比例优先认缴出资"。

《公司法》第三十四条　……公司新增资本时，股东有权优先按照实缴的出资比例认缴出资。但是，全体股东约定……不按照出资比例优先认缴出资的除外。

（3）章程可以约定"股东持股比例可与出资比例不一致"。

最高人民法院曾以（2011）民提字第6号判决书，对深圳市启迪信息技术有限公司与郑州国华投资有限公司等公司股权确认纠纷案进行判决。该案例被最高人民法院公报[⊖]收录，该案裁判摘要：在公司注册资本符合法定要求的情况下，各股东的实际出资数额和持有股权比例应属于公司股东意思自治的范畴。股东持有股权的比例一般与其实际出资比例一致，但有限责任公司的全体股东内部也可以约定不按实际出资比例持有股权，这样的约定并不影响公司资本对公司债权担保等对外基本功能实现。如该约定是各方当事人的真实意思表示，且未损害他人的利益，不违反法律和行政法规的规定，应属有效，股东按照约定持有的股权应当受到法律的保护。

（4）章程可以约定"表决权可与出资比例不一致"。

《公司法》第四十二条　股东会会议由股东按照出资比例行使表决权；但是，公司章程另有规定的除外。

（5）章程可以约定"剥夺股权转让时其他股东的同意权"。

《公司法》第七十一条　有限责任公司的股东之间可以相互转让其全部或者部分股权。股东向股东以外的人转让股权，应当经其他股东过半数同

⊖ 《最高人民法院公报》是最高人民法院的官方文献汇编，由最高人民法院办公厅主办，在国内及海外公开发行，是最高人民法院公开发布司法解释、司法文件、典型案例等各类重要司法信息的权威载体。

意。股东应就其股权转让事项书面通知其他股东征求同意，其他股东自接到书面通知之日起满三十日未答复的，视为同意转让。其他股东半数以上不同意转让的，不同意的股东应当购买该转让的股权；不购买的，视为同意转让。……公司章程对股权转让另有规定的，从其规定。

（6）章程可以约定"限制股权转让时其他股东的优先认购权"。

《公司法》第七十一条 ……经股东同意转让的股权，在同等条件下，其他股东有优先购买权。两个以上股东主张行使优先购买权的，协商确定各自的购买比例；协商不成的，按照转让时各自的出资比例行使优先购买权。公司章程对股权转让另有规定的，从其规定。

（7）章程可以约定"排除股东资格的继承"。

《公司法》第七十五条 自然人股东死亡后，其合法继承人可以继承股东资格；但是，公司章程另有规定的除外。

（8）章程可以约定"书面形式行使股东会职权"。

《公司法》第三十七条 股东会行使下列职权：（一）决定公司的经营方针和投资计划；……（十一）公司章程规定的其他职权。对前款所列事项股东以书面形式一致表示同意的，可以不召开股东会会议，直接做出决定，并由全体股东在决定文件上签名、盖章。

（9）章程可以约定"召开股东会定期会议的期限"。

《公司法》第三十九条 股东会会议分为定期会议和临时会议。定期会议应当依照公司章程的规定按时召开。……

（10）章程可以约定"召开股东会会议的通知期限"。

《公司法》第四十一条 召开股东会会议，应当于会议召开十五日前通知全体股东；但是，公司章程另有规定或者全体股东另有约定的除外……

（11）章程可以约定"股东会的议事方式和表决程序"。

《公司法》第四十三条 股东会的议事方式和表决程序，除本法有规定的外，由公司章程规定。

（12）章程可以约定"董事长和副董事长的产生办法"。

《公司法》第四十四条　……董事会设董事长一人，可以设置副董事长。董事长、副董事长的产生办法由公司章程规定。

（13）章程可以约定"董事会的议事方式和表决程序"。

《公司法》第四十八条　董事会的议事方式和表决程序，除本法有规定的外，由公司章程规定。

（14）章程可以约定"执行董事的职权"。

《公司法》第五十条　股东人数较少或者规模较小的有限责任公司，可以设一名执行董事，不设董事会。执行董事可以兼任公司经理。执行董事的职权由公司章程规定。

2. 股份公司

如果说有限公司是"资合"公司兼具"人合"属性，股份公司则属于典型的"资合公司"。资合公司是指以公司资本和资产条件作为其信用基础的公司，不依赖于股东个人的声望、信用，股东间以出资相结合，无须相互了解，具有可公众化的特点。很多企业家对自己的企业由有限责任公司变更为股份有限公司缺乏足够的认知，简单地以为只是公司名称的改变而已。其实，股改的过程绝非形式意义上的名称变化，而是一个公司由闭合型股权结构向开放型股权结构转变的起点。企业由有限公司变更为股份公司后，有哪些不同呢？

（1）**公司章程自治性弱化**。有限公司的章程赋予了股东很高的意思自治空间，可以自由约定持股比例、分红比例、表决权比例、股东会议事规则等⊖，这主要是因为有限公司股东上限为50人，成立的基础是股东间的相

⊖ 具体见第3章表3-1有限公司与股份公司差异比较表。

互信赖，是一种相对封闭的股权结构。所以，我们看到《公司法》较少用强制性规范去保护小股东的权益。

股份公司则不同，股份公司仅规定了发起人上限 200 人，在发起设立后，股份公司可以向全国中小企业股份转让系统申请挂牌成为非上市公众公司，也可以向证券交易所申请上市交易成为上市公司，股东人数没有上限要求。以资本聚合的小股东自然需要《公司法》保护其利益，比如降低公司章程约定的弹性，以约束大股东通过公司章程侵害小股东权益。《公司法》中关于股份公司的两章[一]，不仅取消了有限公司股东通过公司章程对前述 14 个事项进行约定的权利，以期保护小股东的利益，更强化了公司对董监高[二]的监管。例如，禁止股份公司向董监高提供借款[三]、定期披露董监高薪酬[四]、对董监高的股份转让加以限制[五]等。

（2）股的流动性和包容性更强。股的流动性是指股权 / 股份能够以一个合理的价格迅速转化为现金的能力。它是一种所投资的时间尺度（卖出它需多长时间）和价格尺度（与公平市场价格相比的折扣）之间的关系。一个流动市场的特点是市场上在任何时刻都有买家和卖家。假如一个市场上有许多买家和卖家，那么这个市场的流动性就非常高，这样的市场被称为深市场。往往交易者更愿意向流动性高的市场（如股票交易）投资，而不太

[一] 《公司法》第四章为股份有限公司的设立和组织机构；第五章为股份有限公司的股份发行和转让。

[二] 董监高包括公司董事、监事、高级管理人员。

[三] 见《公司法》第一百一十五条："公司不得直接或者通过子公司向董事、监事、高级管理人员提供借款。"

[四] 见《公司法》第一百一十六条："公司应当定期向股东披露董事、监事、高级管理人员从公司获得报酬的情况。"

[五] 见《公司法》第一百四十一条第二款："公司董事、监事、高级管理人员应当向公司申报所持有的本公司的股份及其变动情况，在任职期间每年转让的股份不得超过其所持有本公司股份总数的百分之二十五；所持本公司股份自公司股票上市交易之日起一年内不得转让。上述人员离职后半年内，不得转让其所持有的本公司股份。公司章程可以对公司董事、监事、高级管理人员转让其所持有的本公司股份作出其他限制性规定。"

愿向流动性低的市场（如不动产）投资，原因是在一个不流动的市场上的交易者有可能以不利的价格被迫买卖。

根据《公司法》的规定，股东转让股份公司的股份，其他股东并没有优先认购权[一]。因为本来股东间就是依赖于"资本"聚合，而非彼此信任，所以股份公司的股份转让更加自由[二]。如果股份公司申请挂牌新三板成功，则成为非上市公众公司，其股份可以通过全国中小企业股份转让系统进行做市转让或竞价交易，拥有500万元金融资产的合格投资人[三]可以申请开设证券账户在股市买入其股票，成为股东。如果股份公司向证监会申请在上海证券交易所或深圳证券交易所IPO[四]成功，则成为A股上市公司。中国年满18岁且非法定禁入证券市场人员均可开设证券账户，在股市通过竞价交易方式购买上市公司流通股股票。所以，根据股的流动性高低，可以把公司划分为4种类型：有限责任公司、非公众股份公司、新三板公司（非上市公众公司）、IPO上市公司。4类公司股权/股份流动性逐步增强。同时，由于股流动性的优化，也使得股份公司较之有限公司有更强的股东包容性。

（3）**控制权失控可能增加**。股权按流动性排序，依次为上市公司股票＞新三板公司股票＞非公众股份公司股份＞有限公司股权。流动性增加的同时也意味着股东对公司失控的可能性越来越大。比如，在前面上海新梅案例中，原控股股东新兴盛集团便遭遇了来自股市野蛮人开南系在二级市场的潜伏买入。如果说，有限责任公司的股权危机多为股东内讧和家族纷

[一] 优先认购权的规定见《公司法》第二章有限责任公司的设立和组织机构中第三十四条和第三章有限责任公司的股权转让中第七十一条的规定。股份有限公司章节中并没有优先认购权的规定。具体可见表3-1。

[二] 非公众股份公司的股份虽然可以自由转让，但是否需要通过特定交易场所，实务中尚存在争议，但笔者在实务中遇到过多起非公众股份公司股东转让股份的案例。

[三] 见"1.3 新三板公司"中"合格投资人"的解释。

[四] IPO，Initial Public Offerings的缩写，中文简称为首次公开募股，是指一家企业或公司（股份有限公司）第一次将它的股份向公众出售（首次公开发行，是指股份公司首次向社会公众公开招股的发行方式）。

争引发的"宫斗",已上市的股份公司的股权危机则多为在资本市场的主战场上充满硝烟和火药味的控股股东与陌生野蛮人之间的战争。

2.6 优先股

2.6.1 优先股的含义

国务院2013年11月发布了《关于开展优先股试点的指导意见》(国发〔2013〕46号文,以下称为"46号文"),将在海外市场日趋成熟的证券品种优先股引入了我国,虽然仅为试点,但也是中国资本市场具有里程碑意义的大事件。优先股是指依照《公司法》,在一般规定的普通种类股份之外,另行规定的其他种类股份,该股份持有人优先于普通股股东分配公司利润和剩余财产,但参与公司决策管理等权利受到限制[⊖]。通俗地说,优先股股东以放弃部分表决权为代价,换取了优于普通股股东分配公司利润和剩余财产的权利。根据46号文,如今可以公开发行优先股的公司限于证监会规定的上市公司;非公开发行优先股的公司限于上市公司(含注册地在境内的境外上市公司)和非上市公众公司。发行优先股的条件如表2-7所示。

2.6.2 案例5 中导光电

中导光电(839092)成立于2006年11月,2016年10月12日挂牌新三板。公司主营业务为平板显示器(FPD)和太阳能电池(PV)前后端检测设备的研发、生产和销售。由于中导光电研发投入大,曾在挂牌前多次股权融资。挂牌时,该公司股权架构如图2-15所示。

⊖ 见《国务院关于开展优先股试点的指导意见》(国发〔2013〕46号)第一条第一款和《优先股试点管理办法》(中国证券监督管理委员会令第97号)第二条。

表 2-7 发行优先股条件汇总表

类型	发行条件
上市公司非公开发行优先股①	上市公司应当与控股股东或实际控制人的人员、资产、财务分开,机构、业务独立。上市公司内部控制制度健全,能够有效保证公司运行效率、合法合规和财务报告的可靠性,内部控制的有效性应当不存在重大缺陷。上市公司发行优先股,最近三个会计年度实现的年均可分配利润应当不少于优先股一年的股息 上市公司最近三年现金分红情况应当符合公司章程及中国证监会的有关监管规定。上市公司报告期不存在重大会计违规事项。上市公司发行优先股募集资金符合要求
上市公司公开发行优先股②	上市公司公开发行优先股,除上述非公开发行优先股条件外,还应当符合以下情形之一:(一)其普通股为上证50指数成分股;(二)以公开发行优先股作为支付手段收购或吸收合并其他上市公司;(三)以减少注册资本为目的回购普通股的,可以公开发行优先股作为支付手段,或者在回购方案实施完毕后,可公开发行不超过回购减资总额的优先股
非上市公众公司非公开发行优先股③	非上市公众公司非公开发行优先股应符合下列条件:(一)合法规范经营;(二)公司治理机制健全;(三)依法履行信息披露义务

①见《优先股试点管理办法》第十七条至第二十二条。

②见《优先股试点管理办法》第二十六条。

③见《优先股试点管理办法》第四十一条。

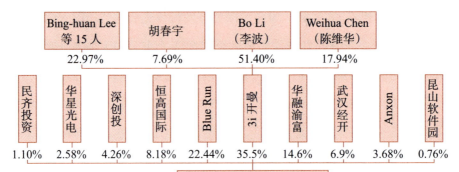

图 2-15 中导光电挂牌前股权架构图

中导光电的实际控制人为 Bo Li(李波)、胡春宇和 Weihua Chen(陈维华)。挂牌时,该3人通过在开曼群岛设立的3i公司对中导光电持股比例合计为27.34%⊖。3名股东中持股比例最高的为 Bo Li(李波),间接持有中

⊖ Bo Li(李波)、胡春宇和 Weihua Chen(陈维华)的持股比例=(7.69%+51.4%+17.94%)×35.5%=27.34%。

导光电股比例仅为 18.247%[注]。如果后续再引入投资机构，实际控制人失控的风险非常高。于是，当再次融资时，中导光电发行了优先股。

2017 年 5 月 26 日，中导光电公布《非公开发行优先股预案》，非公开发行 22 万股优先股，计划募集资金人民币 2 200 万元，所募资金将在扣除发行费用后，全部用于 LTPS-TFT LCD 自动光学检测设备研制及产业化项目高端平板显示检测系列设备研制及产业化项目。

中导光电的优先股股东能享受哪些优先权益呢？

1. 优先获得固定股息

本次发行的优先股采用固定股息率。优先股发行的票面利率为 1.00%。公司在依法弥补亏损、提取法定公积金后依照本公司经审计的母公司报表在有可分配利润的情况下，可以向本次优先股股东配发股息。优先股股东按照约定的票面利率取得股息后，不再同普通股股东一起参加剩余利润的分配。

2. 回售权

优先股股东在优先股限售期届满后，有权向公司回售其所持有的优先股（包括所有递延支付的股息及其孳息）。累计未支付的股息的计算方式如下：

累计未支付的股息 = 累计未支付的优先股股息 + 累计未支付的优先股股息之孳息

其中，累计未支付优先股股息 = 本年度应支付的股息金额 - 本年度已支付股息金额 + 过往年度未支付股息之和

累计未支付的优先股股息之孳息 = 累计未支付的股息 × 当期票面利率 × 累计延迟支付自然天数 /365

[注] Bo Li（李波）的持股比例 =51.4%×35.5%=18.247%。

优先股股东又将放弃哪些表决权权利呢？

除法律法规或《公司章程》规定需由优先股股东表决权事项外，优先股股东没有请求、召集、主持、参加或者委派股东代理人参加股东大会的权利。

2.6.3 优先股点评

优先股是一种听起来让企业家很兴奋的制度设计，让部分股东以放弃"权"为代价，去换取更低风险的"钱"；其他股东则以承担更多股权中"利"的不确定性，去换取更多的"权"。但很遗憾，优先股并未成为实务中高频次的控股权设计工具，主要是因为在实务中优先股的应用空间有限，目前只能应用于以下4类公司。

1. A股上市公司或H股上市公司

据笔者统计，截至2017年12月31日，A股上市公司仅有46家发布过发行优先股公告。同期A股上市公司有3 467家，占比仅为1.3%〇。

2. 新三板挂牌公司

据笔者统计，截至2017年12月31日，新三板挂牌公司仅有29家发布过发行优先股公告。同期，新三板挂牌公司为11 630家，占比仅为0.24%。

3. 有限责任公司

《公司法》授权国务院可以对股份有限公司发行优先股做出规定。〇有限责任公司股东是否可以持有优先股呢？《公司法》中没有直接规定。但

〇 根据荣大二郎神网站搜索统计。
〇 见《公司法》第五章"股份有限公司的股份发行和转让"第一百三十一条："国务院可以对公司发行本法规定以外的其他种类的股份，另行做出规定。"

《公司法》允许有限公司股东通过公司章程约定股东不按持股比例分红及享受表决权、认购权，已经变相地认同了优先股。但需要注意的是，有限公司在进行公司清算时，优先股股东不能优先分配公司剩余财产。⊖另外笔者提示，想使用优先权的有限公司股东需注意，一旦公司改制为股份有限公司（这个过程简称为"股改"，是公司新三板挂牌和境内IPO上市的必经之路），优先股将被废止，所有股东必须同股同权。

4. 海外上市公司

优先股制度是海外上市公司常用的融资手段，在国外已经非常成熟。美国作为全球最大的优先股市场，早在19世纪就诞生优先股，拥有超过100年的优先股发行历史，是全球最大的优先股市场。在中国香港和欧美资本市场发达的国家和地区，优先股也已发展得颇为成熟。

2.7　AB 股

2.7.1　AB 股的概念

通常公司的股权结构为一元制，即所有股票都是同股同权、一股一票，但在英美法系下的类别股份制度里存在二元制股权结构（又称AB股结构），即管理层试图以少量资本控制整个公司，因此将公司股票分别赋予高、低两种投票权，高投票权的股票每股具有 N 票（多为10票）的投票权，称为B类股，主要由管理层持有；低投票权的股票由一般股东持有，1股只有1票甚至没有投票权，称为A类股。作为补偿，B类股票一般流通性较差，一旦流通出售，即从B类股转为A类股。

⊖ 见《公司法》第一百八十六条第二款："公司财产在分别支付清算费用、职工工资、社会保险费用和法定补偿金，缴纳所欠税款，清偿公司债务后的剩余财产，有限责任公司按照股东的出资比例分配，股份有限公司按照股东持有的股份比例分配。"

AB股最初盛行于美国，因为美国是全球互联网创新的龙头。在这些创新型企业中，创始人最能把握新技术的脉搏。但互联网公司通常在企业发展前期对资本投入需求较大，经历多次股权融资后，投资人往往拥有了控股权，创始人团队的持股比例已被摊薄得很严重了。此时依"资本多数决"⊖原则，投资者很可能无法采取有利于创新公司成长的最佳策略。不同投票权架构能有效地让持股比例已被大幅摊薄的创始人团队，因为持有投票权更高的B类股，仍然掌握对公司的控制权。通过采用不同投票权架构，公司让着眼公司长远利益的创始人团队行使控制权，而不必因公开市场股东投资额增大的影响，引致控制权层面的过分焦虑，有利于确保公司的长远利益。所以，通过AB股来选择放手让创业团队施展，对创业团队和投资者都是一种利好和保护。正如谷歌（Google）的创始人所说，AB股可以让他们在不受新投资者压力的情况下追求创新。国人开始了解AB股始于百度、京东、阿里巴巴等颠覆我们生活模式的互联网巨头在美国上市。当它们的股权结构被披露时，大众一片哗然，原来这些企业都有一个共同的特点——烧钱，一轮轮的资金输血，导致了这些土生土长的中国公司的重要股东居然是外国投资人⊜，而创始人都成了名副其实的小股东。我们一起围观一下上市后，这些叱咤风云的创始人手里还剩下多少股权，如图2-16所示。

这些创始人用如此少的股权控制庞大商业帝国的秘密便是AB股。以京东为例，刘强东所持股票属于B类普通股，其1股拥有20票投票权（美国一般的B类股1股拥有10票投票权），而除了刘强东之外的其他股东所

⊖ 资本多数决是指在股东大会上或者股东会上，股东按照其所持股份或者出资比例对公司重大事项行使表决权，经代表多数表决权的股东通过，方能形成决议。

⊜ 阿里巴巴最大的股东为日本软银（持股29.2%）和美国雅虎（持股15.0%）。百度最大的股东为李彦宏全资拥有的Handsome Reward Limited（持股15.8%）和英国基金管理公司Baillie Gifford & Co（Scottish partnership）（持股7.1%）。在京东公司的大股东中，有美国零售巨头沃尔玛（Walmart）（持股10.1%）。

持股票属于A类股票,其1股只有1票投票权,借此刘强东拥有了超过80%的投票权。所以,这些公司的操盘手依然是中国人。

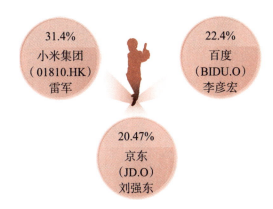

图2-16　3家互联网巨头公司上市后创始人的持股比例

2.7.2　案例6　小米集团

2018年7月9日,小米集团正式在香港证券交易所上市,股票代码01810.HK。虽然发行当日出现跌发,但估值依然在543亿美元左右,跻身有史以来全球科技股IPO前三名。小米集团对于香港股市具有里程碑意义,因为其是首家在香港上市的"同股不同权"(AB股)的公司。小米集团的创始人雷军持有小米集团31.4124%的股份,但投票权为57.9%。雷军是如何做到的呢?让我们来看看小米集团上市前的股权结构图,如图2-17所示。

根据小米集团公开发行的存托凭证招股说明书,截至2018年6月30日,小米集团已发行的股份种类和股份数量如表2-8所示。⊖

雷军为小米集团的股权架构进行了如下安排,从而在公司经历了N轮股权融资后依然保证了自己的控股权。

⊖　见小米集团公开发行存托凭证招股说明书(申报稿)第1-1-88页。

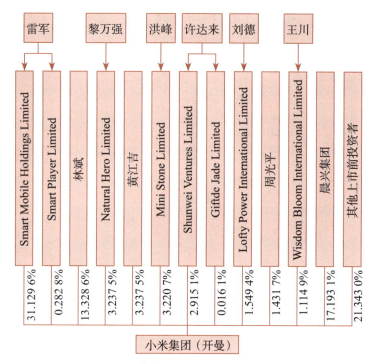

图 2-17 小米集团上市前的顶层股权架构图

表 2-8 小米集团已发行的股份种类和股份数量

序号	股份种类	股份数量（股）	融资额（1 000 美元）	企业估值（1 000 美元）	占总股本比例（%）	投票权比例（%）
1	A 类普通股	669 518 722	不适用	不适用	31.970 6	82.454 7
2	B 类普通股	374 158 150	不适用	不适用	17.866 6	4.607 9
3	A 轮优先股	392 591 302	10 250	18 398	18.746 9	4.835 0
4	B-1 轮优先股	221 156 910	25 000	63 408	10.560 6	2.723 7
5	B-2 轮优先股	33 049 592	5 850	63 408	1.578 2	0.407 0
6	C 轮优先股	172 094 348	90 100	144 326	8.217 8	2.119 4
7	D 轮优先股	102 127 680	216 000	1 654 192	4.876 8	1.257 8
8	E-1 轮优先股	21 277 676	80 000	7 174 466	1.016 0	0.262 0
9	E-2 轮优先股	51 031 512	20 000	7 174 466	2.436 8	0.628 5
10	F-1 轮优先股	48 787 104	983 950	29 259 221	2.329 7	0.600 8
11	F-2 轮优先股	8 376 037	150 160	29 259 221	0.400 0	0.103 2
	合计	2 094 169 033			100.000 0	100.000 0

1. AB 股架构

小米集团的招股说明书披露,上市前小米集团的公司章程约定了不同的投票权架构。持有公司 A 类普通股的股东为 Smart Mobile Holdings Limited（雷军的持股平台）、林斌、as trustee of Bin Lin TRUST（林斌的持股平台）。投票权架构中关于 A 类普通股与 B 类普通股和其他各轮优先股的设计区别在于对于审议事项时所能代表的投票权数量。除涉及极少数保留事项有关的决议案外，对于提呈公司股东大会的任何决议案，A 类股份持有人每股可投 10 票，而 B 类股份持有人每股可投 1 票。对于保留事项的议案，A 类股份、B 类股份每股股份均只有 1 票投票权。保留事项包括：①修订章程或细则，包括修改任何类别股份所附的权利；②委任、选举或罢免任何独立非执行董事；③委任或撤换公司会计师；④公司主动清算或结算。此外，持有不少于公司实缴股本 1/10 并附带股东大会投票权的股份股东（包括 B 类股份持有人），有权召开本公司股东特别大会，并在会议议程中加入决议案。

根据香港联合交易所有限公司的《上市章程》规定，小米集团在香港上市之日后将继续实行的特殊投票权架构为：A 类普通股为一类，B 类普通股为另一类；在股东投票时，每一 A 类普通股股份有 10 份投票权，每一 B 类普通股或优先股股份有 1 份投票权。

2. 优先股架构

小米集团在上市前进行了 9 轮融资，对这些投资人，公司章程中约定了优先股条款，具体如下。

（1）**股息权**。若公司董事会宣告发放股利，优先股股东有权优先于现有或未来的普通股或任何其他类别股份持有人，按初始投资额享有年利率为 8% 的非累积优先股股利。除非已经将优先股股利支付完毕，否则本公司不得以现金或任何其他方式向任何普通股或其他类别股份持有人支付、宣告或者分派股利。

（2）**转换权利**。2015年7月3日后，优先股持有人有权将所持有优先股转换为B类普通股；或在达到下列条件时，优先股将自动转换为本公司的B类普通股：

1）完成合格上市。合格上市是指本公司股份根据适用的法律在香港证券交易所、纽约证券交易所或纳斯达克上市并交易，且上市时的市值不低于特定金额；或经本公司持股50%以上的A轮、B轮、C轮、D轮、E轮和F轮优先股股东或该等优先股转换后的B类普通股股东同意，在满足前述市值条件的前提下，在香港证券交易所、纽约证券交易所或纳斯达克相似的地区的证券交易所上市。

2）对于A轮优先股，持股A轮优先股超过50%的投资人书面同意；对于B轮（B1轮、B2轮、B+轮及B++轮）优先股（"B轮优先股"），持股B轮优先股超过2/3的投资人书面同意；对于C轮（C轮及C+轮）优先股（"C轮优先股"），持股C轮优先股超过2/3的投资人书面同意；对于D轮优先股，持股D轮优先股超过2/3的投资人书面同意；对于E轮（E1轮及E2轮）优先股（"E轮优先股"），持股E轮优先股超过2/3的投资人书面同意；对于F轮（F1轮、F2轮）优先股（"F轮优先股"），持股F轮优先股超过2/3的投资人书面同意。

（3）**赎回权利**。如果本公司在2019年12月23日前没有完成合格上市，则自该日起，除F轮优先股股东外的其他优先股股东或多数F轮优先股股东均有权要求本公司以如下价格孰高赎回行使该权利的优先股股东所持有的所有优先股：

1）投资成本加年8%的复利及已计提但尚未支付的股利。

2）赎回时点优先股的公允价值。该公允价值需要由本公司和多数投资者选定的独立第三方评估机构按照合理的估值方法确定。估值时不应考虑任何流动性或少数股权折扣的影响。

（4）**优先清算权利**。当本公司发生清算、破产或其他自愿或非自愿的解散事件时，于偿清所有债权人的债务及根据法律可能须优先偿还的债务后，须按下列方式向本公司股东做出分配：每名优先股股东因拥有有关股份，可就所持各系列优先股按优先级优先于其他系列优先股及普通股或任何其他类别或系列股份股东收取本公司任何资产或盈余资金分配，金额等于 E 系列优先股、D 系列优先股、部分 C 系列优先股、部分 B 系列优先股及部分 A 系列优先股各自适用的发行价 100% 另加相关优先股应计或已宣派但未支付的股息，或除上述股份外其他系列优先股各自适用的发行价 110% 另加相关优先股应计或已宣派但未支付的股息。若可供分配的资产及资金不足以向相关股东全部支付优先受偿的金额，则按以下顺序向优先股股东支付清算优先受偿的金额：第一为 F 系列优先股股东，第二为 E 系列优先股股东，第三为 D 系列优先股股东，第四为 C 系列优先股股东，第五为 B 系列优先股股东，最后为 A 系列优先股股东。向所有优先股股东分派或悉数支付清算优先受偿金后，本公司可供分派予股东的剩余资产（如有）须基于各股东当时按经转换基准所持普通股数目，按比例分派予优先股及普通股股东。

3. 委托投票权

小米集团的其他股东和雷军签署了投票权委托协议，雷军作为受托人可实际控制另外 2.2% 的投票权。

4. 公司章程约定

小米集团公司章程约定，在公司股东大会上，对于应当由普通决议通过的事项，由出席股东大会的股东所持的过半数的投票权赞成方可通过；对于应当由特别决议通过的事项，由出席股东大会的股东所持的超过 3/4

的投票权赞成方可通过。

通过上述几种方式，除涉及优先股特别决议事项的部分情形外或按照适用的法律或上市规则的规定需要雷军回避表决的事项外，雷军在小米集团上市时控制的投票权为57.9%。因此，该等投票权可以决定应当由普通决议通过的事项是否可以通过，并对应当由特别决议通过的事项享有否决权。此外，雷军还是小米集团的董事长和首席执行官，因此，虽然雷军的持股比例并不是很高，但是小米集团的实际控制人。

2.7.3 AB股点评

AB股深受资本驱动型企业的创始人喜爱，但AB股的适用范围十分狭窄，仅适合以下3类企业。

1. 科创板上市公司

2019年3月1日，证监会发布了《科创板首次公开发行股票注册管理办法（试行）》和《科创板上市公司持续监管办法（试行）》。同日，上海证券交易所发布了6项配套业务规则。在这些政策中，首次允许科创板上市公司发行具有特别表决权的类别股份，标志着中国股市开始正式引入AB股制度。我们先看一下科创板中关于AB股的相关规定（见表2-9）。[○]

2. 有限公司

有限公司股东可以通过公司章程约定表决权、分红权、优先认购权，可以说是变形的"中国版AB股"，但比较真正的AB股制度，有限公司章程无法约定优先清算权和董监高的所有职权，而且有限公司一旦改为股份有限，除非可以申报科创板，否则所有股东必须同股同权，所谓的"AB股"约定必须作废。

[○] 根据《关于发布<上海证券交易所科创板股票上市规则>的通知》（上证发〔2019〕22号）和《上海证券交易所科创板股票发行上市审核规则》（上证发〔2019〕18号）中内容整理。

表 2-9 《上海证券交易所科创板股票上市规则》（征求意见稿）中关于 AB 股的相关规定

时间和程序	发行人首次公开发行并上市前设置表决权差异安排的，应当经出席股东大会的股东所持三分之二以上的表决权通过。发行人在首次公开发行并上市前不具有表决权差异安排的，不得在首次公开发行上市后以任何方式设置此类安排
市值要求	存在表决权差异安排的发行人申请股票或者存托凭证首次公开发行并在科创板上市的，其表决权安排等应当符合《上海证券交易所科创板股票上市规则》等规则的规定；发行人应当至少符合下列上市标准中的一项，发行人的招股说明书和保荐人的上市保荐书应当明确说明所选择的具体上市标准： （一）预计市值不低于人民币 100 亿元 （二）预计市值不低于人民币 50 亿元，且最近一年营业收入不低于人民币 5 亿元
资格要求	持有特别表决权股份的股东应当为对上市公司发展或业务增长等作出重大贡献，并且在公司上市前及上市后持续担任公司董事的人员或者该等人员实际控制的持股主体。特别表决权股东在上市公司中拥有权益的股份合计应当达到公司全部已发行有表决权股份 10% 以上
表决权差异限制	上市公司章程应当规定每份特别表决权股份的表决权数量。每份特别表决权股份的表决权数量应当相同，且不得超过每份普通股份的表决权数量的 10 倍
表决权差异外限制	除公司章程规定的表决权差异外，普通股份与特别表决权股份具有的其他股东权利应当完全相同
增发限制	上市公司股票在本所上市后，除同比例配股、转增股本情形外，不得在境内外发行特别表决权股份，不得提高特别表决权比例 上市公司因股份回购等原因，可能导致特别表决权比例提高的，应当采取将相应数量特别表决权股份转换为普通股份等措施，保证特别表决权比例不高于原有水平 本规则所称特别表决权比例，是指全部特别表决权股份的表决权数量占上市公司全部已发行股份的表决权数量的比例
普通表决权保障	上市公司应当保证普通表决权比例不得低于 10%；单独或者合计持有公司 10% 以上已发行有表决权股份的股东有权提议召开临时股东大会；单独或者合计持有公司 3% 以上已发行有表决权股份的股东有权提出股东大会议案 本规则所称普通表决权比例，是指全部普通股份的表决权数量占上市公司全部已发行股份表决权数量的比例
不得上市交易	特别表决权股份不得在二级市场进行交易，但可以按照本所有关规定进行转让
永久转换	出现下列情形之一的，特别表决权股份应当按照 1:1 的比例转换为普通股份： （一）持有特别表决权股份的股东不再符合本规则第 4.5.3 条规定的资格和最低持股要求，或者丧失相应履职能力、离任、死亡 （二）实际持有特别表决权股份的股东失去对相关持股主体的实际控制 （三）持有特别表决权股份的股东向他人转让所持有的特别表决权股份，或者将特别表决权股份的表决权委托他人行使

（续）

永久转换	（四）公司的控制权发生变更 发生前款第四项情形的，上市公司发行的全部特别表决权股份均应当转换为普通股份 发生本条第一款情形的，特别表决权股份自相关情形发生时即转换为普通股份，相关股东应当立即通知上市公司，上市公司应当及时披露具体情形、发生时间、转换为普通股份的特别表决权股份数量、剩余特别表决权股份数量等情况
特定情形转换	上市公司股东对下列事项行使表决权时，每一特别表决权股份享有的表决权数量应当与每一普通股份的表决权数量相同： （一）对公司章程作出修改 （二）改变特别表决权股份享有的表决权数量 （三）聘请或者解聘独立董事 （四）聘请或者解聘为上市公司定期报告出具审计意见的会计师事务所 （五）公司合并、分立、解散或者变更公司形式 上市公司章程应当规定，股东大会对前款第二项做出决议，应当经过不低于出席会议的股东所持表决权的三分之二以上通过，但根据第4.5.6条、第4.5.9条的规定，将相应数量特别表决权股份转换为普通股份的除外
持续披露	上市公司具有表决权差异安排的，应当在年度报告中披露该等安排在报告期内的实施和变化情况，以及该等安排下保护投资者合法权益有关措施的实施情况 前款规定事项出现重大变化或者调整的，公司和相关信息披露义务人应当及时予以披露。上市公司应当在股东大会通知中列明持有特别表决权股份的股东、所持特别表决权股份数量及对应的表决权数量、股东大会议案是否涉及第4.5.10条规定事项等情况
监事会专项报告	上市公司具有表决权差异安排的，监事会应当在定期报告中，就下列事项出具专项意见： （一）持有特别表决权股份的股东是否持续符合本规则第4.5.3条的要求 （二）特别表决权股份是否出现本规则第4.5.9条规定的情形并及时转换为普通股份 （三）上市公司特别表决权比例是否持续符合本规则的规定 （四）持有特别表决权股份的股东是否存在滥用特别表决权或者其他损害投资者合法权益的情形 （五）公司及持有特别表决权股份股东遵守本章其他规定的情况
不得滥用	持有特别表决权股份的股东应当按照所适用的法律以及公司章程行使权利，不得滥用特别表决权，不得利用特别表决权损害投资者的合法权益 出现前款情形，损害投资者合法权益的，本所可以要求公司或者特别表决权股东予以改正
特别表决权股份登记	上市公司或者持有特别表决权股份的股东应当按照本所及中国结算的有关规定，办理特别投票权股份登记和转换成普通投票权股份登记事宜

3. 境外上市的公司

接受 AB 股制度的证券交易所包括纽约证券交易所、纳斯达克、香港联合交易所等。

AB 股虽然有其魅力，却如同一枚硬币，有正面亦有背面。从 AB 股诞生至今，对其批评的声音从未间断。那么 AB 股有哪些缺陷呢？

首先，AB 股制度打破了"同股同权"的平衡，把控制权集中在少数人手中，在公司决策正确发展良好的前提下，大家相安无事。但是如果创始人团队决策失误，相当于其他股东都成了决策失误的"陪葬品"。例如，当年频频引得大家关注的聚美优品，陈欧持有公司 34% 的 B 股，掌握着 75% 的投票权，因陈欧擅自尝试低价私有化聚美优品，引起股价剧烈下跌，中小股东损失惨重。在公司账面躺着超过 4 亿美元现金的情况下，聚美优品从未向股东支付过任何股利，却将接近 6 000 万美元的资金投入到电视机和手机移动充电电源项目上，逼得投资机构发表公开信指责陈欧未能兑现诺言和实施了错误的投资行为。

在小米集团公开发行的存托凭证招股说明书中，我们也看到如下风险提示：

公司发行上市后，雷军和林斌共同拥有全部的 A 类普通股，雷军和林斌对公司的经营管理以及所有需要股东批准事项（例如董事选举及资产重组等重大交易事项等）拥有重大影响。在上述情况下，雷军和林斌将对公司的事务施加重大影响，并能够影响股东大会表决结果，中小股东的决策能力将受到严重限制。在特殊情况下，雷军和林斌的利益可能和公司其他股东的利益不一致，可能因此损害中小股东的利益。

其次，AB 股也挑战了传统公司法股东民主原则，导致外部投资者权利受损，无法按自己的持股比例行使监督权等，甚至有人斥责其与黑奴制度和种族隔离类似，AB 股方式如果被广泛采用，必然导致社会腐败、小股民被鱼肉。这也是 2013 年香港证券交易所经过慎重考虑拒绝阿里巴巴的核心原因。2012 年针对标准普尔 1500 家企业的研究显示，为内部人士赋予超级投票权的公司 10 年间的回报率低于常规企业，二者的股东回报率分别为 7.5% 和 9.8%。

其实 AB 股本身无所谓好坏，仅仅是一项工具而已，但实施 AB 股需要良好、健全的法制环境以及严格、成熟的外部监管，来保证外部投资者的利益，如此才有该制度实施的空间，如美国有中小股东集体诉讼制度等完备机制。如今，香港股市已经接纳同股不同权架构的公司。随着中国内地资本市场法律法规体系的日趋成熟、政府监管能力的不断提升、中国股民素质的不断提高，中国内地的主板、中小板创业板终有一天也会对"同股不同权"的安排敞开怀抱。

CHAPTER 3
第 3 章

分股的"道"和"术"

第 1 章我们介绍了 4 类公司不同持股比代表的意义。第 2 章我们学习了 7 种分股不分权的方法。本章我们一起探讨下同为 C 类股东的相处之道——事业合伙人如何对股权进行分配。下面我们将分股的学问分为软文化的"道"和硬规则的"术"。

3.1 分股之道

3.1.1 擅平衡：案例 7 独立新媒

> 公司治理的特点是控制偏好、追求高度确定性；公司运营的特征是风险偏好、拥抱不确定性。所以股权的好"静"与业务的好"动"天生具有冲突性。如果大股东不懂得"平衡"之道，一旦遇到战略抉择，必然火星撞地球。
>
> ——李利威

2012 年年底，一档名为《罗辑思维》的知识型视频脱口秀蹿红网络。搭乘着信息时代的顺风车，罗辑思维在红遍大江南北的同时斩获了百万的粉丝，仅用了不到 1 年的时间就由一款互联网自媒体视频产品，延伸成长为全新的互联网社群品牌。说起《罗辑思维》的诞生，不得不提到一对黄金搭档——主讲人罗振宇与策划人申音。

罗振宇曾是中央电视台（以下简称"央视"）财经谈话节目《对话》的制片人。2008 年，罗振宇从央视离职加入第一财经的《中国经营者》。2010 年，罗振宇从《中国经营者》主持人的位置离开。经历策划人和顾问角色的辗转后，罗振宇在 2012 年 4 月，与申音共同注册成立独立新媒（北京）信息科技有限公司（以下简称"独立新媒"）⊖。申音也是资深财经媒体人，曾任《中国企业家》杂志执行总编，还曾是《创业家》的首任主编。2012 年 12 月 21 日，独立新媒推出的《罗辑思维》节目正式上线。然而，正当《罗辑思维》成了互联网知识经济的奇迹时，2014 年 5 月，传出罗振宇与申音分道扬镳的消息。究竟是什么让曾经相濡以沫的两个人相忘于江湖？让我们看看那一年独立新媒公司的股权结构，申音持股比例为 82.35%；罗振宇持股比例为 17.65%。为什么为大众熟知的罗振宇占的是小股，不到 1/5 呢？道理很简单，申音与罗振宇虽然同为股东，其关系却更像经纪人和明星。申音举全公司之力去推罗振宇，颇像经纪公司与未红的演员，申音占大股，罗振宇占小股，自然是彼时最恰当的分配逻辑。但这个世界上唯一不变的是变化。《罗辑思维》这档视频以创始人都没有料想的速度火了，火了的《罗辑思维》将"独立新媒"推向一个向左走还是向右走的战略岔道口上：继续做大自媒体，复制 N 个《罗辑思维》还是将《罗辑思维》从自媒体升级成为社群商业？如果选择向左走老路，那么魅力人格的承载者罗振宇难免感到潜在价值被遏制；如果向右走升级到社群商业，

⊖ 根据天眼查 App 信息显示，独立新媒注册成立于 2012 年 4 月 19 日，创立之初的股东为 4 人：申音（占比 55%）、罗振宇（占比 15%）、孙佳佳（占比 15%）和朱珊珊（占比 15%）。2013 年 12 月，朱珊珊、孙佳佳退出。2014 年 7 月，罗振宇退出。

那么对原有运营者申音的能力和心态必将带来巨大挑战。在这个关键的节点，我们看到了股权结构的畸形带来的根本性矛盾。当大股东和小股东在公司战略方向选择上存在冲突时，理论上应该以股份比例作为最终的权力和利益分配依据。但独立新媒遇到的问题是，随着罗振宇影响用户的势能日益增强，公司的核心价值已经从申音转移到罗振宇身上，股权却依然握在申音手里。价值贡献和股权结构的倒置，必然会引发两个人的分歧。而且，罗振宇个人品牌价值越大，希望获得的自主权和发展空间就会越大，双方矛盾的频次和强度会越高，走到分崩离析也是必然的结局。

2012年4月19日，罗振宇与申音共同成立独立新媒，开始了风雨同舟；2014年6月17日，罗振宇与新搭档李天田，注册成立北京思维造物信息科技有限公司；2014年7月4日，罗振宇彻底退出独立新媒股权结构，至此，罗振宇与申音的合作宣告解散！

罗振宇与申音可以说是千千万万散伙合伙人的典型，究其根源是创业初期，商业模式还在试错阶段，无论是战略方向，还是利益机制，都存在着不确定性。一旦股权结构凝固下来，但商业模式在不断调整，价值贡献在不同股东主体间转移，当大股东不能主动调整股东心态和股权结构以摆脱固化股权的桎梏时，裂痕就开始产生，并一步步扩大。罗振宇和申音的分手应该是一场和平的战争，君子绝交，不出恶声，两个人体面分手。但现实中，又有多少合伙人合作终止，股权却依然牵扯不清，让股权失衡持续到操盘股东忍无可忍。于是，操盘股东移花接木，以注册新公司去转移合资公司资产，最后把一场股权纠纷恶化为刑事案件。

归根结底，股权是一门关于股东间"平衡"的智慧。"平衡"是事物处在量变阶段所显现的面貌，是绝对的、永恒的运动中所表现出暂时的、相对的静止。不平衡则不稳定，不稳定则不持久。体悟到这些，创业者才会真正理解，创业之最难，未必是技术难题的突破，也未必是在模式试错路上的夜以继日，而是在不确定性面前，智慧地分配承载着权力与利益的股权，为股权结构预留以静制动的空间，并可以审时度势地动态调整。

3.1.2 知深浅：案例8 1号店

> "找人是天底下最难的事情。"
>
> ——小米集团创始人雷军

雷军决定创建小米后，在前半年花了至少80%的时间找人，共找到了7个合伙人，平均年龄42岁，经验极其丰富且充满创业热情。为什么雷军要花那么多时间找合伙人呢？答案是：因为股权关系是深关系，完全不同于雇佣关系下的浅关系。为何股东关系是深关系呢？这要从股权的本质说起。股东投入公司前的财产所有权，由其直接行使权利（常态所有权）；当将财产投入公司以后，股东的财产所有权则通过公司的董事会来间接行使（变态所有权）。所以股权既包含自益权（凡属直接从公司获得经济利益的一系列权利均为自益权，包括股利分配请求权、剩余财产分配请求权、股份转让权、新股认购优先权、股份转换请求权等），又包含共益权（凡属不含有直接财产内容，体现为股东参与公司经营管理的权利均为共益权，主要包括表决权、知情权、股东大会召集请求权和自行召集权、提案权、质询权、选举权、股东代表诉讼权以及公司解散请求权和公司重整请求权等[⊖]）。形象地说，自益权主要与"钱"有关，共益权主要与"权"有关，自益权旨在保护股东的近期利益，而共益权旨在保护股东的长期利益。由此可见，股东与股东建立股权关系，不仅是以"钱"为纽带，更需要具有长期合作的"情感"基础，这种情感以社会网络同质性为基础，并包括目标诉求的一致性和合作过程中彼此信赖等要素。

⊖ 刘俊海. 股份有限公司股东权的保护 [M].2版.北京：法律出版社，2004:54.

以下我们以1号店的股权更迭为例,来理解股东间的深度关系(见图3-1)。2008年3月,于刚和刘峻岭注册成立上海益实多电子商务有限公司(以下简称1号店),启动资金是创始团队投入的几百万元,不久公司又融资2 000万元。1号店在创业前期依靠大资本投入,期待做大规模,打响市场知名度。然而,巨大的资本投入也让它们付出了代价。2009年年末,1号店虽然快速扩张,但营业收入仍不足亿元,初期融资消耗所剩无几,如果业务快速扩大,后续需要巨额资金投入维持,当时若得不到及时注资,1号店就会像许许多多的小电商一样,营运资金链将会枯竭,于是困境中的1号店开始寻找投资方。2010年,1号店与平安集团达成投资协议,中国平安最终通过收购非管理层股东股份和增资扩股结合的方式获得了1号店79.90%的股权⊖。但双方仅合作一年,2011年5月便传出全球零售巨头沃尔玛入股1号店的消息。2012年2月,沃尔玛更是宣布增持1号店的股权至51%。2015年5月,创始人于刚和刘峻岭清退所有股份,辞去董事长职务并离开1号店。沃尔玛把1号店全部股权纳入囊中。2016年,沃尔玛又将1号店所有股权转让给京东。图3-2列示了1号店股权历史沿革。

图3-1 股权深关系示意图

⊖ 见中国平安公告:关于深圳发展银行股份有限公司收购报告书(修订版)第1-1-13页。

图 3-2　1 号店股权历史沿革图

于刚和刘峻岭创立 1 号店后，用了 8 年的时间陪伴公司经历了从无到有、从小到大、从大到强的历程，进入了中国电商的第一梯队，成为中国 TOP100 品牌，最后却不得不黯然离场。创始人于刚的离开，其隐患可追溯到 2010 年和平安的股权合作。于刚并未深刻理解股权的深度关系。于刚选择平安集团入股是为了熬过资本寒冬，加快扩展，最终目标是独立上市。平安集团慷慨解囊投资 1 号店却并未将独立上市作为唯一目标。对于平安集团的决策者来说，投资 1 号店可以说是狡兔三窟。

第一，1 号店是平安集团投资的互联网取经平台。平安集团投资 1 号店看中的是其互联网基因。彼时的平安集团亟待"触网"，事实证明投资 1 号店确实为平安后续各项互联网业务的发展奠定了基础，凭借着对互联网行业的领悟和学习能力及强大的线下执行力，平安集团以投资 1 号店为起点开始在逐步实践互联网业务，从平安万里通到陆金所，再到众安保险……平安集团逐渐形成自己互联网业务的战略体系。

第二，1 号店也是平安集团的产业链整合平台。在与 1 号店于刚谈判入股时，平安集团正布局医网、药网、信息网"三网合一"战略，收购了广东保利祝福你大药房连锁有限公司，并申请获得了网上售药资格，打算发展网上药店。在收购 1 号店后，平安集团便将发展药网的重任交给 1 号店，将其变更为广东壹号大药房连锁有限公司。所以，平安集团投资 1 号店也是为了将其纳入自己的业务体系，实现产业链整合的目的。

第三，1号店还是平安集团进行资本运作的绝佳标的。在向1号店注入资金后，平安集团还为1号店注入了业务资源和客户资源，不仅使平安各大办公职场的IT资源、家具和装修乃至广告等大型采购项目通过1号店进行，还将万里通积分平台和1号店实现对接，平安信用卡的持卡人能用积分在1号店里购物等。这些举措让1号店的业绩大幅提升。依托中国平安集团的输血，1号店的销售业绩很亮眼，估值获得大幅提升。待将1号店估值催肥后，平安集团找到像沃尔玛这样急于触网的资本大佬时，高价再将其卖出。控股→赋能→出售，平安集团的这种资本运作也是其一贯的思路。

由此可见，创始人于刚与平安集团在股权合作时，一方缺钱、缺资源，一方给钱、给资源，所以能快速联姻。但是于刚忽视了平安集团的目标诉求同自己的差异性，且错误地将公司掌舵手的位置让给了平安集团。最终，当平安选择违背于刚的意志，将股权出售给沃尔玛套现时，于刚只能被动接受。沃尔玛在控股1号店后，其目标是将1号店打造成沃尔玛线上网络平台，配合其线上线下无缝对接战略。这与1号店的纯线上模式差异很大。线上、线下本就是两种完全不同的模式与文化，这自然导致了大股东沃尔玛与管理层于刚等人发生冲突和矛盾。最后，于刚等人由于控股权的劣势，只能选择离开1号店。

股东之间除了有大概相同的目标外，在目标达成的路上也会经历风风雨雨，这也需要合作的股东之间可以相互信赖、理解，境界同频。"懂你"才是事业相伴路上存大同求小异的土壤。

1. 创业期

创业即创新，创新就要面对风险。所以创业注定是一场与不确定性展开的战争。创业之初，再完美的顶层框架，也会受到奔跑中层出不穷的"意外"冲击，决策与执行糅杂是常态。在这个阶段中，打法唯有霸气的狠、准、快。如果同为股东的事业伙伴没有信赖、默契，纠缠于讨论，公司将失去奔跑中调整姿态的能力，这无疑是创业的噩梦。多少合伙人尚未看到事业的曙光，便死在集体讨论的路上。

2. 扩张期

随着创业期试错的结束，公司的商业模式逐步成型，公司进入扩张期。这个阶段的股权结构极易进入动荡期。也许是成型的商业模式与创业之初的顶层设计相去甚远，也许是创业之初根本没有顶层设计，而是边走边看由混沌走向明朗。此时，如果股权结构与股东贡献严重不符，可能引发股东心态失衡，进而使股东间心生芥蒂甚至引发股东战争。

3. 成熟期

成熟期是指公司护城河已经形成，在行业里已经具备稳固的行业地位。这个阶段的公司进入最佳的势能期，公司发展将由"向内发力"拓展为"内外双修"，进行下一个产业布局或者是产业链上的合纵连横。此时，股权结构的矛盾多集中在历史功臣股东没有意愿或者没有能力同公司与时俱进。如果老臣占股较大，又不肯退出，将导致新人无法进入，股权结构的严重老化与公司业务的欣欣向荣形成鲜明对照。

不管是在哪个阶段，股权的深关系都注定了股东之间的境界同频和成长同频是核心，如同家庭中的夫妻关系，即使做不到完全步调一致，但彼此理解、包容也是共同生活的基础。

3.1.3 驭人性：案例 9　真功夫

股权的内核是"人性"，每一部股权战争史，莫不是人性贪嗔痴的展现。让我们来看一个案例——"真功夫股权纠纷案"⊖。

打开真功夫餐饮管理有限公司的股权结构图，我们看到公司最大的两个股东蔡达标和潘宇海的持股比均为41.74%⊜。从2003年开始，蔡达标担任真功夫总裁。作为运营的主角，蔡达标对真功夫的控制欲望受到了持股比例的桎梏，于是蔡达标找到潘宇海协商调整持股比例，在协商不成的情况下，蔡达标开始实施"金蝉脱壳"，将真功夫的资产逐步非法转移至个人名下，最后因触碰了法律的底线锒铛入狱。蔡达标的失败固然有其对法律的蔑视无知，但究其根源更是因为潘宇海并未认可蔡达标在真功夫公司运营中的价值，进而否定了蔡达标的控股，从而导致了二人的控股权大战。

联想集团创始人柳传志先生有个非常著名的大鸡小鸡论⊜，大意如下：有三种动物——鸡、火鸡、鸵鸟，共同生活在一个动物园里，因此，难免在相遇之际相互端详一下，比比个头大小。如果是两只鸡相遇，双方的印象大概是这样："你比我要小"。如果是一只鸡与一只火鸡相遇，火鸡会认为自己比鸡大得多，而鸡则会认为，咱们的个头差不了多少。如果是一只鸡与鸵鸟相遇，鸡一般都会承认对方的个头确实比自己大。一只年老而觉悟了的鸡，得出两点认识：在缺少比较的情况下，很容易高估自己；想要开眼界，就不能一生一世总在鸡群中相望。而那只鸵鸟则感慨道：如果要想获得别的动物认可的优势，需要比它们高出许多。柳传志先生最后总结："你真的只有把自己锻炼成火鸡那么大，小鸡才肯承认你比它大，当你真像鸵鸟那么大时，小鸡才会心服。只有赢得这种心服，才具备了在同代人中

⊖ 该案例全貌可以参考《股权战争》一书中《真功夫：从亲属到反目》。苏龙飞.股权战争[M].北京：北京大学出版社，2013：210-223。

⊜ 根据天眼查APP软件查询，截至2018年12月31日，真功夫的股权结构为潘宇海（占比41.74%）、蔡达标（占比41.74%）、东莞市双种子饮食管理有限公司（占比10.52%）、中山市联动创业投资有限公司（占比3%）、今日资本投资（占比3%）。

⊜ 根据《赢在中国》第三季总决赛柳传志先生点评视频整理而成。

做核心的条件。"在真功夫的案例中，如果创业之初，潘宇海和蔡达标都是小鸡，那么在扩张期在股东潘宇海眼中，蔡达标并未成长为鸵鸟，充其量只是火鸡而已。因此，由蔡达标来独自运营真功夫，潘宇海自然不会同意，在股权均分的背景下，控制权战争也就在所难免了。

被资本圈誉为"风投女王"的今日资本总裁徐新曾说过："创业者最开始要把股权搞清楚，比如3个人一起创业，各占1/3的股权，这个模式95%肯定要失败！"[⊖]为什么均分股权的失败概率极高呢？就是在均分股权的情况下，没有绝对的"鸵鸟"股东，一旦经营理念发生分歧，就会无法快速决策。时间是创业路上最昂贵的成本，久拖不决很容易拖垮一家公司。那么是否可以通过后期调整股权结构的方式来解决初始平均分配的问题呢？实践证明，刚开始的错误很难被纠正。这是因为人性中的"锚定效应"在作怪。"锚定效应"是心理学名词，指的是人们在对某人某事做出判断时，易受第一印象或第一信息支配，就像沉入海底的锚一样，把人们的思想固定在某处。初次股权分配往往是"锚"。一旦股权结构凝固，后期再进行调整的难度极高，如果股权结构失衡触发了股东心态失衡，公司的动力系统就会出现故障。在中国历史上，共同创业的股东很多都逃不过"四同"的结局：第一年同舟共济；第二年同床异梦；第三年同室操戈；第四年同归于尽。因此，聪明的企业家不仅会认知股权架构的隐患，更会尽可能在股权价值还没有完全显性化（比如引入投资人时，因为引入投资人后，投资人对公司的估值将会形成锚定效应）时，就及时对股权架构进行调整。只有充分了解人性并驾驭人性的股东，才可能成功地分配股权，打造良好的动力系统，进而让企业高速运转。

⊖ 根据2008年6月13日徐新做客新浪《VC人生》节目视频整理。

3.2 分股之术

> 在苹果没有熟的时候，就制订分苹果的游戏规则。
>
> ——柳传志[一]

创业的难题是，越是创新的业务，越是旅途中充满了未知，种下的苗会不会长成树，树会不会结果，会结什么果，哪个果圆润饱满？这些都是问号，只有待公司运转起来，答案才慢慢揭晓。未知的模式、未知的成长、未知的果实，如何制定游戏规则呢？但如果不做股权分配，连种苗的动力都没有。想来这是困扰很多创业者，尤其是创新模式者的苦恼。以下介绍几种分股规则，仅供参考。

3.2.1 vesting 制度

这里向大家介绍一种源自美国创投圈的 vesting 制度，希望其思路对本土的企业家有所启发。

1. vesting 制度介绍

vesting，没有特别恰如其分的中文翻译，我暂且称之为"兑现"，使用 vesting 设计股权，称为"股权兑现术"。我们通过两个条款来认知下 vesting。

No1：来自真格基金的【种子期/pre-A 轮优先股融资协议】

"创始人股份限制　各创始人 25% 的股份将于交割后一年时悉数归属，各创始人其余 75% 的股份将在之后三年内等额分期归属。"

[一] 援引自《向柳传志学"分苹果"》，作者：冯仑，来源于：http://www.chinavalue.net/media/Article.aspx?ArticleId=112027 时间：2019 年 1 月 15 日。

No2：来自 YC 的创始人股份限制条款

Employee Option *All employee options to vest as follows: 25% after one year. With remaining vesting monthly over next 36 months. All founders equity shall be subject to a repurchase right which also reflects a standard 4 year vesting schedule.*

如何理解上述条款呢？我们来看一个简单的案例。

【例 3-1】

某创业公司有 3 位股东，张三出资 500 万元，李四出资 300 万元，王五出资 200 万元，并约定"出多少钱占多少股"。公司运营 1 年后，李四与张三、王五理念不和，要离职，于是问题出现了，李四出资 300 万元占了公司 30% 的股份，怎么办？李四不同意退股，理由很充分：第一，这 30% 的股份是自己真金白银花 300 万元买的，退了，不合理；第二，《公司法》和公司章程都没有规定股东离职还要退股，退了，不合法。张三和王五深感不平，却无计可施，他们确实没理由把李四的股权收回来！当然还有另外一种可能，李四同意退出，但对转股价格各方扯皮，导致退股遥遥无期。李四退出公司运营后，对公司价值已再无贡献，占股比例如此之大，势必导致股权结构畸形。股权是公司机器运转的原动力，动力系统出问题，严重影响公司的后续发展，这该如何是好？

我们是否可以换一种方式思考问题，如果创业之初持股比例必须固化，是否可以在调整机制和退出机制上做做文章。比如创始人股权的 20%，在公司创始时，就马上 vesting（兑现）。剩下的 80% 分 4 年 vesting。依此约定，如果李四一年后离开的话，他会拿到 30%×20%=6% 的股权，加上创始时的 6%，共 12% 的股权。剩下 18% 的持股将被其他股东以对应的原始出资价格回购。

vesting 条款有很多的细节设计空间，具体如下：

（1）vesting 的周期，可以是 3 年、4 年、5 年等。一般来说，创业时公司创新度越高，试错期越长，vesting 的周期可能会约定得越长。

（2）vesting 的比例，可以每年平均，也可以逐年递增。比如，第 1 年 10%，第 2 年 20%，第 3 年 30%，第 4 年 40%，逐年递增。360 公司按照类似的模式：全职满 2 年成熟 50%，第 3 年 75%，第 4 年 100%。国外常见的模式是：5 年成熟，干满 1 年成熟 1/5，剩下的每月成熟 1/48。

（3）vesting 的节点，可以是 12 个月、6 个月、3 个月。比如，真格基金的投资条款"各创始人 25% 的股份将于交割后一年时悉数归属"，这意味着，哪怕创始人做了 11 个月零 29 天离开，也没有这个股权，必须做满 12 个月。这在硅谷资本圈中称作"cliff"，直译为"悬崖"。但也有的公司是一年内的 cliff 同真格投资条款里说的一样，满一年之后一次性给 25%，后 3 年的时候是每个季度兑现，也就是说每个季度，你都能拿到 25% 的 1/4，这样如果你干了 18 个月离开，最后干的 6 个月也不是没有收获的。

（4）vesting 的归属。如果创业之初，股东无法预知谁贡献更大，可暂时 vesting 部分股权，没有 vesting 的部分待股东会再行商议决定如何归属。比如，某公司设立时有甲、乙两名股东，工商登记的持股比例为 50%：50%，但双方约定各自股权的 25% 于公司成立时悉数归属，其余的股权在后 3 年，每年兑现 25%。兑现时股权的归属可以根据双方的贡献由甲、乙协商后进行调整。如果一年以后，乙的贡献或重要性比甲多，甲、乙可以根据协商结果，把双方还没有兑现的股份向乙方多做分配。

2. vesting 的实操

vesting 听起来不错，但这种舶来品能否适应中国的法治土壤，在实务中有应用空间呢？答案是只要经过中国本土化改造，vesting 也可以成为中国企业家股权设计的利器。为何要经过本土化变通呢？主要原因是中国的《公司法》源自大陆法系，与英美法系的公司法理念存在诸多不同。按照国内《公司法》，有限公司的创始人只能以现物[一]出资，并在初始就拥有了按照出资额对应的公司股权比例，《公司法》中并无预留股权等概念。而在美国，有限责任公司的出资可为有形的、无形的财产和其他对公司的利益，包括金钱、期票、已经提供的劳务，承诺缴纳现金或财产，或者约定在将来提供劳务。这里列举的出资形式中，期票、承诺提供现金或财产、将来提供劳务为合法的出资形式，体现其出资形式自由化的特点。

股权兑现术操作要点如下：

（1）**高度重视公司章程**。我国《公司法》虽然没有规定股权兑现机制，但赋予了有限公司股东通过公司章程对退出机制进行设计的空间[二]。比如在公司章程中规定，股东如被本公司辞退、除名、自由离职、退休、死亡或公司与其解除劳动关系的，其股权需被强制回购。这在司法上有被认定有效的案例[三]。但是如果 vesting 机制未能体现在公司章程条款中，股东离开公司时，强制回购其未兑现的股权可能因缺乏法律依据而无法操作。

（2）**未兑现股份的处理**。在国外，当创始人提前离开公司时，通常由公司行使回购权，回购尚未 vesting 的股权。而在我国《公司法》下，除特

[一]《公司法》第二十七条："股东可以用货币出资，也可以用实物、知识产权、土地使用权等可以用货币估价并可以依法转让的非货币财产作价出资；但是，法律、行政法规规定不得作为出资的财产除外。对作为出资的非货币财产应当评估作价，核实财产，不得高估或者低估作价。法律、行政法规对评估作价有规定的，从其规定。"

[二]《公司法》第七十一条第四款："公司章程对股权转让另有规定的，从其规定。"

[三] 最高人民法院曾有案例，见杨玉泉、山东鸿源水产有限公司请求公司收购股份纠纷申诉、申请民事裁定书（最高人民法院（2015）民申字第2819号）。

殊情况[一]外，公司不得持有自己的股权，所以不能独立行使回购权，必须由其他股东行使或者是公司进行减资操作。这是中外实践的一个主要差别。在股权兑现期，公司可能引入新股东，有可能是财务投资人（VC/PE），也有可能是产业链上下游的战略投资人，还有可能是进行了股权激励的公司高管。公司章程需约定，股东离开时未 vesting 部分的处理，一般有 3 种方式：①由所有股东（不包括离开股东）按持股比例回购；②由最大股东回购；③公司减资，所有股东持股比例反向稀释。

（3）股权回购的价格和程序。股东退出时，股权回购的价格是敏感地带，如果事先未能在公司章程中进行规定，可能会因为回购价格的分歧导致 vesting 机制功亏一篑。回购价格既可以是原始出资额，也可以是原始出资额加年化利息（单利或者复利），还可以是上一年度经审计的公司净资产等。同时提前约定股权回购的流程和违约责任，也非常有必要。

（4）特殊情形的处理。当有限公司股改为股份公司，进入对接资本市场的预备期，股份公司的章程将面临重新约定。由于《公司法》对两种类型公司章程约定事项的规定不同，vesting 机制可能在股份公司失灵。另外，当公司出现收购、合并、分立等重大并购重组事项时，也应提前明确尚未兑现股权的处理方式。

[一] 有限公司见《公司法》第七十四条："有下列情形之一的，对股东会该项决议投反对票的股东可以请求公司按照合理的价格收购其股权：公司连续五年不向股东分配利润，而公司该五年连续盈利，并且符合本法规定的分配利润条件的；公司合并、分立、转让主要财产的；公司章程规定的营业期限届满或者章程规定的其他解散事由出现，股东会会议通过决议修改章程使公司存续的。自股东会会议决议通过之日起六十日内，股东与公司不能达成股权收购协议的，股东可以自股东会会议决议通过之日起九十日内向人民法院提起诉讼。"股份公司见《公司法》第一百四十二条："公司不得收购本公司股份。但是，有下列情形之一的除外：（一）减少公司注册资本；（二）与持有本公司股份的其他公司合并；（三）将股份奖励给本公司职工；（四）股东因对股东大会作出的公司合并、分立决议持异议，要求公司收购其股份的。公司因前款第（一）项至（三）项的原因收购本公司股份的，应当经股东大会决议。公司依照前款规定收购本公司股份后，属于第（一）项情形的，应当自收购之日起十日内注销；属于第（二）项、第（四）项情形的，应当在六个月内转让或者注销。"

3.2.2 控分股节奏

股权可以换取资源、资金、人才。在分股过程中，我们不仅要考虑公司的经营周期和分股节奏相匹配，也要考虑《公司法》对不同类型公司的规定，让分股节奏和公司类型相匹配。

【例 3-2】

张三、李四、王五、马六、牛七 5 个朋友想注册成立一家医疗器械公司，未来计划上市。因张三听说只有股份公司才可以去申报 IPO，便想一步到位将公司注册为股份公司，以加快公司上市的步伐。但李四提出反对意见，认为应该先注册成立有限公司，未来再进行股份制改造。谁的观点正确呢？答，李四的观点正确。

为什么刚创业的公司不适合股份公司这种法律形式呢？因为股份公司属于资合公司，股的流动性较之有限公司要更强。比如，有限公司的股东转让股权，其他股东有优先认购权，而股份公司的股东不存在优先认购权，即股东可以在不告知其他股东的情况下，将股份转让给陌生人甚至竞争对手。创业期的公司存在太多的不确定性，需要股东之间具有更多的情感连接并同心协力，有限公司的股权结构更具有闭合型，与这个阶段的公司发展也更匹配。表 3-1 为有限公司和股份公司的差异对比。了解了这些差异，我们就会发现股份公司更适合已经做好把股权结构打开准备的股东。

3.2.3 避分配雷区

前面我们曾介绍过创业初期平均分配股权的问题，除了平均分配股权外，还有些股权分配方式也可能为未来股权纠纷或企业运营带来隐患，以下为创业期股权分配的测试题：

表 3-1 有限公司和股份公司差异表

差异摘要	有限公司	股份公司
股东人数限制	上限为 50 人 法规依据：《公司法》第二十四条 有限责任公司由五十个以下股东出资设立	发起人上限 200 人，非发起人无上限 法规依据：《公司法》第七十八条 设立股份有限公司，应当有二人以上二百人以下为发起人，其中须有半数以上的发起人在中国境内有住所
股东的知情权	可以查阅公司会计账簿 法规依据：《公司法》第三十三条 股东有权查阅、复制公司章程、股东会会议记录、董事会会议决议和财务会计报告。股东可以要求查阅公司会计账簿。股东要求查阅公司会计账簿的，应当向公司提出书面请求，说明目的。公司有合理根据认为股东查阅会计账簿有不正当目的，可能损害公司合法利益的，可以拒绝提供查阅，并应当自股东提出书面请求之日起十五日内书面答复股东并说明理由。公司拒绝提供查阅的，股东可以请求人民法院要求公司提供查阅	无权查询公司会计账簿 法规依据：《公司法》第九十七条 股东有权查阅公司章程、股东名册、公司债券存根、股东大会会议记录、董事会会议决议、监事会会议决议、财务会计报告，对公司的经营提出建议或者质询
股东的约定分红权	允许分红比例和出资比例不一致 法规依据：《公司法》第三十四条 股东按照实缴的出资比例分取红利；……但是，全体股东约定不按照出资比例分取红利……的除外	分红比例和出资比例须一致
优先认购权	股东拥有对新增出资的优先认购权 法规依据：《公司法》新增资本时，股东有权优先按照实缴的出资比例认缴出资。但是，全体股东约定不按照出资比例优先认缴出资者不按照出资比例优先认缴出资的除外	股东没有对新增出资的优先认购权

(续)

差异摘要	有限公司	股份公司
行使股东会职权	可以书面形式行使股东会职权：《公司法》第三十七条 股东会行使下列职权：……（十一）公司章程规定的其他职权。对前款所列事项股东以书面形式一致表示同意的，可以不召开股东会会议，直接作出决定，并由全体股东在决定文件上签名、盖章	不能以书面形式行使股东会职权。法规依据：《公司法》第九十九条 本法第三十七条第一款关于有限责任公司股东会职权的规定，适用于股份有限公司股东大会
股东定期会议召开时间	股东会会议依照公司章程规定期限召开。法规依据：《公司法》第三十九条 股东会会议分为定期会议和临时会议。定期会议应当依照公司章程的规定按时召开……	股东大会每年召开一次。法规依据：《公司法》第一百条 股东大会应当每年召开一次年会
股东临时会议召开规则	未对临时会议召开时间做强制性规定。法规依据：《公司法》第三十九条 ……代表十分之一以上表决权的股东，三分之一以上的董事，监事会或者不设监事会的公司的监事提议召开临时会议的，应当召开临时会议	必须两个月内召开临时股东大会。法规依据：《公司法》第一百条 ……有下列情形之一的，应当在两个月内召开临时股东大会：（一）董事人数不足本法规定人数或者公司章程所定人数的三分之二时；（二）公司未弥补的亏损达实收股本总额三分之一时；（三）单独或者合计持有公司百分之十以上股份的股东请求时；（四）董事会认为必要时；（五）监事会提议召开时；（六）公司章程规定的其他情形
股东会召集程序	代表十分之一以上表决权的股东可以自行召集股东会会议。法规依据：《公司法》第四十条 股东会会议由董事会召集，董事长主持；……董事会不能履行或者不履行召集股东会会议职责的，由监事会召集和主持；监事会不召集和主持的，代表十分之一以上表决权的股东可以自行召集和主持	连续90日以上单独或者合计持有公司10%以上股份的股东可以自行召集股东会。法规依据：《公司法》第一百零一条 ……股东大会会议由董事会召集，董事长主持；……董事会不能履行或者不履行召集股东大会会议职责的，监事会应当及时召集和主持；监事会不召集和主持的，连续九十日以上单独或者合计持有公司百分之十以上股份的股东可以自行召集和主持

类别		
股东会通知的时间	股东会议提前15日通知，公司章程可另有规定 法规依据：《公司法》第四十一条 召开股东会会议，应当于会议召开十五日前通知全体股东；但是，公司章程另有规定或者全体股东另有约定的除外。……	除临时会议外，应至少提前20日通知，且应通知审议事项 法规依据：《公司法》第一百零一条 召开股东大会会议，应当将会议召开的时间、地点和审议的事项于会议召开二十日前通知各股东；发行无记名股票的，应当于会议召开三十日前公告会议召开的时间、地点和审议事项
股东会审议提案的规则	未对股东会审议议案做出规定	对提议案的股东做出了限定 法规依据：《公司法》第一百零二条 ……单独或者合计持有公司百分之三以上股份的股东，可以在股东大会召开十日前提出临时提案并书面提交董事会；董事会应当在收到提案后二日内通知其他股东，并将该临时提案提交股东大会审议。临时提案的内容应当属于股东大会职权范围，并有明确议题和具体决议事项。股东大会不得对前两款通知中未列明的事项作出决议
表决权的规定	可以不按出资比行使表决权 法规依据：《公司法》第四十二条 股东会会议由股东按照出资比例行使表决权；但是，公司章程另有规定的除外	需按出资比行使表决权 法规依据：《公司法》第一百零三条 股东出席股东大会会议，所持每一股份有一表决权。公司持有的本公司股份没有表决权
股东会的议事方式	议事规则由章程规定 法规依据：《公司法》四十三条 股东会的议事方式和表决程序，除本法有规定的外，由公司章程规定。股东会会议作出修改公司章程、增加或者减少注册资本的决议，以及公司合并、分立、解散或者变更公司形式的决议，必须经代表三分之二以上表决权的股东通过	出席股东大会的股东，每股拥有一表决权，不能约定 法规依据：《公司法》第一百零三条 股东出席股东大会会议，所持每一股份有一表决权。公司持有的本公司股份没有表决权 股东大会作出决议，必须经出席会议的股东所持表决权过半数通过。但是，股东大会作出修改公司章程、增加或者减少注册资本的决议，以及公司合并、分立、解散或者变更公司形式的决议，必须经出席会议的股东所持表决权的三分之二以上通过

（续）

差异摘要	有限公司	股份公司
累积投票制	无规定	选举董监高可以采用累积投票制 法规依据：《公司法》第一百零五条 股东大会选举董事、监事，可以依照公司章程的规定或者股东大会的决议，实行累积投票制。 本法所称累积投票制，是指股东大会选举董事或者监事时，每一股份拥有与应选董事或者监事人数相同的表决权，股东拥有的表决权可以集中使用
董事会人数	董事会成员为 3～13 人 法规依据：《公司法》第四十四条 有限责任公司设董事会，其成员为三人至十三人；但是，本法第五十条另有规定的除外	董事会成员为 5～19 人 法规依据：《公司法》第一百零八条 股份有限公司设董事会，其成员为五人至十九人
董事长的产生办法	董事长和副董事长产生办法由公司章程规定 法规依据：《公司法》第四十四条 ……董事会设董事长一人，可以设副董事长。董事长、副董事长的产生办法由公司章程规定	董事长和副董事长由全体董事选举产生 法规依据：《公司法》第一百零九条 ……董事长和副董事长由董事会以全体董事的过半数选举产生。……
董事会的召开	无强制要求	每年至少召开两次会议 法规依据：《公司法》第一百一十条 董事会每年度至少召开两次会议，每次会议应当于会议召开十日前通知全体董事和监事 代表十分之一以上表决权的股东，三分之一以上的董事，或者监事会，可以提议召开董事会临时会议。董事长应当自接到提议后十日内，召集和主持董事会会议。 董事会召开临时会议，可以另定召集董事会的通知方式和通知时限
董事会的议事方式	董事会的议事方式和表决程序由章程规定 法规依据：《公司法》第四十八条 除本法有规定的外，由公司章程规定。董事会应当对所议事项的决定作成会议记录，出席会议的董事应当在会议记录上签名。董事会决议的表决，实行一人一票	董事会做出的决议，必须经全体董事的过半数通过 法规依据：《公司法》第一百一十一条 董事会会议应有过半数的董事出席方可举行。董事会作出决议，必须经全体董事的过半数通过。 董事会决议的表决，实行一人一票

	有限责任公司	股份有限公司
董事的赔偿责任	无规定	董事应当对董事会决议承担赔偿责任，导致公司损失需赔偿 法规依据：《公司法》第一百一十二条 董事会会议，应由董事本人出席；董事因故不能出席，可以书面委托其他董事代为出席，委托书中应载明授权范围。 董事会应当对会议所议事项的决定作成会议记录，出席会议的董事应当在会议记录上签名。 董事应当对董事会的决议承担责任。董事会的决议违反法律、行政法规或者公司章程、股东大会决议，致使公司遭受严重损失的，参与决议的董事对公司负赔偿责任。但经证明在表决时曾表明异议并记载于会议记录的，该董事可以免除责任
经理的设置	可以设置经理 法规依据：《公司法》第四十九条 有限责任公司可以设经理，由董事会决定聘任或者解聘	必须设置经理 法规依据：《公司法》第一百一十三条 股份有限公司设经理，由董事会决定聘任或者解聘
执行董事	可以不设董事会，仅设立执行董事 法规依据：《公司法》第五十条 股东人数较少或者规模较小的有限责任公司，可以设一名执行董事，不设董事会。执行董事可以兼任公司经理。执行董事的职权由公司章程规定	必须设立董事会
禁止向董监高提供借款	没有规定	公司不得向董监高提供借款 法规依据：《公司法》第一百一十五条 公司不得直接或者通过子公司向董事、监事、高级管理人员提供借款
披露董监高报酬	没有规定	公司必须披露董监高报酬 法规依据：《公司法》第一百一十六条 公司应当定期向股东披露董事、监事、高级管理人员从公司获得报酬的情况

(续)

差异摘要	有限公司	股份公司
监事会的设置	可以不设监事会，仅设1～2名监事 法规依据：《公司法》第五十一条 有限责任公司设监事会，其成员不得少于三人。股东人数较少或者规模较小的有限责任公司，可以设一至二名监事，不设监事会	必须设置监事会 法规依据：《公司法》第一百一十七条 股份有限公司设监事会，其成员不得少于三人
监事会会议的召开时间	监事会会议每年度至少召开一次 法规依据：《公司法》第五十五条 监事会每年度至少召开一次会议……	监事会会议每六个月至少召开一次 法规依据：《公司法》第一百二十九条 监事会每六个月至少召开一次会议
股权转让时的优先认购权	股权转让时，其他股东有优先认购权 法规依据：《公司法》第七十一条 ……经股东同意转让的股权，在同等条件下，其他股东有优先购买权。两个以上股东主张行使优先购买权的，协商确定各自的购买比例；协商不成的，按照转让时各自出资比例行使优先购买权。公司章程对股权转让另有规定的，从其规定 第七十二条 人民法院依照法律规定的强制执行程序转让股东的股权时，应当通知公司及全体股东，其他股东在同等条件下有优先购买权。其他股东自人民法院通知之日起满二十日不行使优先购买权的，视为放弃优先购买权	没有优先认购权的规定 法规依据：《公司法》第一百三十七条 股东持有的股份可以依法转让
股权转让时的同意权	股权转让时，应经其他股东同意 法规依据：《公司法》第七十一条 有限责任公司的股东之间可以相互转让其全部或者部分股权。股东向股东以外的人转让股权，应当经其他股东过半数同意。股东应就其股权转让事项书面通知其他股东征求同意，其他股东自接到书面通知之日起满三十日未答复的，视为同意转让。其他股东半数以上不同意转让的，不同意的股东应当购买该转让的股权；不购买的，视为同意转让。……公司章程对股权转让另有规定的，从其规定	没有同意权的规定 法规依据：《公司法》第一百三十七条 股东持有的股份可以依法转让

异议股东请求收购权	异议股东拥有请求收购权 法规依据：《公司法》第七十四条 有下列情形之一的，对股东会该项决议投反对票的股东可以请求公司按照合理的价格收购其股权： （一）公司连续五年不向股东分配利润，而公司该五年连续盈利，并且符合本法规定的分配利润条件的； （二）公司合并、分立、转让主要财产的； （三）公司章程规定的营业期限届满或者章程规定的其他解散事由出现，股东会会议通过决议修改章程使公司存续的。 自股东会会议决议通过之日起六十日内，股东与公司不能达成股权收购协议的，股东可以自股东会会议决议通过之日起九十日内向人民法院提起诉讼	无该规定
转让股份的限制	无限制	对发起人和董监高转让股份给予了限制 法规依据：《公司法》第一百四十一条 发起人持有的本公司股份，自公司成立之日起一年内不得转让。公司公开发行股份前已发行的股份，自公司股票在证券交易所上市交易之日起一年内不得转让。 公司董事、监事、高级管理人员应当向公司申报所持有的本公司的股份及其变动情况，在任职期间每年转让的股份不得超过其所持有本公司股份总数的百分之二十五；所持本公司股份自公司股票上市交易之日起一年内不得转让。上述人员离职后半年内，不得转让其所持有的本公司股份。公司章程可以对公司董事、监事、高级管理人员转让其所持有的本公司股份作出其他限制性规定

(续)

差异摘要	有限公司	股份公司
收购本公司股份的规定	无规定	除特殊情形外，不得收购本公司股份 法规依据：《公司法》第一百四十二条 公司不得收购本公司股份。但是，有下列情形之一的除外： （一）减少公司注册资本 （二）与持有本公司股份的其他公司合并 （三）将股份用于本公司员工持股计划或者股权激励 （四）股东因对股东大会作出的公司合并、分立决议持异议，要求公司收购其股份 （五）将股份用于转换上市公司发行的可转换为股票的公司债券 （六）上市公司为维护公司价值及股东权益所必需 公司因前款第（一）项、第（二）项规定的情形收购本公司股份的，应当经股东大会决议；公司因前款第（三）项、第（五）项、第（六）项规定的情形收购本公司股份的，可以依照公司章程的规定或者股东大会的授权，经三分之二以上董事出席的董事会会议决议 公司依照本条第一款规定收购本公司股份后，属于第（一）项规定情形的，应当自收购之日起十日内注销；属于第（二）项、第（四）项情形的，应当在六个月内转让或者注销；属于第（三）项、第（五）项、第（六）项情形的，公司合计持有的本公司股份数不得超过本公司已发行股份总额的百分之十，并应当在三年内转让或者注销 上市公司收购本公司股份的，应当依照《中华人民共和国证券法》的规定履行信息披露义务。上市公司因第一款第（三）项、第（五）项、第（六）项规定的情形收购本公司股份的，应当通过公开的集中交易方式进行 公司不得接受本公司的股票作为质押权的标的

股东起诉权	所有股东均有对董监高侵害公司的起诉权	只有持股1%以上的股东才有对董监高侵害公司的起诉权
	法规依据：《公司法》第一百五十一条 董事、高级管理人员有本法第一百四十九条规定的情形的,有限责任公司的股东、股份有限公司连续一百八十日以上单独或者合计持有公司百分之一以上股份的股东,可以书面请求监事会或者不设监事会的有限责任公司的监事提起诉讼;监事有本法第一百四十九条规定的情形的,前述股东可以书面请求董事会或者不设董事会的有限责任公司的执行董事向人民法院提起诉讼 监事会、不设监事会的有限责任公司的监事,或者董事会、执行董事收到前款规定的股东书面请求后拒绝提起诉讼,或者自收到请求之日起三十日内未提起诉讼,或者情况紧急、不立即提起诉讼将会使公司利益受到难以弥补的损害的,前款规定的股东有权为了公司的利益以自己的名义直接向人民法院提起诉讼 他人侵犯公司合法权益,给公司造成损失的,本条第一款规定的股东可以依照前两款规定向人民法院提起诉讼	法规依据：《公司法》第一百五十一条 董事、高级管理人员有本法第一百四十九条规定的情形的,有限责任公司的股东、股份有限公司连续一百八十日以上单独或者合计持有公司百分之一以上股份的股东,可以书面请求监事会或者不设监事会的有限责任公司的监事提起诉讼;监事有本法第一百四十九条规定的情形的,前述股东可以书面请求董事会或者不设董事会的有限责任公司的执行董事向人民法院提起诉讼 监事会、不设监事会的有限责任公司的监事,或者董事会、执行董事收到前款规定的股东书面请求后拒绝提起诉讼,或者自收到请求之日起三十日内未提起诉讼,或者情况紧急、不立即提起诉讼将会使公司利益受到难以弥补的损害的,前款规定的股东有权为了公司的利益以自己的名义直接向人民法院提起诉讼 他人侵犯公司合法权益,给公司造成损失的,本条第一款规定的股东可以依照前两款规定向人民法院提起诉讼

① 北京市高级人民法院民二庭《关于新〈公司法〉适用中若干问题的调查研究》第五条第(二)款中认为,有限责任公司股东的会计账簿查阅权的范围可以包括原始凭证。

1. 股东间是否存在平均分配股权的问题？

2. 公司的创始股东是否超过3人？

3. 是否给兼职人员发放大量股权？

4. 是否存在仅提供一次性资源的股东？

5. 是否给短期资源承诺者发放大量股权？

6. 是否存在小股东在操盘公司的问题？

7. 公司是否只有大股东，没有合伙人？

8. 是否考虑创业合伙人的退出机制？

9. 是否由外部投资人控股？

10. 是否给投资人预留股权？

11. 是否为管理团队预留股权？

12. 未实缴注册资本是否过高？

13. 配偶股权是否没有钱权分离？

14. 公司章程是否使用工商局的范本？

如果以上回答中有3项为"是"，建议对股权结构进行深度测试。

| PART 2 |
第二部分

主体架构

在第一部分中,我们学习了顶层架构设计,本部分则向大家介绍6种常用的主体股权架构模型,包括有限合伙架构、自然人直接架构、控股公司架构、混合股权架构、海外股权架构和契约型架构(见图P2-1)。

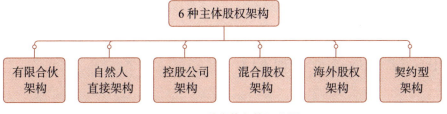

图 P2-1　6种主体架构汇总图

| CHAPTER 4 |
第 4 章

有限合伙架构

4.1 有限合伙架构简介

在这种架构模型里,股东并不直接持有核心公司股权,而是通过有限合伙间接持股核心公司(见图 4-1)。

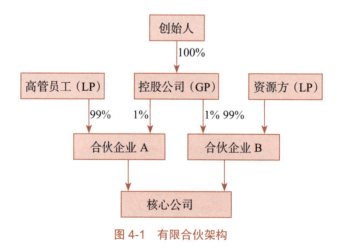

图 4-1 有限合伙架构

该架构的搭建过程为:

(1)创始人(实际控制人)设立一人有限公司。

（2）一人有限公司作为普通合伙人（GP），高管等作为有限合伙人（LP），共同设立有限合伙企业。

（3）有限合伙企业持股核心公司。

4.2　案例10　汇财金融[⊖]

汇财金融投资控股有限公司（以下称"汇财金融"）成立于2004年，创始人及实际控制人是王永财。汇财金融是一家专门从事金融机构股权投资和管理的企业，目前市值已超过百亿元。

截至2018年年底，汇财金融共有23名股东，这23名股东可以简单分为3类：高管持股平台、国字头资本、私募基金。第一类，高管持股平台，占比约76%，包括汇金合伙和汇银合伙。第二类，国字头资本，占比约13%。第三类，私募股权基金，占股比约11%。

在汇财金融的23名股东里，我们并没有看到王永财的名字。于是我们继续在汇财金融股东的股东里寻找，终于在汇财金融股东"汇金合伙"的股东里找到了王永财的身影，他出资2 000万元，成为汇金合伙的有限合伙人，出资比例为1.88%（见图4-2）。

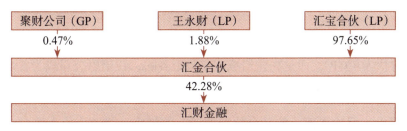

图4-2　汇财金融的股权架构图1（局部）

也就是说，王永财通过"汇金合伙"间接持股汇财金融，算下来王永财间接持有汇财金融比例约0.79%。但至此，我们依然看不透王永财是如

⊖　本案例名为化名。

何掌控汇财金融的。我们继续追踪"汇金合伙"的普通合伙人（GP）聚财公司。"聚财公司"注册资本 1 010 万元，唯一的股东便是王永财。另外，汇财金融另外一个股东"汇银合伙"的 GP 也是聚财公司。至此，真相大白。从图 4-3 便能看清王永财的股权布局。

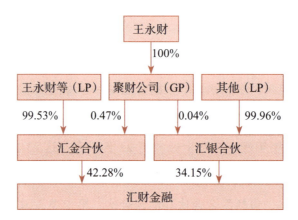

图 4-3　汇财金融的股权架构图 2（局部）

王永财的全资子公司聚财公司做 GP，其他高管做 LP。我们在第 2 章介绍过，有限合伙架构可以实现钱权分离，GP 出资很少，但可在合伙协议中约定享受全部话语权；LP 虽然没有话语权，但未来可享受投资收益财产权。王永财控制聚财公司→聚财公司控制汇金、汇银→汇金、汇银控制汇财金融，王永财轻轻松松用 1 000 万元资金，就撬动起了百亿市值。

不过，细心的你是否注意到，王永财并没有直接成为两家合伙企业的普通合伙人（GP），而是先注册成立了聚财公司，让聚财公司成为普通合伙人（GP）。如此折腾为哪般？原因可能有二：

第一，风险隔离。按《合伙企业法》的规定，普通合伙人要对合伙企业的债务承担无限连带责任⊖。王永财设置了聚财公司作为 GP，如此，两个合伙企业的债务均由聚财公司承担无限连带责任，好似一道防火墙，隔离

⊖ 见《合伙企业法》第二条。

了王永财对汇金合伙和汇银合伙的连带责任。

第二，调整灵活。如果王永财作为有限合伙企业的GP，则不能再作为有限合伙企业的LP。但通过聚财公司做GP，王永财既可以行使GP的权力，又可以再做合伙企业的LP。除此之外，如果未来更换GP，也不必修改汇金的合伙协议，仅在聚财公司层面更换股东即可。

为什么王永财要设立两个合伙企业汇金和汇银呢？如果我们对汇财金融股权结构继续刨根问底，就会发现，聚财公司做GP的合伙企业可不止汇金和汇银两个，还有汇宝合伙、汇富合伙（见图4-4）。

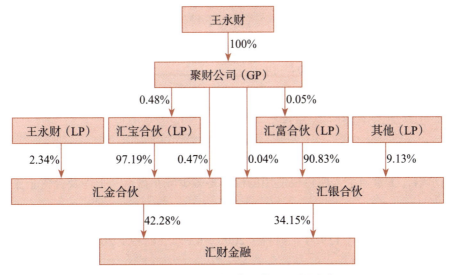

图4-4 汇财金融的股权架构图3（局部）

王永财为什么要设立这么多合伙企业，还要合伙企业嵌套合伙企业？答案是，方便进入和退出。股权一经工商登记便具有公示效力，但经营并非一成不变，在漫长的上市等待期，不排除有新的合伙人进入和老的合伙人退出。新人的入股价格和持股条件可能与老人不同，退出机制也可能有差异。但不管新人、老人持股，均需通过合伙协议约定进退规则。如果把所有的合伙人放在一个合伙企业的池子里，势必增加合伙协议的复杂程度和难度系数，很容易发生法律纠纷。所以，将股东分类装入不同的合伙企业，不仅方便管理，还便于约定退出机制。

4.3 有限合伙架构实操要点

有限合伙架构有四两拨千斤之妙，在上述汇财金融案例中，王永财对汇财金融的全部持股比例为1%，最终却拥有了70%以上的控制权，能达到这样的效果，有限合伙架构功不可没。但对于部分想长期持股且没有套现意图的企业家而言，有限合伙架构并不一定是最佳的选择。这类企业家在设计有限合伙架构时，至少要考虑以下操作要点：

4.3.1 合伙企业的税收陷阱

1. 退出税率的不确定性

如果汇金合伙企业转让汇财金融的股份，取得的收益分配给作为LP的王永财，王永财个人所得税适用的税率是多少呢？盘点一下涉及合伙企业的税政文件有财税〔2000〕91号、国税函〔2001〕84号、国税发〔2004〕81号、财税〔2008〕159号、财税〔2008〕65号、财税〔2012〕67号、财税〔2011〕62号、财税〔2017〕38号、财税〔2018〕55号、财税〔2019〕8号，但上述文件中大部分是程序法的规定，关于实体法的寥寥无几。由于税收立法的模糊性，直接导致各地税务局在征管实践中出现了三种截然不同的执行口径：一种观点认为，王永财取得的所得属于"财产转让所得"，应适用20%的个人所得税税率，如广州、新疆等；另一种观点认为，王永财取得的所得属于"生产经营所得"，应适用5%～35%的个人所得税税率，如上海、深圳等；另有观点认为，应区分普通合伙人（GP）和有限合伙人（LP），如为有限合伙人，则税率为20%。如为普通合伙人，税率则为

5%～35%。比如《关于印发重庆市进一步促进股权投资类企业发展实施办法的通知》(渝办发〔2012〕307）第二十条。

随着我国税收立法的逐步完善，未来对合伙企业会出台细化的税收法规，不排除自然人合伙人取得的此类所得适用35%的个人所得税税率。

2. 持有期的分红收益需纳税

企业家通过合伙企业取得被投资公司分配的股息红利，需要缴纳个人所得税。以王永财为例，王永财作为汇金合伙的有限合伙人，汇金合伙取得从汇财金融分回的股息红利，王永财需要缴纳20%的个人所得税。但如果持股平台为有限公司，即王永财→持股公司→汇财金融的股权结构，持股公司取得汇财金融分回的股息红利，免征企业所得税。如王永财未来再投资，可以持股公司作为投资主体，该过程无须纳税。

3. 不享受针对个人税收优惠

根据税法规定，个人持有新三板公司或者上市公司的股票，其取得的股息红利可以根据持股期限享受优惠税率，但如果个人通过合伙企业间接持股，则无法享受上述税收待遇。另外，中小高新技术企业用资本公积、盈余公积、未分配利润转增股本时，个人股东可以申请递延纳税的税收优惠，但如果个人通过合伙企业间接持股中小高新技术企业，则无法享受上述税收待遇。

4.3.2 合伙企业注册地陷阱

1. 税收洼地

在实务中，有越来越多的企业选择合伙企业作为持股平台，也有很多企业出于税负的考虑，选择在西藏山南、新疆霍尔果斯等地注册有限合伙企业，因为这类地区常给予企业两种税收福利：核定征收和财政返还。这类给予特殊税收待遇的地区被行业内称为"税收洼地"。

（1）核定征收。

【例 4-1】

罗老板是福建某地注册的合伙企业的合伙人，该合伙企业主要从事管理咨询，共取得了 1 000 万元的收入，发生了经营成本和费用等可扣除项目 100 万元。如果合伙企业采用查账征收的方式，罗老板需缴纳个人所得税：（1 000-100）×35%-6.55=308.45（万元）。如果采取核定征收的方式，最低仅需缴纳 1 000×10%[⊖]×35%=35（万元）。所以，对于增值越高的业务，核定征收的方式越能降低税负。

【核定征收释义】

核定征收是指由税务机关根据纳税人情况，在正常生产经营条件下，对其生产的应税产品查实核定产量和销售额，然后依照税法规定的税率征收税款的征收方式。根据《财政部、国家税务总局关于印发〈关于个人独资企业和合伙企业投资者征收个人所得税的规定〉的通知》（财税〔2000〕91号）第九条的规定：实行核定应税所得率征收方式的，应纳所得税额的计算公式如下：应纳所得税额＝应纳税所得额×适用税率；应纳税所得额＝收入总额×应税所得率，或＝成本费用支出额/（1-应税所得率）×应税所得率。应税所得率应按下表规定的标准执行：

行业	应税所得率
工业、交通运输业	5%～20%
建筑业、房地产开发业	7%～20%
饮食服务业	7%～25%
娱乐业	20%～40%
其他行业	10%～30%

⊖ 当地规定咨询行业的应税所得率为 10%。

（2）财政返还。

我国从 1994 年开始实行分税制财政管理体制，将所有税收按税种划分为中央税、地方税和共享税。在这样的背景下，各地政府为了招商引资，增加财政收入，纷纷采取对入驻企业承诺对企业缴纳税款的地方留成部分给予财政返还。例如，财税〔2009〕167 号文规定自 2010 年 1 月 1 日起，对个人转让限售股取得的所得，按照"财产转让所得"适用 20% 的税率征收个人所得税。江西省鹰潭市政府便于 2010 年 7 月出台《鼓励个人在鹰潭市辖区证券机构转让上市公司限售股的奖励办法》规定，如果个人限售股东愿意来本地营业部减持，政府可将限售股东减持个税的地方实得部分的 80% 作为奖励再返还给纳税人。纳税人如果愿意将奖励全部留在鹰潭投资置业的话，还可按个税地方实得部分的 10% 再奖励[一]。

2. 三五互联案例

三五互联（300051）是一家厦门的上市公司，该公司上市时有 1 名股东，名为"厦门中网兴管理咨询有限公司"。2013 年 10 月 10 日，"三五互联"发布《关于股东公司名称及地址变更的公告》，该公告称其股东"厦门中网兴管理咨询有限公司"迁址并变更名称为"西藏山南中网兴管理咨询有限公司"（以下简称"中网兴"）。为什么中网兴从福建厦门搬家至西藏山南？究其原因是西藏山南政府在彼时给予迁址至山南的公司直接在工商变更为合伙企业的政策，并且合伙企业在纳税后可以享受实缴所得税 60% 比例的地方财政返还。我们将中网兴的股东龚少晖以 1.2 亿元的价格减持三五互联股票[二]的税负做个比较：

[一] 2011 年 10 月 11 日，鹰潭市财政印发《关于转发江西省财政厅〈关于限售股转让个人所得税财政返还政策进行清理的紧急通知〉的通知》（鹰财法〔2011〕27 号），该文件已被废止。

[二] 2013 年 12 月 20 日、2013 年 12 月 31 日、2014 年 1 月 7 日，龚少晖分 3 次将通过中网兴间接持有的三五互联股票全部套现，合计套现 1.2 亿元。见三五互联关于控股股东、实际控制人及持股 5% 以上股东减持计划的公告。

(1）如果中网兴为福建厦门公司。

中网兴企业所得税税负：（12 000−712.5[①]）×25%＝2 821.875（万元）

龚少晖个人所得税税负：（12 000−712.5−2 821.875）×20%＝1 693.125（万元）

实际税负合计：2 821.875+1 693.125＝4 515（万元）

(2）如果中网兴为西藏山南合伙企业。

龚少晖个人所得税税负：（12 000−712.5）×20%＝2 257.5（万元）

当地财政返还：2 257.5×60%＝1 354.5（万元）

实际税负合计：2 257.5−1 354.5=903（万元）

由此可见，中网兴从福建厦门搬家至西藏山南后，再从有限公司变更为合伙企业，龚少晖的套现税负可节省3 612（＝4 515−903）万元。

但不论是核定征收还是财政返还，这种地方税收福利都存在一定的执行风险。以上述三五互联为例，虽然中网兴的税收筹划的顶层设计非常好，但在落地环节却遭遇了意想不到的麻烦，中网兴迁址至西藏山南后，并没有如设想的那样从公司变更为合伙企业。这又是什么原因呢？原来在中网兴搬家前，曾与山南招商引资部门谈妥：第一步，中网兴从厦门搬家至山南；第二步，中网兴不经税务清算直接由公司变更为合伙企业。但根据财税〔2009〕59号文的规定，法人变更为合伙企业，企业所得税清算是必经的程序。山南的土规定显然是与国家的税法相冲突的，实施了一段时间后便被紧急叫停。于是便有了中网兴只搬家却无法变更的尴尬事儿。

笔者提示，当企业选择税收洼地注册持股平台时，应充分考量以下因素。

3. 择址的提示

（1）地方给予的税收福利是否与现有法规相冲突。我国《税收征收管理法》第三条规定："税收的开征、停征以及减税、免税、退税、补税，依

[①] 龚少晖对中网兴的投资成本为712.5万元。

照法律的规定执行；法律授权国务院规定的，依照国务院制定的行政法规的规定执行。任何机关、单位和个人不得违反法律、行政法规的规定，擅自作出税收开征、停征以及减税、免税、退税、补税和其他同税收法律、行政法规相抵触的决定。"因此，对于地方政府承诺的违法优惠，即使形成书面协议，该协议也没有法律效力，随时面临被税务局追征的风险。

【例4-2】

X投资公司为某上市公司的股东。2013年，X投资公司拟减持上市公司股票套现。考虑到该减持行为需要承担高额税负，X投资公司与某地地方政府招商引资部门签订核定征收税款的协议，其中涉税内容如下：按企业实际经营收入（含股权转让收入）核定征收5.6%的营业税及附加，3%的企业所得税，0.72%的个人所得税。企业在取得减持股份收入后，按照与政府签订协议中确定的征收率自行申报缴纳税款。2017年，国家税务总局稽查局组织各地税务局对辖区内的股权转让行为进行大检查。该避税行为被税务局发现，最终税务局认定，该上述协议违反了《征管法》第三条的规定，以及《国家税务总局关于企业所得税核定征收有关问题的公告》(国家税务总局2012年第27号)⊖关于投资类公司不得核定征收企业所得税的规定，应按查账征收办法重新计算税款（包括企业所得税和个人所得税），并予以补税。

（2）洼地税收筹划不适合做长期规划。各地地方政府给予企业各种财政奖励或者补贴吸引其他地区企业落户本地或在本地缴纳税费，其本质属于各地方争夺税源，并不属于国家鼓励的行为。国务院就曾在2014年发文⊜，对该类行为给予清理和逐步规范。因此，从长远来看，在税收洼地注册时

⊖ 该文件第一条规定，专门从事股权（股票）投资业务的企业，不得核定征收企业所得税。
⊜ 《国务院关于清理规范税收等优惠政策的通知》(国发〔2014〕62号)。

承诺的税收福利随时都存在无法兑现的风险。笔者提示，税收洼地适合有短期套现意图并将承担巨额税款的企业。如果是作为长期持股平台，由于洼地政策的不稳定性，尚需综合考量工商变更的便利性、税收福利的可操作性等诸多因素，做出慎重抉择。

4.4 有限合伙架构适用情形

有限合伙企业架构往往适用于以下几种情形。

4.4.1 钱权分离度极高的创始人股东

对于一些资金密集型的行业，如互联网公司，VC/PE 在企业发展中起到了至关重要的作用，属于举足轻重的股东。如果创始人预判，自己及管理团队的持股比例会被稀释得非常低，为了控制权的需要，可以采取该种有限合伙架构，并尽可能让投资人或高管员工通过有限合伙企业间接持股核心公司（拟上市公司），创始人自己则作为有限合伙企业的普通合伙人[一]。

【例 4-3】

绿地集团的实际控制人、董事长张玉良曾将合伙企业架构用到了极致，仅用 3.028 万元控制了绿地集团 188 亿元的资产。图 4-5 为绿地集团借壳上市时的股权架构[二]。

在上述股东中，"上海格林兰"全称为"上海格林兰投资企业（有限合伙）"，其股权结构如图 4-6 所示[三]。

[一] 从规避风险的角度考虑，也可以以创始人注册的有限公司作为普通合伙人。
[二] 见《金丰投资重大资产置换及发行股份购买资产暨关联交易报告书（修订稿）》第 21 页。
[三] 根据《金丰投资重大资产置换及发行股份购买资产暨关联交易报告书（修订稿）》第 75 页的股权架构图整理。

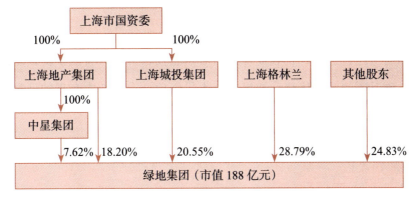

图 4-5　绿地集团借壳上市前的股权架构图

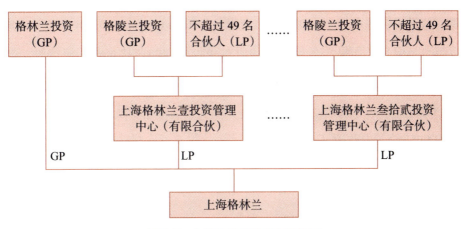

图 4-6　上海格林兰的股权架构图

上海格林兰的普通合伙人"格林兰投资"全称为"上海格林兰投资管理有限公司",该公司成立于 2014 年 1 月,注册资本 10 万元人民币,共有股东 43 人,其中张玉良的持股比例为 30.28%,其余 42 人的持股比例均为 1.66%(见图 4-7),由于格林兰投资的股权很分散,只有张玉良一股独大,他成为格林兰投资的实际控制人。

图 4-7　格林兰投资的股权架构图

4.4.2　有短期套现意图的财务投资人

如前所述，选择在税收洼地注册合伙企业，合伙人可能享受核定征收或者财政返还的地方优待。如果投资人投资后，有短期内套现的计划，可以考虑有限合伙企业架构。

【例 4-4】

月亮公司创始人罗先生计划一年内将月亮公司股权以 1 亿元价格出售给上市公司。如果罗先生直接持股月亮公司，他应缴纳 20% 的个人所得税。假设投资成本为 1 000 万元，则税负为（10 000-1 000）×20%=1 800（万元）。但是，如果罗先生通过注册在税收洼地的合伙企业间接持股，最低可能将税负降至 10 000×10%×35%=350（万元）（采取核定征收）或者（10 000-1 000）×20%×（1-40%×90%）=1 152（万元）(假设地方留成税款的 90% 给予财政返还）。

4.4.3　员工持股平台

本书第 2 章 2.1 节中介绍过海康威视的案例。我们知道当股权激励的对象较多时，以合伙企业作为员工持股平台，不仅方便对股权进行管理，还有利于大股东获得更多的控制权。

| CHAPTER 5 |
第 5 章

自然人直接架构

5.1 自然人直接架构简介

在这种架构模型里,自然人股东均直接持有核心公司股权,如图 5-1 所示。

图 5-1 自然人直接架构

5.2 案例 11 明家科技

2004 年,东莞市诞生一家公司,名字为"东莞市明家电子工业有限公司"。注册成立时该公司的股东为兄弟俩:周建林和周建禄。两个人的持股比分别为 50%:50%。2006 年,经兄弟俩商议,通过增资的方式,将两人的持股比调整为 80%:20%。2007 年,公司确定了上市规划后,明家科技开始对核心高管实施股权激励,14 名高管分别以受让股权和现金增资方式成为明家科技股东。2008 年,明家科技完成股改,随后在 2009 年,以每股 1.25 元的价格再次引入 26 名新股东。截至明家科技上市前,其股权结构[一]如图 5-2 所示。

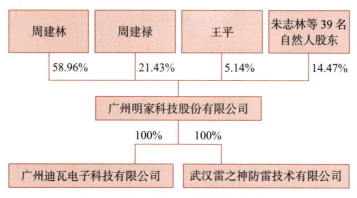

图 5-2　明家科技上市前的股权架构图

5.3　自然人直接架构点评

翻开中国 A 股上市公司的招股说明书,很多公司在上市前自然人股东直接持股核心公司(拟上市公司),如佳讯飞鸿(300213)、日科化学(300214)、常青股份(603768)、瑞丰高材(300243)、曲美家居(603818)、盛讯达(300518)、迈克生物(300463)、风范股份(601700)、江南嘉捷(601313)、松发股份(603268)、电魂网络(603258)等。这种架构有何利弊呢?

5.3.1　自然人直接架构的优点

自然人直接架构具有以下优点。

1. 套现个税可预期

较之税收立法尚未成熟的合伙企业,自然人直接出售股票的税政非常明

[一]　摘自明家科技首次公开发行股票招股说明书第 41 页发行人股权结构图。

确。根据税法规定①，个人转让限售股，以每次限售股转让收入，减除股票原值和合理税费后的余额，为应纳税所得额，即应纳税额 =[限售股转让收入②−（限售股原值③+ 合理税费④）]×20% 以明家科技股东周建禄为例，根据明家科技公告，周建禄于 2014 年 9 月 22 日减持 1 630 514 股，每股价格 45.685 元，合计套现 74 490 032.09 元。周建禄合计应缴纳个人所得税（74 490 032.09−74 490 032.09×15%）×20%=12 663 305.46（元）。但如果周建禄通过合伙企业持股明家科技，如前所述，其套现时的个人所得税税率可能为 20%，也可能为 35%。如果周建禄通过有限公司持股明家科技，套现时的全部税负可能会高达 40%⑤。

表 5-1 列示了不同持股架构下，自然人股东套现时的税负对比表。

表 5-1　不同持股架构下，自然人股东套现个税税负表

持股主体	转让非上市公司股权	转让限售股①	转让非限售股股票
自然人直接持股	征税，税率 20%	征税，税率 20%	免税②
合伙企业持股	征税，税率 20% 或 35%	征税，税率 20% 或 35%	征税，税率 20% 或 35%
有限公司持股	征税，税负 40%	征税，税负 40%	征税，税负 40%

① 上述限售股是指：a. 上市公司股权分置改革完成后股票复牌日之前股东所持原非流通股股份，以及股票复牌日至解禁日期间由上述股份孳生的送、转股；b. 2006 年股权分置改革新老划断后，首次公开发行股票并上市的公司形成的限售股，以及上市首日至解禁日期间由上述股份孳生的送、转股（以下统称新股限售股）。见《财政部 国家税务总局 证监会关于个人转让上市公司限售股所得征收个人所得税有关问题的通知》（财税〔2009〕167 号）。
② 见《关于个人转让股票所得继续暂免征收个人所得税的通知》（财税字〔1998〕061 号）和《关于个人转让全国中小企业股份系统挂牌公司股票有关个人所得税政策的通知》（财税〔2018〕137 号）。

---

① 《财政部　国家税务总局　证监会关于个人转让上市公司限售股所得征收个人所得税有关问题的通知》（财税〔2009〕第 167 号）。
② 限售股转让收入是指转让限售股股票实际取得的收入。
③ 限售股原值，是指限售股买入时的买入价及按照规定缴纳的有关费用。如果纳税人未能提供完整、真实的限售股原值凭证的，不能准确计算限售股原值的，主管税务机关一律按限售股转让收入的 15% 核定限售股原值及合理税费。
④ 合理税费是指转让限售股过程中发生的印花税、佣金、过户费等与交易相关的税费。
⑤ 计算过程为 25%+（1−25%）×20%=40%，其中 25% 为有限公司转让明家科技股份所得需要承担的税费。（1−25%）×20% 为有限公司将税后利润向周建禄分配，周建禄需承担的"股息红利"的个税税负。

2. 套现可免征增值税

根据税法规定，周建禄减持明家科技股票，可以享受免征增值税的优惠待遇[一]；但如果周建禄通过有限公司间接持股明家科技，持股公司转让明家科技股票，需缴纳增值税[二]。如果周建禄通过合伙企业间接持股明家科技，合伙企业转让明家科技股票，也需要缴纳增值税[三]。表5-2为各种持股架构下，增值税的纳税情况。

表5-2 不同持股模式下增值税税负表

持股主体	转让非上市公司股权	转让限售股	转让非限售股
自然人直接持股	不征①	免税	免税
合伙企业持股	不征②	征税③	征税
有限公司持股	不征④	征税⑤	征税

①② 非上市公司股权不属于金融商品，因此不是增值税的征税范围。

③ 在"营改增"之前，各地税务局执行口径不一，大部分地区不征；"营改增"后，征收增值税，见《国家税务总局关于营改增试点若干征管问题的公告》（国家税务总局2016年53号）第五条。

④ 同①。

⑤ 同③。

3. 上市后套现可选择纳税地点

纳税地点即税款入库地。实务中，很多地区为了招商引资对税款的地方留成部分实施了名目繁多的财政返还政策，因此不同的纳税地点虽然不

[一] 见《财政部 国家税务总局关于全面推开营业税改征增值税试点的通知》（财税〔2016〕36号）附件3：营业税改征增值税试点过渡政策的规定第一条规定，自然人转让金融商品，免征增值税。

[二] 见《财政部 国家税务总局关于全面推开营业税改征增值税试点的通知》（财税〔2016〕36号）附件2《营业税改征增值税试点有关事项的规定》第一条第三款规定："3.金融商品转让，按照卖出价扣除买入价后的余额为销售额。"《国家税务总局纳税服务司关于下发营改增热点问题答复口径和营改增培训参考材料的函》（税总纳便函〔2016〕71号）："营改增后，企业买卖股票应如何纳税？答：应按金融服务—金融商品转让缴纳增值税。以卖出价扣除买入价后的余额为销售额。"

[三] 根据《财政部 国家税务总局关于全面推开营业税改征增值税试点的通知》（财税〔2016〕36号）附件2《营业税改征增值税试点有关事项的规定》第一条第三款的规定："3.金融商品转让，按照卖出价扣除买入价后的余额为销售额。"在该文件附件3："营业税改征增值税试点过渡政策的规定的第一条免征增值税项目中没有合伙企业转让金融商品。但由于合伙企业的特殊性，各地的税收征管中，是否对合伙企业转让股票征收增值税尚存在争议。"

能改变税基和税率，但会导致不同的实际税负。根据税法规定，自然人转让上市公司的限售股，纳税地点为个人股东资金账户开户的证券机构所在地㊀。也就是说，明家科技大股东周建禄可以比较全国各地政府对股票交易个税的财政返还力度，来决定其资金账户开户的营业厅，进而决定其纳税地。但如果周建禄通过合伙企业持股或者通过有限公司持股，缴纳个人所得税的地点均被锁定为合伙企业或有限公司的经营地。表 5-3 为 3 种持股架构下纳税地点的总结。

表 5-3　不同持股模式下，纳税地点比较表

持股主体	转让非上市公司股权	转让限售股	转让非限售股股票
自然人直接持股	在被转让公司所在地①	在个人股东资金账户开户的证券机构所在地②	免税
合伙企业持股	在合伙企业经营地③	在合伙企业经营地④	在合伙企业经营地⑤
有限公司持股	在持股公司注册地⑥	在持股公司注册地⑦	在持股公司所在地⑧

① 《关于发布〈股权转让所得个人所得税管理办法（试行）〉的公告》（国家税务总局公告 2014 年第 67 号）第十九条规定："个人股权转让所得个人所得税以被投资企业所在地地税机关为主管税务机关。"

② 《财政部　国家税务总局　证监会关于个人转让上市公司限售股所得征收个人所得税有关问题的通知》（财税〔2009〕167 号）规定："限售股个人所得税由个人股东资金账户开户的证券机构所在地主管税务机关负责征收管理。证券机构向所在地主管税务机关申报解缴预扣的税款，个人向股东资金账户开户的证券机构所在地主管税务机关提出清算申报，办理清算事宜。"

③④⑤《财政部　国家税务总局关于印发〈关于个人独资企业和合伙企业投资者征收个人所得税的规定〉的通知》（财税〔2000〕91 号）第二十条规定："投资者应向企业实际经营管理所在地主管税务机关申报缴纳个人所得税。投资者从合伙企业取得的生产经营所得，由合伙企业向企业实际经营管理所在地主管税务机关申报缴纳投资者应纳的个人所得税，并将个人所得税申报表抄送投资者。"

⑥⑦⑧见《企业所得税法》第五十条："除税收法律、行政法规另有规定外，居民企业以企业登记注册地为纳税地点；但登记注册地在境外的，以实际管理机构所在地为纳税地点。"

㊀ 《财政部　国家税务总局　证监会关于〈个人转让上市公司限售股所得征收个人所得税有关问题〉的通知》（财税〔2009〕167 号）规定："限售股个人所得税由个人股东资金账户开户的证券机构所在地主管税务机关负责征收管理。证券机构向所在地主管税务机关申报解缴预扣的税款，个人向股东资金账户开户的证券机构所在地主管税务机关提出清算申报，办理清算事宜。"

5.3.2 自然人直接架构的缺点

自然人直接架构有以下缺点。

1. 不利于控制权集中

在本书第 2 章中,我们曾通过海康威视案例总结过,员工通过合伙企业间接持股拟上市公司,可以使表决权得以集中,实现大股东想要的"钱权分离"。以下我们以瑞丰高材(300243)为例进行解析。

【例 5-1】

图 5-3 为瑞丰高材(300243)上市前股权架构图[一]。

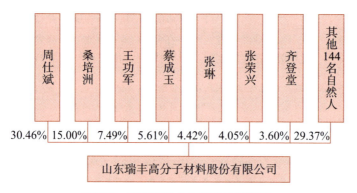

图 5-3 瑞丰高材上市前股权架构图

上市发行后,瑞丰高材的实际控制人周仕斌的持股比例仅为 22.77%,如表 5-4 所示[二]。

大股东周仕斌在上市之初较低的持股比为日后的股权纠纷埋下了隐患。

2016 年 5 月 23 日,瑞丰高材宣布,公司的第二大股东桑培洲以及第四大股东蔡成玉、第五大股东张琳、第六大股东张荣兴一起辞去在公司的相关职务。同年,中植系"京江通汇"在二级市场购入瑞丰高材股票,成为瑞丰高材第二大股东。

[一] 摘自瑞丰高材招股说明书第 41~45 页发行人基本情况整理而成。
[二] 摘自瑞丰高材招股说明书第 49 页。

表 5-4 瑞丰高材发行前后前十大股东持股情况表

股东名称		发行前股本结构		发行后股本结构	
		股数（万股）	比例（%）	股数（万股）	比例（%）
前十名股东	周仕斌	1 218.28	30.46	1 218.28	22.77
	桑培洲	600.00	15.00	600.00	11.21
	王功军	299.76	7.49	299.76	5.60
	蔡成玉	224.40	5.61	224.40	4.19
	张 琳	177.00	4.42	177.00	3.31
	张荣兴	162.00	4.05	162.00	3.03
	齐登堂	144.00	3.60	144.00	2.69
	蔡志兴	119.20	2.98	119.20	2.23
	苗祥利	105.52	2.64	105.52	1.97
	孙志芳	89.44	2.23	89.44	1.67
其他 144 名股东		860.40	21.51	860.40	16.08
社会公众股东		—	—	1 350.00	25.23
合计		4 000.00	100.00	5 350.00	100.00

2017年1月6日，瑞丰高材（300243）举行2017年第一次临时股东大会，在会议上，上述5名股东均对大股东提议的与重组有关的18项议案投反对票，致使大股东周仕斌筹划的公司重组计划流产。⊖如果瑞丰新材的小股东在上市前通过周仕斌控制的持股平台间接持股，则完全可以避开这场上市后的控制权争夺战。

2. 缺乏利用股权杠杆的空间

股权杠杆是指实际控制人通过对一系列公司的股权安排，用较小的资金，达到控制巨额资金的方法。在第2章中，我们曾学习了金字塔股权架构，并了解了股权杠杆的威力。如果自然人直接持股拟上市公司，则关闭了设计股权杠杆的空间。具体可参考本书第2章"2.2节金字塔架构"。

3. 对于长期持股股东来说税负较高

如果股东持有的股权不计划出售套现，而是长期持有，每次取得分红即

⊖ 见瑞丰高材：关于终止重大资产重组的公告，2017-04-07。

使是用于再投资也需要缴纳个人所得税。^㊀而且，被投资公司以未分配利润、盈余公积、资本公积转增股本，自然人股东均需缴纳个人所得税。^㊁

5.3.3　自然人直接架构适用情形

1. 规划上市后售股套现的财务投资人

拟上市公司的股东，如果规划公司上市后把股票出售套现，最好采用自然人直接架构，不但套现时可以直接通过证券交易账户便利操作，而且税负较低。

2. 创业期的创始人股东

创业期，商业模式尚未打磨成熟，股权结构也不稳定，公司能否存活下去也尚未可知，所以不宜把股权结构设计得过于复杂。待公司商业模式渐趋成熟，公司盈利前再做股权架构设计，然后再对股权结构进行调整。^㊂

㊀ 根据《中华人民共和国个人所得税法》（主席令〔1993〕第012号）第二条和第三条规定，自然人从被投资公司取得利息、股息、红利所得需缴纳个人所得税，税率为20%。

㊁ 根据《国家税务总局关于股权奖励和转增股本个人所得税征管问题的公告》（国家税务总局公告2015年第80号）的规定，以未分配利润、盈余公积、资本公积向个人股东转增股本的，均需缴纳个人所得税，但符合条件的转增，可以享受分期纳税的税收优惠。

㊂ 见本书第四部分股权重组。

| CHAPTER 6 |
第 6 章
控股公司架构

6.1 控股公司架构简介

在这种架构模型里，创始人及其创业伙伴设立控股公司，控股公司旗下有多个业务板块管理公司，每个业务板块管理公司下投资 N 家实体公司，如图 6-1 所示。

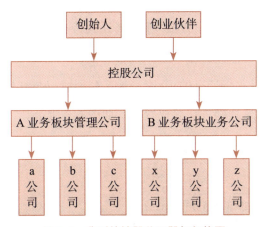

图 6-1 典型的控股公司股权架构图

6.2 案例 12　红星美凯龙

2015 年 6 月 26 日，红星美凯龙在香港证券交易所主板敲钟。继香港 H 股上市之后，2018 年 1 月 17 日，红星美凯龙回归 A 股，正式挂牌上海证券交易所。虽然红星美凯龙在上市路上修成正果，成为中国首家家居行业 A+H 股上市公司，但其上市之路异常艰辛坎坷。

6.2.1　架构调整之痛

在美凯龙的招股说明书中，我们看到这样一段文字[一]：

转让附带房地产开发业务公司的股权，并回购其家居商场资产。

公司为突出主营业务，于 2011 年 10 月 28 日召开 2011 年第五次临时股东大会、于 2012 年 10 月 31 日召开 2012 年第五次临时股东大会、于 2013 年 12 月 30 日召开 2013 年第七次临时股东大会，决定向同一控制下的关联方及无关联关系的第三方转让附带房地产开发业务的公司，并回购被转让公司的家居商场资产。

美凯龙的该项重组，可以分为以下 4 个步骤。[二]

第一步：美凯龙向红星控股[三]平价转让其持有的红星企发 51% 的股权，如图 6-2 所示。

第二步：美凯龙将持有的 10 家房地产公司股权与红星企发的子公司星凯众程[四]持有的星凯程鹏进行股权置换，如图 6-3 所示。

[一] 见美凯龙 A 股招股说明书第 120 页。
[二] 见美凯龙 A 股招股说明书第 120～129 页。
[三] 原名称为"上海红星美凯龙投资有限公司"，后更名为"红星美凯龙控股集团有限公司"。
[四] 上海星凯众程企业发展有限公司，于 2012 年 7 月 4 日更名为"上海红星美凯龙企业经营管理有限公司"。

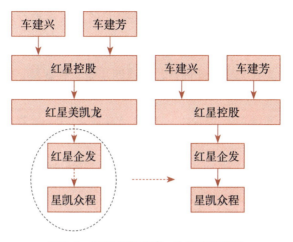

图 6-2　红星美凯龙第一次重组路径图

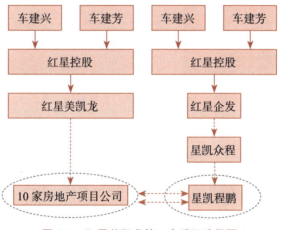

图 6-3　红星美凯龙第二次重组路径图

第三步：美凯龙分别与红星企发、星凯众程和红星实业等公司签订股权转让协议，以账面投资成本价转让其持有的拥有附带房地产开发业务的公司或与美凯龙主营业务无关的 12 家公司的股权，如图 6-4 所示。

第四步：美凯龙回购被转让公司所持有的家居商场资产，如图 6-5 所示。

美凯龙上述重组从 2011 年 10 月开始到 2015 年 12 月底完毕，历时 4 年多的时间方尘埃落定。为什么美凯龙耗费如此多的时间和精力剥离房地产业务呢？因为从 2011 年开始，中国房地产宏观调整加码，证监会不仅不允许房地产公司在 A 股上市，甚至不允许主业非房地产但有少量涉及房地产业务的公司在 A 股上市。于是，就有了美凯龙的剥离房地产之举。但有细心的读者可能会问，不就是把美凯龙涉及房地产的业务剥离出去吗？直接平价股权转让即可，为什么要如此周折，分成四步走？答案是，因为税！

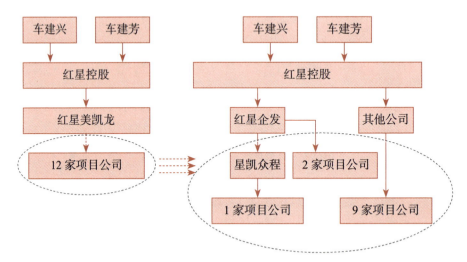

图 6-4 红星美凯龙第三次重组路径图

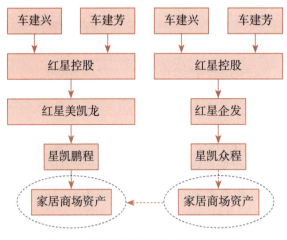

图 6-5 红星美凯龙第四次重组路径图

根据《企业所得税法》的规定，企业与其关联方之间的业务往来，不符合独立交易原则而减少企业或者其关联方应纳税收入或者所得额的，税务机关有权按照合理方法调整。㊀也就是说，美凯龙将持有的房地产公司的股权平价转让给兄弟公司，如果转让价格低于被转让的房地产公司的公允价值，税务局有权对美凯龙公司征收企业所得税。笔者粗略估计，美凯龙如果直接进行股权转让，其面临的税负可能高达数亿元，于是便有了上述 4 个步骤的腾转挪移。通过第一步和第二步，美凯龙实现了将持有的 10 家房地产公司股权以股权置换的方式剥离。根据财税〔2009〕59 号文和国家税务总局 2010 年第 4 号公告㊁的规定，上述股权置换可以被认定为"特殊重组"，进而享受递延纳税的税收优惠。

6.2.2　美凯龙案例反思

如果大股东车建兴在美凯龙设立之初便做好股权架构搭建，日后便不会以 4 年多的时间去调整架构。图 6-6 是 2011 年 10 月（美凯龙重组前）的股权结构图㊂。

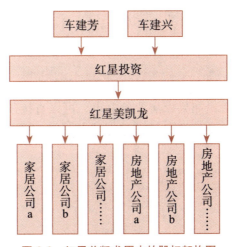

图 6-6　红星美凯龙原本的股权架构图

㊀ 见《中华人民共和国企业所得税法》第四十一条。
㊁ 见《关于企业重组业务企业所得税处理若干问题的通知》(财税〔2009〕59 号) 第六条和《关于发布〈企业重组业务企业所得税管理办法〉的公告》(公告 2010 年第 4 号) 第六条。
㊂ 根据美凯龙招股说明书整理。

因为家居业务公司同房地产公司混放在红星美凯龙旗下，没有独立的业务板块管理公司，导致了家居业务上市时复杂的重组工作。但如果当初红星美凯龙设立房地产公司时，有股权架构设计的理念，则可以搭建如图 6-7 所示的股权架构。

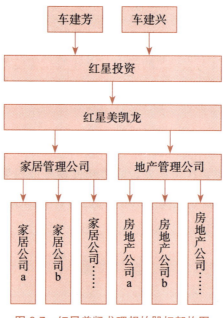

图 6-7　红星美凯龙理想的股权架构图

搭建上述架构后，如果家居业务上市，可以直接以家居管理公司作为上市主体，仅仅是搭建一层控股管理公司架构，便省去了数年的股权重组烦恼。

6.3　控股公司架构点评

6.3.1　控股公司架构的优点

在第 2 章所讲的金字塔架构中，我们曾总结过金字塔架构的优点，具体包括：股权杠杆，以小博大；集中股权，提升控制力；有纳税筹划效应；

便利债权融资；有助于人事安排；控股公司单独上市；方便上市后的资本运作等，其实控股公司架构就是一种金字塔架构。在红星美凯龙案例中，我们也可以得到启发，搭建持股公司平台作为业务板块管理公司，为未来资本运作提供更大的空间。

6.3.2 控股公司架构的缺点

但控股公司架构并非适合所有的股东，该架构也存在如下缺点。

1. 股东最终退出时税负太高

在第 2 章有限合伙企业架构中，我们曾讲过海康威视的案例，并对高管是采取公司作为持股平台还是合伙企业作为持股平台的最终税负进行了比较。自然人→持股公司→核心公司的架构，由于存在持股公司缴纳企业所得税和自然人缴纳个人所得税两道税负，所以并不适合未来有明确套现目的的财务投资人。在美凯龙的招股说明书中，我们也关注到，美凯龙的高管持股平台原为上海兴凯企业管理有限公司。⊖

2012 年 2 月，上海兴凯将所持的美凯龙股份全部转让给上海凯星企业管理中心（有限合伙）。上海兴凯的股权结构与上海凯星的出资结构相同，美凯龙高管之所以将持股平台由公司变成合伙企业，就是因为在美凯龙上市后，高管通过持股公司转让股票，税负太高。

2. 缺乏灵活性

较之合伙企业，控股公司制度少了设计的灵活性，具体可见本书第 2 章 "2.2.3 两种股权架构比较" 中的 "2. 机制的弹性"。所以，对于需要更加灵活的退出机制的员工持股平台，往往用有限合伙架构更合适。

⊖ 见美凯龙 A 股招股说明书第 111 页。

6.3.3 控股公司架构适用情形

控股公司架构适用情形包括：

（1）规划长期持股的实业家。

（2）有多个业务板块的多元化企业集团。

（3）作为大股东的家族持股平台。

（4）已进入成熟期，但没有上市规划，打算家族传承的实业家。

| CHAPTER 7 |
第 7 章
混合股权架构

在前面,我们分别讲解了有限合伙企业架构、自然人直接架构、控股公司架构。但在实践中,每个股东的诉求可能会有所不同。比如,实际控制人往往有长期持股的目的,但也不排除公司上市后出售部分股票,用套现资金改善生活或投资新产业板块;员工持股往往希望在公司上市后可以套现;战略投资人有的希望长期持股,有的希望公司上市后售股套现。于是,针对不同股东和不同诉求的混合架构便应运而生。

7.1 混合股权架构简介

典型的混合股权架构如图 7-1 所示,创始人股东及其家人设立控股公司 A,控股公司 A 与创业伙伴持有控股公司 B,控股公司 B 投资设立控股公司 C,控股公司 C 可能会引入战略投资人,控股公司 C 持有部分核心公司股权;创始人和创业伙伴直接持股部分核心公司股权;高管和员工通过有限合伙企业持有核心公司股权。

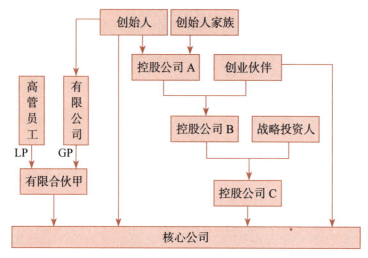

图 7-1 典型的混合股权架构图

7.2 案例 13 公牛集团[⊖]

7.2.1 要上市的公牛

公牛集团，一家专注插线板 20 多年的公司。2018 年 9 月 28 日，证监会网站披露了公牛集团提交的 IPO 招股说明书申报稿，揭开了这家家族企业的神秘面纱。2015～2017 年，公牛集团的营业收入分别为 44.5 亿元、53.6 亿元、72.4 亿元。2018 年第一季度，公牛的营业收入为 20.4 亿元，平均每月收入 6.8 亿元。在利润方面，公牛集团的表现也很抢眼。2017 年净利润为 12.9 亿元，尽管跟 2016 年的 14.1 亿元相比有所下滑，但平均每月净利润仍旧超过 1 亿元。公牛集团的股权架构是什么样的呢？我们来看一下公牛集团申报 IPO 时的股权架构，如图 7-2 所示。

⊖ 全称为"公牛集团股份有限公司"，本案例资料来源于公牛集团股份有限公司首次公开发行股票招股说明书。

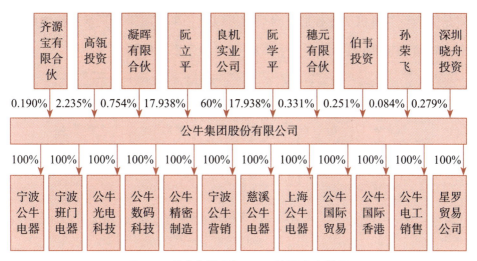

图 7-2　公牛集团申报 IPO 时的股权架构图

7.2.2　顶层架构设计

公牛集团的创始人为阮立平和阮学平。两人系兄弟关系，对公牛集团的持股数量与持股比例相同，是公牛集团的共同实际控制人。为了保证阮氏兄弟的控制权，公牛集团在顶层架构运用了金字塔架构、有限合伙企业架构和一致行动人 3 种架构工具。

1. 金字塔架构

2014 年 10 月 11 日，阮立平、阮学平分别与"良机实业公牛投资有限公司"⊖签署股权转让协议，各将其持有的公牛集团股份有限公司 2 450.1 万元出资额以每一元出资额约 9.09 元的价格转让给"良机实业"，股权转让款均为 222 690 984.46 元。股权转让完成后，良机实业合计持有公牛集团 60% 的股权（见图 7-3）。因本次股权转让，阮氏兄弟合计缴纳个人所得税 79 275 993.6 元。阮氏兄弟之所以愿意承担近 8 000 万元的个人所得税，

⊖ 公牛投资有限公司在 2015 年 5 月 8 日名称变更为"宁波良机实业有限公司"，以下简称"良机实业"。

就是因为设立良机实业控股平台后，可以为公牛集团未来资本运作增加很多腾转挪移空间（具体见本书第 2 章"2.2 金字塔架构"）。

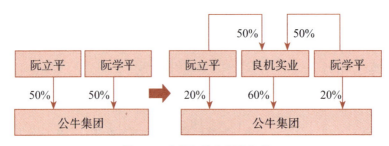

图 7-3　直接架构变间接架构

2. 有限合伙架构

2017 年，阮氏兄弟与 4 家投资基金⊖、一名财务投资人⊜签订股权转让协议，以每出资额 443.78 元的价格将持有的 2.76% 的股权进行了转让。同时阮氏兄弟与凝晖投资合伙企业和穗元投资合伙企业签订股权转让协议，以每出资额 221.89 元的价格将持有的 1.085% 的股权进行了转让（见图 7-4）。阮氏兄弟之所以向凝晖投资和穗元投资转让股权的价格低于向其他受让方的转让价格，主要原因是穗元投资系员工持股平台，该部分股权用于股权激励，而凝晖投资有限合伙人为阮氏兄弟的姐妹阮亚平、阮小平、阮幼平。在设置有限合伙企业持股平台时，阮氏兄弟设置了铄今投资⊜作为普通合伙人（GP），员工及阮氏三姐妹均作为有限合伙人（LP）。这种持股架构设置使得阮氏兄弟分股后并未丧失该部分股权的话语权。具体原因可见第 4 章。

⊖ 4 家投资基金分别为高瓴道盈、伯韦投资、晓舟投资、齐源宝。其中齐源宝为一家合伙企业，有限合伙人和普通合伙人泓宁投资的股东均为阮舒泓、朱赴宁，两人是阮立平的女儿、女婿。

⊜ 该财务投资人为孙荣飞。

⊜ 全称为"宁波梅山保税港区铄今投资管理有限公司"。

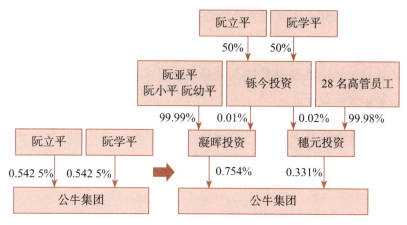

图 7-4　自然人直接架构变有限合伙企业架构

3. 一致行动人

为了使公牛集团顺利上市，防止出现"兄弟阋于墙"的局面而影响公司运营，阮立平和阮学平于 2017 年 12 月 27 日签订了《一致行动人协议》，主要约定如下（甲方为阮立平，乙方为阮学平）。

（1）双方在处理根据《公司法》等有关法律法规和公司章程需要由公司股东大会、董事会做出决议的事项时均应采取一致行动。

（2）双方就有关公司重大事项向股东大会、董事会行使提案权和在相关股东大会、董事会做出决议的事项时应采取一致行动。

（3）双方同意，在本协议有效期内，除关联方需要回避的情形外，任何一方拟就有关公司的重大事项向股东大会、董事会提出议案之前，或在行使股东大会或董事会等事项的表决权之前，均事先与其他方对相关议案或表决事项进行沟通及协调，自行促成双方达成一致意见并保持投票一致。

（4）如果双方就上述一致行动事项存在分歧，则必须事前积极协商，达成一致，保证双方在投票表决、实际做出决定及对外公开时保持完全一致；如出现双方意见不一致的情形时，则以时任董事长的意见为准；如届时双方皆不担任公司董事长，则以阮立平的意见为准。

（5）甲、乙双方除应就直接持股部分在公牛集团上述事宜采取一致行动外，间接持股或控制的公司在对涉及公牛集团的重大事项表决或提案前进行决策时，双方在间接持股或控制的公司表决时，也应按以上（1）至（4）项条款采取一致行动。

（6）双方确认自 2008 年 1 月公司设立之日起，双方在公司历次股东大会上均保持了一致意见，担任公司董事的各方在公司历次董事会上均保持了一致意见。

（7）本协议自双方签署之日起生效，至公司股票上市之日起满 36 个月时终止。

值得注意的是，虽然阮立平和阮学平签订了《一致行动人协议》，但该协议将在公牛集团股票上市之日起满 36 个月时终止。由此可见，一致行动人仅是阮氏兄弟为了上市的权宜之计。在后一致行动时代，如果阮氏兄弟持股均衡状态不能被打破，仍有发生控股权争夺的风险。这种风险可能多发生在两种情形下：一种是公司战略转型；一种是二代接班（具体可参考本书第 14 章富贵鸟案例中股权结构隐患）。

7.2.3　主体架构详解

公牛集团的主体架构如图 7-5 所示，是典型的混合股权架构。

1. 创始人阮氏兄弟

阮氏兄弟设立了控股公司良机实业间接持股公牛集团，不仅方便未来资本运作，也为未来搭建更多层级的金字塔架构预留了空间。另外，阮氏兄弟还每人设计了 17.938% 的股份直接持股，未来方便减持套现。

2. 家族持股平台

阮氏兄弟给阮氏家族其他成员阮氏三姐妹准备了股份，该股份通过有限合伙企业持有，实现了分股不分权的目的（见图7-5）。

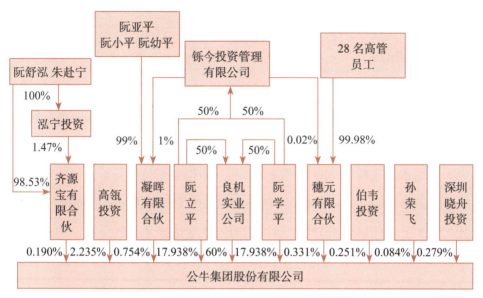

图 7-5 公牛集团主体股权架构图

3. 股权激励平台

公牛集团的 28 名高管通过有限合伙企业持股平台持股，该部分股份的话语权由阮氏兄弟享有（通过铄今投资作为普通合伙人），高管可以分享未来转让公牛集团股票收益或从公牛集团分红的财产权。

7.3 混合股权架构点评

在混合股权架构中，根据股东不同的持股目的，组合不同的持股架构。

1. 创始人大股东

如果创始人大股东在公司上市后计划长期持股上市公司，可选择设立控股公司作为持股平台，方便上市公司进行资本运作。当然，创始人大股东也可以直接持股一部分股权，以便未来减持套现更加便利。

2. 创业伙伴

创业伙伴可以参考创始人股东的持股架构。

3. 高管员工

拟上市公司可以设计有限合伙企业架构作为股权激励持股平台架构，高管员工为有限合伙人，创始人作为普通合伙人。如果创始人是风险厌恶型，可设立有限公司作为普通合伙人。具体原因见第 4 章汇财金融的案例。

混合股权架构的优点显而易见，可以根据股东持股目的，量体裁衣选择最合适的架构，更有针对性。但该架构的难度在于预判公司的资本战略。比如，X 公司计划申报 IPO，所以创始人股东选择了控股公司架构，中途却决定把公司出售套现，由于控股公司的股权架构，导致了很高的税负（最高可达 40%）。

7.4 混合股权架构适用情形

混合股权架构适用于有明确境内上市规划的公司。

| CHAPTER 8 |
第 8 章

海外股权架构

8.1 海外股权架构素描

海外股权架构是指境内个人或公司在境外搭建离岸[⊖]公司，通过离岸公司来控制中国境内或者境外业务的架构。搭建海外股权架构一般有以下几种目的：为了境外上市；便于海外资本运作比如融资、并购等；为了享受中国某些地区对外资企业的招商引资政策；便利海外资产配置的财富管理；利用海外架构避税；为了开拓境外市场，拓展境外业务。常见的海外股权架构包括红筹架构和"走出去"投资架构。以下我们分别进行介绍。

8.1.1 红筹架构：股权控制模式和 VIE 模式

红筹模式是指境内公司/个人将境内资产/权益通过股权/资产收购或协议控制（VIE）等形式转移至在境外注册的离岸公司，然后通过境外离岸公司来持有境内资产或股权，最后以离岸公司名义申请在境外交易所（主

⊖ "离岸"的含义是指投资人的公司注册在离岸管辖区，但投资人不用亲临当地，其业务运作可在世界各地的任何地方直接开展。例如，在巴哈马群岛注册一家贸易公司，但其贸易业务的往来可以是在欧洲与美洲之间进行的。

要是香港联交所、纽约证券交易所、伦敦证券交易所、法兰克福证券交易所、纳斯达克证券交易所、新加坡证券交易所等)挂牌交易的上市模式。为了实现红筹上市目的搭建的股权架构本书称为"红筹架构"。红筹架构主要有以下两种模式。

1. 股权控制架构

股权控制架构先由境内公司的创始股东在英属维尔京群岛(以下简称"BVI")、开曼群岛等地设立离岸公司,然后利用离岸公司通过各种方式收购境内权益,最后以该离岸公司为融资平台发售优先股或者可转股贷款给基金进行私募融资,最终实现该离岸公司境外上市目的。该模式的架构如图 8-1 所示。

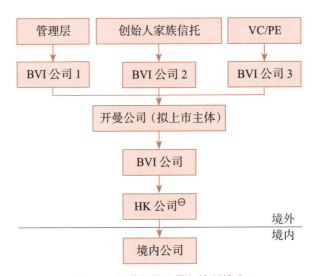

图 8-1 红筹架构之股权控制模式

2. 协议控制架构

协议控制架构被称为 VIE 架构。VIE(variable interest entity),即可变

㊀ 香港(Hong Kong),简称港(HK),全称为中华人民共和国香港特别行政区(HKSAR)。

利益实体,又称"协议控制",是指外国投资者通过一系列协议安排控制境内运营实体,无须收购境内运营实体股权而取得境内运营实体经济利益的一种投资结构。VIE架构通常用于外国投资者投资中国限制或禁止外商投资领域的运营实体。同时,VIE架构也是该等境内运营实体实现境外上市常采用的一种投资架构(见图8-2)。

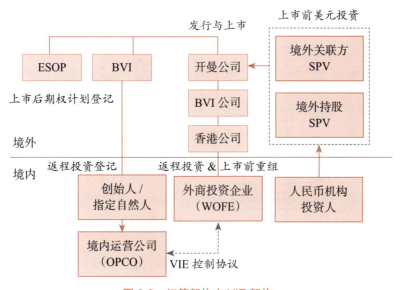

图8-2 红筹架构之VIE架构

8.1.2 "走出去"架构:案例14 巨轮股份

"走出去"又称为"对外直接投资"(outbound direct investment,ODI),是指我国企业在国外及港澳台地区以现金、实物、无形资产等方式投资,并以控制境外企业的经营管理权为核心的经济活动。"走出去"架构是为了对外直接投资搭建的架构。图8-3为上市公司巨轮股份(002031)投资德国欧吉索机床有限公司(OPS-INGERSOLL Funkenerosion GmbH,以下简称"OPS公司")的股权结构图[⊖]。

⊖ 根据巨轮股份2011-33号公告整理。

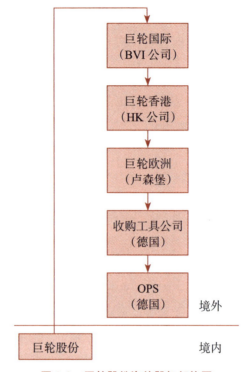

图 8-3 巨轮股份海外股权架构图

在这次投资中,巨轮股份没有直接持股德国"OPS 公司",而是根据国际投资项目的通行做法,采用了多层股权架构,主要有以下几点原因。

1. 便于境外融资和资本运作

企业搭建境外多层架构后,方便利用 HK 公司和 BVI 公司等持股平台引入外币基金,由于英属维尔京群岛、中国香港等地法律制度更灵活,也方便使用优先股、认购权等金融工具。

2. 方便未来的投资退出

当巨轮股份欲退出其在德国的投资时,不必直接转让德国公司的股权,而是通过由 BVI 公司转让香港公司的间接转股方式。由于 BVI 和中国香港没有外汇管制实行自由贸易政策,无须政府审批,退出效率高。

3. 基于税务的考量

巨轮股份对德国 OPS 的投资，境外共有 5 家公司（巨轮国际 BVI—巨轮香港—巨轮欧洲卢森堡—德国巨轮工具—德国 OPS），这 5 家公司可以分为 3 层：顶层架构（巨轮国际 BVI 和巨轮香港）、中间架构（巨轮卢森堡）和底层架构（德国工具和德国 OPS）。

（1）顶层架构。在走出去架构中，顶层架构一般注册在避税天堂。避税天堂一词源于英文 tax haven，haven 解作港口或避难所，部分传媒将 haven 误作 heaven，因而误译为"避税天堂"。避税天堂是指那些为吸引外国资本流入、繁荣本国或本地区经济，在本国或本地区确定一定范围，允许境外人士在此投资和从事各种经济、贸易和服务活动，获取收入或拥有财产而又不对其征直接税，或者实行低直接税税率，或者实行特别税收优惠的国家和地区。世界著名的避税天堂包括开曼群岛、百慕大、巴哈马、荷属安的列斯、英属维尔京群岛等。避税天堂具有一些共同特点：社会稳定，没有税或税负很低，注册公司非常方便，维护成本很小，有较健全的法律体系，没有外汇管制，有严格的商业及银行保密制度，有方便的中介服务等。实务操作中，中国"走出去"的民营企业，以及在美国上市的"中概股"，多选择在开曼群岛或 BVI 注册，将其作为全球投资架构的最顶层；绝大多数"走出去"的央企、国企，会选择在香港注册，将其作为全球投资架构的最顶层。

巨轮投资顶层架构中的第一层选择在了 BVI[⊖]，同时又在 BVI 下面设立了巨轮香港公司。中国香港实行属地征税，只有在中国香港产生或来自中国香港的利润才征税，利得税税率为 16.5%；不对股息和利息征收预提所得税，只对支付给非居民企业的特许权使用费征收 4.95% 的预提所得税；不征收资本利得税；没有受控外国公司规则和资本弱化规则；税收损失可

⊖ BVI 的税制见 8.2.2 龙湖 5 层架构中第二层中介绍。

以无限期结转。巨轮股份选择顶层架构为 BVI+ 香港，主要是考虑到中国香港不仅与内地签有避免双重征税安排㊀，还有与中间架构注册地卢森堡签订有《中华人民共和国香港特别行政区与卢森堡大公国就收入及资本税项避免双重课税和防止逃税协定》。

（2）中间架构。为了打击全球避税，欧盟国家、美国和 OECD 成员国会将一些低税收管辖区（或者没有企业所得税，或者企业所得税税率低于 9%）列入"税收黑名单"。凡是在被列入黑名单的离岸地注册公司，会实施更强有力的反避税监管和限制措施。开曼群岛、BVI 等纯避税地都榜上有名。因此，"走出去"企业会考虑在顶层架构下（即在第二层至第三层），再加上中间层架构，这些中间层公司一般会选择"税制比较规范透明但不是明显的低税国、税收协定较多、协定优惠税率较低且对受益人限制较少、法制宽松但规范"的国家和地区。在实务中，荷兰、卢森堡、比利时、爱尔兰和瑞士常被选定为中间层的投资国。

以巨轮股份选择的中间架构注册地卢森堡为例，卢森堡是海外投资者进入欧洲的重要门户。卢森堡有相对安全和稳定的政治环境、完善的金融体系、优惠的税收制度㊁，以及丰富而有弹性的双边税收协定㊂，而且还具有欧洲陆运和空运的比较优势，容易满足企业运营上的实体化要求。

㊀ 截至 2018 年年底，内地与中国香港签订的避免双重征税安排包括《内地和香港特别行政区关于对所得避免双重征税和防止偷漏税的安排》、《内地和香港特别行政区关于对所得避免双重征税和防止偷漏税的安排第二议定书（2008 年 6 月 11 日起生效执行）》、《内地和香港特别行政区关于对所得避免双重征税和防止偷漏税的安排》第三议定书、《内地和香港特别行政区关于对所得避免双重征税和防止偷漏税的安排》第四议定书。

㊁ "参与免税"是卢森堡的公司税体系的关键要素，其目的是避免利润的双重征税。在满足一定条件的情况下，参与免税允许对开展经营活动的子公司收取的股息和资本利得豁免卢森堡（附加）税。所以，与对收购目标直接投资相比，在（中国）收购方和欧洲被收购目标之间介入卢森堡收购架构可以节税或延税。

㊂ 截至 2018 年 7 月底，卢森堡共和 84 个国家或地区（包含中国香港和澳门）签订双边税收协定（其中 81 个已生效、3 个待生效）。很多双重税收协议会减少股息、利息支出及特许权使用费的预提税率。

（3）底层架构。

"走出去"企业搭建底层架构时（第四层至第五层），会选择有实质业务运作的国家和地区，如项目所在国。例如，巨轮股份选择标的公司所在地德国设立底层架构。

根据我国税制[⊖]，企业取得的已在境外缴纳的所得税税额可以进行抵免。如今境外所得的抵免层级为5层，并且有分国抵免法（企业是以一个国家为维度计算可抵免境外所得税额和抵免限额，同一投资架构层级的位于不同国家之间的企业盈亏不得相互弥补）和综合抵免法（企业是以同一投资架构层级为维度，计算可抵免境外所得税额和抵免限额，位于同一投资架构层级的位于不同国家之间的企业盈亏是可以相互弥补）可以选择。如果"走出去"企业在境外业务的拓展逐步多元化，可以考虑增加多个并行的多层投资架构，特别是将性质不同的行业、业务，分别以不同的层级进行分割，并行开展，这样既可以享受上述多层投资框架的税收优惠，又可以最大限度地分散税务风险。

除了上述多层架构外，有的企业还会在境外多层架构间嵌套信托计划，这不仅可以有效地隐藏境内企业与投资目标公司之间的投资关系，使得它们之间的交易和安排更为自由和灵活，而且可以在境外企业退出投资时，由 BVI 公司以及拟受让方共同修订原有的股权代持信托计划，将委托人和受益人更改为拟受让方，之后，BVI 公司再将 HK 公司的股权在香港转让给拟受让方，从而实现投资退出。

8.2 案例15 龙湖地产

2016年，龙湖地产（00960）在中国香港红筹上市，其在境外搭建的

⊖ 见《中华人民共和国企业所得税法》及其实施条例、《财政部 国家税务总局关于企业境外所得税收抵免有关问题的通知》（财税〔2009〕125号）、《财政部 国家税务总局关于完善企业境外所得税收抵免政策问题的通知》（财税〔2017〕84号）规定。

5 层架构成为红筹架构之典范，被后来者竞相模仿。

8.2.1 返程投资架构

在开始龙湖架构案例之前给大家介绍一个概念——返程投资。返程投资是指境内居民直接或间接通过特殊目的公司（Special purpose vehicle，SPV）对境内开展的直接投资活动，即通过新设、并购等方式在境内设立外商投资企业或项目（以下简称外商投资企业），并取得所有权、控制权、经营管理权等权益的行为⊖。为了方便理解，我们来看一个案例。

【例 8-1】

杨先生打算注册一家公司，他为人低调，不希望他是股东这件事人尽皆知，但中国政府有企业信用信息公示系统，而且只要登录天眼查、企查查等 App，股东名字就暴露无遗。经人介绍，杨先生开始关注海外的英属维尔京群岛（BVI）。

经考察，BVI 至少有四大优点：注册便利（只需要一名股东和董事，两天即可注册完成）；信息保密（不要求海外离岸公司公开财务状况或注册公司的股东及董事的直接资料）；几乎无税（海外离岸公司被免除当地所有的税收）；外汇自由（没有任何外汇管制，对于任何货币的流通都没有限制）。

接下来，杨先生搭建如下股权架构：第一步：杨先生在 BVI 注册一家壳公司，这家壳公司我们称之为离岸公司，汇发〔2014〕37 号文⊖中称之为"特殊目的公司"（SPV）；第二步：杨先生以 BVI 公司作为股东，回到中国投资注册一家外商独资企业（WOFE）。对于以上杨先生→BVI 公司→中国实体公司的股权架构，我们称之为返程投资架构，如图 8-4 所示。

⊖ 见《国家外汇管理局关于境内居民通过特殊目的公司境外投融资及返程投资外汇管理有关问题的通知》（汇发〔2014〕37 号）第一条第二款。

⊖ 该文件全称为《国家外汇管理局关于境内居民通过特殊目的公司境外投融资及返程投资外汇管理有关问题的通知》（汇发〔2014〕37 号）。

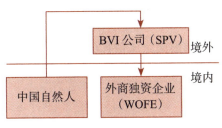

图 8-4 返程投资架构图

实务中，SPV 一般选择注册在避税天堂。返程投资架构中的 SPV 可能不仅一个，也可能是多层 SPV。返程投资的动机也不仅仅是隐匿信息，还可能是其他原因，比如，在境外搭好架构后将境内资产装进去；又如，某地政府有外资的招商待遇，于是把公司包装成外资企业方便享受优惠政策；再如，想在境外上市等。我们把返程投资架构进行简单分类：①上市目的的；②非上市目的的；③搭建之初没有上市目的的，但后来又谋求上市的。龙湖架构属于第一种，为境外上市而生的返程投资，也就是我们前面讲述的"红筹架构"。

8.2.2 5层龙湖架构

2009 年 11 月 9 日，龙湖地产登陆港股主板，开盘首日，大涨 13.3%，让龙湖的女掌门吴亚军一跃成为福布斯最新女首富。2012 年 11 月，吴亚军和前夫蔡奎劳燕分飞。但与众多上市公司实际控制人悲剧离婚不同，吴亚军和蔡奎的分手并未给龙湖造成太多创伤，据媒体点评，这得益于龙湖"预离婚架构"。那么龙湖架构到底是什么样的呢？我们来看一下龙湖地产全球发售前的股权架构图⊖（见图 8-5）。

第一层：BVI 公司（Silver Sea 和 Silver land）

该层架构为信托而设。据龙湖地产招股说明书披露，Silver Sea 和 Silver

⊖ 来源于龙湖地产向香港交易所提交的招股说明书第 124 页。

Land 两家公司由 HSBC International Trustee 全资拥有。HSBC International Trustee 是吴氏家族信托和蔡氏家族信托的受托人。吴氏家族信托是 2008 年 6 月 11 日由吴亚军作为设立人及监管人的全权信托，受益对象包括吴氏家族若干家族成员及 Fit All。蔡氏家族信托是 2008 年 6 月 11 日由吴亚军前夫蔡奎作为设立人及监管人的全权信托，受益对象包括蔡氏家族若干家族成员及 Fit All。

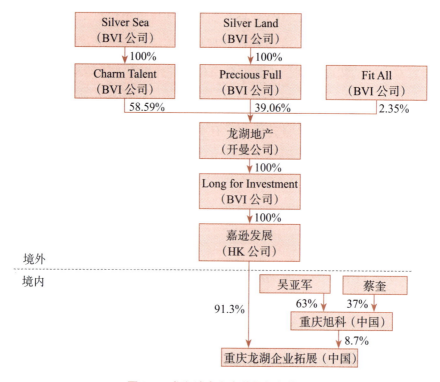

图 8-5　龙湖地产上市前股权架构图

近几年，中国富豪做家族信托蔚然成风，信托到底有什么魅力呢？龙湖案例为我们近距离了解这种工具提供了范例。龙湖的权益被注入信托的当天起，吴亚军和蔡奎就已经泾渭分明，各自独立拥有龙湖的股权，如果未来分家析产，既避免了通常通过股权分割析产带来的税负成本及交易成本，也最大限度地降低了对上市公司的冲击。除此之外，海外信托还存在如下优点。

（1）**破产风险隔离**。我国家族企业的一大特点是企业财产与家族成员个人财产无法清晰地划分，当家族企业出现破产危机时，家族成员个人资产往往被作为破产财产受到波及。如果将家族财产注入家族信托成为信托财产，家族财产不隶属于信托受益人，受益人只是通过信托受益权享有信托利益和一定的管理权限，除非委托人的债权人可以证明委托人设立家族信托的目的是逃避债务，否则便无权针对家族财产主张债权，从而降低家族企业破产风险对家族财富可能产生的不利影响。

（2）**资产信息保密**。家族信托条款由委托人与受托机构协商订立，无须行政机关审批，也不供公众查询。包括我国在内的多数国家均规定受托人具有法定的保密义务，家族信托条款中也大都规定受托人负有保密义务。因此，在实践中，家族信托一旦设立，家族财产的经营管理便以受托机构的名义运行，除信托财产参与洗钱、欺诈等行为，受托人无权向任何第三人、司法机关等披露信托财产的运营情况或使用信息，家族信托的财产信息和受益人的个人数据在家族信托存续期间是绝对保密的。

（3）**紧锁股权，解放"二代继承人"**。家族信托可以通过设定信托计划，集中家族股权、统一家族利益，并将家族企业股权作为信托财产锁定在信托结构中，使家族成员享有受益权，但无权处分家族企业股权。在紧锁股权控制、避免控股权稀释的同时，通过职业经理人对家族企业进行经营管理，实现了家族企业股权的平稳转移，保证了家族企业控制权与经营、决策权的分离。家族信托还可以设立对职业经理人的激励计划，保持家族企业管理层活力的同时，设置家族董事会，对职业经理人保持监督，保证职业经理人为家族信托受益人的利益经营管理企业。这种模式有效地避免了"二代继承人"无力接手家族企业，或家族内部利益冲突，或继承人众多、平均分割股权导致对企业的控制权弱化等现象，防止家族企业后继无人或分崩离析。

（4）**私人订制，贯彻委托人意志，为子孙后代护航**。家族信托委托人在设立家族信托时可以按照自己的意志制订信托计划，将自己对信托收益分配的意愿贯彻在家族信托中，并延续下去。

1）对于挥霍无度的受益人，委托人可以在信托计划中规定受益人的受益条件、期限和方式等，设立限制挥霍信托或浪费信托的条款，保障其享受优质生活的同时，避免信托受益人因生活奢靡或不善理财，将家族财产挥霍一空。

2）对于尚在接受教育的子女，委托人可以通过设置"附带信托利益支付条件"贯彻落实自己对子女的期许。例如，在家族信托条款中约定，如果子女获得指定学位或者出国深造，则可以获得更多受益权，如果没有达到委托人的期待，则可能失去部分受益权。因此，委托人按照自身意愿设置家族信托框架和条款，将自己对家族财富传承和对后代的期盼注入家族信托之中，在漫长的时间里始终庇荫子孙后代。

（5）**规避遗产税**。在大部分国家，继承遗产需要支付遗产继承税，虽然遗产税在我国尚未开征，但征税也终是必然。委托人往往选择在境外设立离岸家族信托，家族信托设立后，注入家族信托的家族财产便成为信托财产，受托人按照信托条款经营信托财产、分配信托利益，受益人通过信托受益权享受家族财产，而无须缴纳遗产税。另外，委托人还可以根据离岸家族信托所在国的法律，通过设立永久存续的信托来解决多代传承的税务问题。所以，家族信托无疑是规避遗产税的最好选择。

家族信托虽好，但在中国内地罕有应用，并非中国企业家没有信托意识。而是因为信托是英美法系下的舶来品，英美法系中的双重所有权制度为信托工具的运用提供了成长的土壤。但南方为橘北方为枳，信托移植到我国，出现了水土不服的现象。由于我国没有双重所有权和可以分割的所有权，用我国一元所有权观念审视英美信托财产的双重所有权，显然是行不通的。所以，信托制度真正落地，就必须解决立法上信托财产的所有权归属问题，溯其源方能清其流。期待着中国的信托立法早日完善，使得家族信托早日成为中国企业财富传承的工具。

第二层：BVI 公司（Charm Talent、Precious Full 和 Fit All）

该层 BVI 公司是龙湖在海外设立的第一轮公司。前述的第一层 BVI 公司是在所有的架构搭建完毕之后注入该层主体的。

在 BVI 注册成立第一轮权益主体的原因有：BVI 对公司注册的要求简单、成立程序快捷、维续成本低廉、保密性高；BVI 有宽松的外汇管制且无须缴付任何所得税、预提税、资本利得税、资本转移税、继承税、遗产税或财产税；方便股东的进入和退出，转让时可以直接处理 BVI 股权，无须交易上市公司股票。

笔者提示，当公司存在多个创始人（境内居民），通常建议每个创始人都单独设立一个 BVI 公司。这是因为如果全部创始人在同一个 BVI 公司持股，根据我国的外汇登记法规[⊖]，当任何一个创始人的持股发生变化时，所有创始人都需要办理变更登记，比较烦琐。

第三层：开曼公司（龙湖地产）

香港联交所接受注册在中国香港、开曼、中国内地、百慕大、英属维尔京群岛的公司挂牌上市。因英属维尔京群岛注册公司透明度低，在境外资本市场上市常常受到限制，而在开曼注册的公司接受更严厉的监管，资本市场接受度高，较之前者要好，所以红筹企业多选择在开曼注册公司作为上市主体。

第四层：BVI 公司（Long for Investerment）

该层架构设计的目的在于：

⊖ 见"8.3.3 海外股权架构的外汇登记制度"。

（1）如果未来上市公司有新的业务，可在开曼公司下另设BVI公司，使从事不同业务的公司间彼此独立，不受彼此牵累。

（2）如果想出售HK公司，可以由开曼公司出售BVI公司的形式间接转让香港公司股权。根据香港地区税法，境外公司转让香港公司股票需要缴纳印花税，税率为代价或证券价值的1‰，购买人和售卖人均需缴纳，通过间接转股模式则可以规避香港的印花税。

第五层：HK公司（嘉逊发展）

该架构安排的目的在于，根据内地与中国香港签订的税收协定，对于香港居民企业取得的来源于内地的股息所得，可以申请享受预提所得税税率为5%的协定优惠待遇。[⊖]如果没有该层HK公司，向BVI公司分配股息红利，则预提所得税税率为10%。近年来，我国税务局对HK公司申请享受协定待遇的审批越来越趋于严厉，不仅要求申请人注册地在香港，而且申请人须为对所得或所得据以产生的权利或财产具有所有权和支配权的"受益所有人"。因此，即使境外架构中加设HK公司，如该HK公司仅为导管，并不代表必然享受到中港协定优惠税率待遇，但搭建香港夹层公司毕竟为股息红利享受协定优惠税率创造了可能性。另外，从具体注册操作层面，用HK公司作为股东在境内设立外商独资企业（WOFE），需要对股东进行公证，HK公司的公证费用和时间成本均比BVI公司或开曼公司节省很多。

8.3 海外股权架构实操要点

海外股权架构由于设立目的比较庞杂，而且涉及不同国家的税收体制，与境内股权架构相比，更为复杂。以下为搭建海外股权架构时需注意的要点。

⊖ 见《内地和香港特别行政区关于对所得避免双重征税和防止偷漏税的安排》第十条股息第二款。

8.3.1 红筹架构的并购审批

2006 年，中国六部委联合出台《关于外国投资者并购境内企业的规定》㊀（以下简称"10 号文"），该文件对海外红筹架构有重要影响的规定有如下 3 条。

第二条 本规定所称外国投资者并购境内企业，系指外国投资者购买境内非外商投资企业（以下称"境内公司"）股东的股权或认购境内公司增资，使该境内公司变更设立为外商投资企业（以下称"股权并购"）；或者，外国投资者设立外商投资企业，并通过该企业协议购买境内企业资产且运营该资产，或，外国投资者协议购买境内企业资产，并以该资产投资设立外商投资企业运营该资产（以下称"资产并购"）。

第十一条 境内公司、企业或自然人以其在境外合法设立或控制的公司名义并购与其有关联关系的境内的公司，应报商务部审批。

第四十条 特殊目的公司境外上市交易，应经国务院证券监督管理机构批准。

我们举个案例对上述规定进行解读。

【例 8-2】

牛云先生是阿里妈妈公司的创始人股东。牛先生想让阿里妈妈在香港上市，于是牛云先生拟搭建如下海外架构（见图 8-6）。

根据 10 号文的规定，HK 公司收购阿里妈妈的股权属于"关联并购"，应报中国商务部审批，并且阿里妈妈的境外上市应报中国证监会审批。从该文件实施至今，商务部尚未审批过一例海外关联并购。

因此，在民企海外上市时，为了降低审批难度、加快审批进度，出现

㊀ 《关于外国投资者并购境内企业的规定》（商务部、国务院国有资产监督管理委员会、国家税务总局、国家工商行政管理总局、中国证券监督管理委员会、国家外汇管理局令 2006 年第 10 号），该文件从 2006 年 9 月 8 日起开始实施，2009 年 6 月 22 日修订（商务部令 2009 年第 6 号）。

了大量"曲线红筹"案例。"曲线红筹"是指中国律师以各种方法对10号文中的关联并购进行"限制解释",以突破上市障碍,在实务中,曲线红筹主要有以下3种方式:

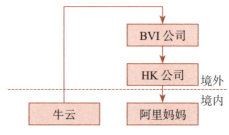

图8-6 阿里妈妈的红筹架构图

1. 利用"壳资源"

该种方法是在"并购时间"上规避"10号文"。"壳资源"是指2006年9月8日之前设立的外商投资企业(包括外商独资及中外合资企业)。由于10号文于2006年9月8日生效,因此,依据"法不溯及既往"之原则,通常认为2006年9月8日前设立的外商投资企业并不适用于10号文。虽然从法理学角度该问题仍存在争议,但依据过往案例,如中国忠旺(01333.HK)等,商务部门于审批时认可该种理解。

2. 换国籍

该种方法是通过改变境内自然人的居民身份来规避10号文。具体操作为,拟搭建海外架构的中国创始人股东变换国籍并注销境内户口及身份,从而不再作为"境内自然人",也就无须商务部和证监会审批。以下我们来看一下香港上市的江南布衣(03306.HK)案例[⊖]。

【例8-3】

江南布衣成立于1994年,2016年7月在香港联合交易所主板上市。创始人为吴健和李琳夫妇。图8-7为江南布衣上市前的股权架构图。

⊖ 资料来源:江南布衣官方网站发布的2016年港股上市文件全球发售招股章程。

第 8 章 海外股权架构 165

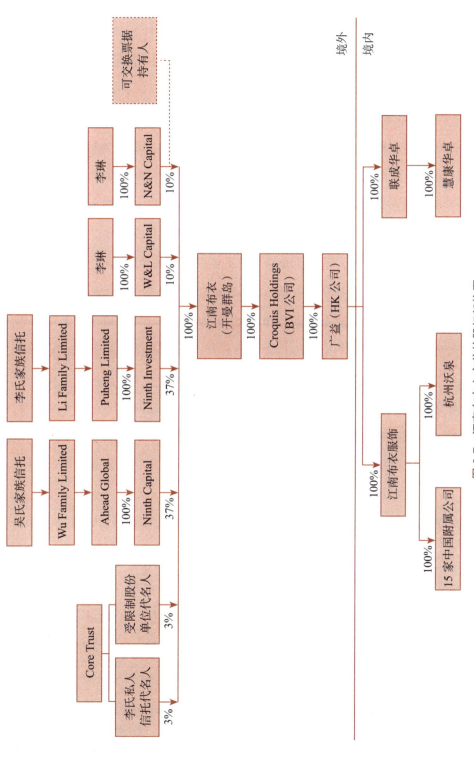

图 8-7 江南布衣上市前的股权架构图

江南布衣的创始人吴建和李琳夫妻是如何规避10号文的"关联并购"的限制，搭建了上图中的海外红筹架构呢？在该公司的招股说明书（第116页）中，我们看到如下文字：

"于二零零六年八月八日，六家中国政府监管机构（包括商务部、中国证监会及国家外汇管理局）联合颁布并购规定，于二零零六年九月八日生效，并于二零零九年六月二十二日修订。并购规定所载条文规定，就海外上市而成立且受中国公司或人士直接或间接控制的离岸特殊目的公司须于其证券于海外证券交易所上市及买卖前取得中国证监会批准。倘外国投资者收购一家本地企业，且符合并购规定第二部分界定的情况：（i）一名外国投资者购买一家本地非外资企业（本地企业）的股权或认购一家本地企业的新增资本，以致该本地企业成为外资企业；或（ii）一名外国投资者成立一家外资企业，借此购买一家本地企业的资产，并且运营有关资产；或（iii）一名外国投资者购买一家本地企业的资产，其后以有关资产投资及成立一家外资企业，并借此营运有关资产，则并购规定将适用。根据中国法律顾问的意见，李女士及吴先生⊖于重组前已取得圣克里斯多福及尼维斯的公民身份。于重组过程中，广益成立联成华卓、联成华卓收购慧康华卓及江南布衣服饰收购杭州沃泉均已取得适当批文及登记，而该等事件均应受《关于外商投资企业境内投资的暂行规定》及《中华人民共和国外资企业法》规管。重组并不在就外国投资者收购境内企业提出规划之并购规定的范围内。因此，并购规定并不适用于重组。

在本案例中，江南布衣创始人李琳和吴健夫妇为了规避10号文的规定，双双放弃中国国籍。在实务中，有些拥有中国政治身份的企业家放弃

⊖ 李女士是指江南布衣共同创始人李琳，吴先生是江南布衣共同创始人吴健，吴健和李琳为夫妻。

中国国籍极易为舆论所诟病，因此，也有很多企业家选择配偶⊖取得境外永久居留权后注销中国户籍，再由配偶搭建海外架构并收购境内公司，比如周黑鸭（01458.HK）于 2016 年 11 月 11 日在香港证券交易所上市。在上市前，周黑鸭创始人周富裕的妻子唐建芳于 2015 年 1 月成为瓦努阿图共和国永久居民，并注销中国户籍⊜，然后再由唐建芳为股东设立红筹架构。

3. 分步走

该种方法是通过规避被认定为并购"境内公司"来避开商务部的审批。具体操作为：第一步，先将境内公司部分股权转让给外国投资者，使境内公司变更为外商投资企业；第二步，境外离岸公司再收购外商投资企业的境内股东的股权。具体可参考第 13 章的正荣地产。

8.3.2　海外股权架构的外汇登记

根据我国外汇管理规定，境内居民以境内外合法资产或权益向特殊目的公司出资前，应向外汇局申请办理境外投资外汇登记手续。该外汇登记主要经历了以下 3 个阶段。

第一阶段：2005 年 11 月 1 日至 2014 年 7 月 3 日

在该阶段，外汇登记依据的文件主要为汇发〔2005〕75 号（以下简称"75 号文"）⊜。

根据 75 号文的规定，境内居民设立或控制境外特殊目的公司（SPV）

⊖ 由于配偶作为实际控制人的当然一致行动人，能够满足香港联合交易所对拟上市企业"持续控制权"的要求，如不选择"配偶"而选择子女或父母等亲属，均需签署《一致行动人协议》。

⊜ 唐建芳换国籍一事参见周黑鸭官网"投资者关系—信息披露—招股文件"栏目发布的招股书第 111 页。

⊜ 《关于境内居民通过境外特殊目的公司融资及返程投资外汇管理有关问题的通知》（汇发〔2005〕75 号）。

之前，应申请办理境外投资外汇登记手续。境内居民将其拥有的境内企业的资产或股权注入特殊目的公司，或在向特殊目的公司注入资产或股权后进行境外股权融资，应就其持有特殊目的公司的净资产权益及其变动状况办理境外投资外汇登记变更手续。

在该文中，"特殊目的公司"是指境内居民法人或境内居民自然人以其持有的境内企业资产或权益在境外进行股权融资（包括可转换债融资）为目的而直接设立或间接控制的境外企业。"返程投资"是指境内居民通过特殊目的公司对境内开展的直接投资活动，包括但不限于以下方式：购买或置换境内企业中方股权、在境内设立外商投资企业及通过该企业购买或协议控制境内资产、协议购买境内资产及以该项资产投资设立外商投资企业、向境内企业增资。

第二阶段：2014 年 7 月 4 日至 2015 年 5 月 31 日

在该阶段，外汇登记依据的文件主要为汇发〔2014〕37 号（以下简称"37 号文"）○。37 号文与 75 号文的变化主要为：

（1）37 号文扩大了"特殊目的公司"的界定范围。 75 号文只包括"股权融资（包括可转换债融资）"目的设立的特殊目的公司，37 号文规定○除了"融资"，将"投资目的"和以"境外资产或者权益"设立的特殊目的公司都纳入了登记范围。这意味着除了以上市为目的返程投资设立的公司之外，其他目的进行返程投资设立的公司，包括纯粹债权融资模式、境外控股平台模式、返程投资资产的公司等均需进行外汇登记。

○ 《关于境内居民通过特殊目的公司境外投融资及返程投资外汇管理有关问题的通知》（汇发〔2014〕37 号）。

○ 《关于境内居民通过特殊目的公司境外投融资及返程投资外汇管理有关问题的通知》（汇发〔2014〕37 号）第一条：本通知所称"特殊目的公司"，是指境内居民（含境内机构和境内居民个人）以投融资为目的，以其合法持有的境内企业资产或权益，或者以其合法持有的境外资产或权益，在境外直接设立或间接控制的境外企业。

（2）37号文扩大了"返程投资方式"的界定范围。 75号文对于返程投资限定在"并购"，如购买境内企业股权、新设外资企业并购境内企业资产以及通过购买的资产新设外资企业等。37号文除了并购，还包括"新设外资企业或项目"，即在境内虽然没有商业存在的项目，但也被纳入登记范围，而且新设外资企业不进行并购也被纳入登记范围[⊖]。

（3）37号文减少了登记主体的范围。 75号文限于境内居民法人和境内居民自然人。但是由于境内居民法人有对外投资程序，75号文虽然规定了境内居民法人的登记流程，但是如何适用75号文在实践中是模糊的，实践中境内居民法人也是不登记的。37号文理顺了自然人和非自然人的登记管辖范围，37号文只限于个人办理登记的规定，法人及其他组织办理登记适用现有境内机构的规定。[⊜]

（4）明确了非上市特殊目的公司股权激励的外汇登记程序。 由于非上市公司一样面临股权激励的问题，在75号文体系下，这部分内容是模糊和欠缺的。37号文规定，员工获得非上市特殊目的公司股权激励的，可以在行权前申请办理37号文登记。

（5）理顺了境内企业和境外特殊目的公司之间的关系。 37号文允许境内企业在真实、合理需求的基础上对已经登记的特殊目的公司放款，另外，明确境内居民可以在真实、合理需求的基础上，境内购汇用于特殊目的公司设立、股份回购或者退市。这是"有序提高跨境资本和金融交易可兑换程度"的最好体现。

⊖ 《关于境内居民通过特殊目的公司境外投融资及返程投资外汇管理有关问题的通知》（汇发〔2014〕37号）第一条：……本通知所称"返程投资"，是指境内居民直接或间接通过特殊目的公司对境内开展的直接投资活动，即通过新设、并购等方式在境内设立外商投资企业或项目（以下简称外商投资企业），并取得所有权、控制权、经营管理权等权益的行为。

⊜ 《关于境内居民通过特殊目的公司境外投融资及返程投资外汇管理有关问题的通知》（汇发〔2014〕37号）第三条第（六）款：……境内机构按《国家外汇管理局关于发布〈境内机构境外直接投资外汇管理规定〉的通知》（汇发〔2009〕30号）等相关规定办理境外投资外汇登记手续。

（6）**允许进行外汇补登记**。根据 37 号文，境内居民以中国境内外合法资产或权益向特殊目的公司出资，但未按规定办理境外投资外汇登记的，应向外汇管理局出具说明函说明理由，外汇管理局可在合法正当原则下允许做出补充登记。但是需要注意：不论是否补登记，都会被外汇管理局认为违反外汇管理规定，该类居民就要被给予处罚。所以是否交了罚款就给予补登记也取决于外汇管理局的认定。

第三阶段：2015 年 6 月 1 日至今

在该阶段，外汇登记依据的文件主要为汇发〔2015〕13 号（以下简称"13 号文"）[1]。13 号文规定，37 号文的登记将由已经取得外汇管理局金融机构标识码且所在地外汇管理局开通资本项目信息系统的银行直接办理，外汇管理局应通过银行对直接投资外汇登记实施间接监管。

实务中，很多企业家在境外设立 SPV 或 SPV 向境内公司投资时，均没有履行外汇登记程序。如果不办理登记，境内居民从特殊目的公司获得的利润和权益变现所得将难以调回境内使用，而且，会造成 WFOE[2] 与境外母公司之间的资金往来（利润、出资等）均不合法，从而对公司境外上市造成障碍。如果企业在境内申报 IPO，即使拆除了返程投资架构，但外汇登记未做补办或未经过外汇管理局对该事项进行处理，也可能构成上市障碍，导致上市被否。因此，如果创始人投资的企业存在返程投资架构，且计划其控股的企业未来上市，无论是境内上市还是境外上市，均应充分重视该架构的外汇登记手续。如果未及时登记，企业也应在拆除前根据实际情况进行补救处理。

---

[1] 《国家外汇管理局关于进一步简化和改进直接投资外汇管理政策的通知》(汇发〔2015〕13 号)。
[2] WFOE 是指外商独资企业。WFOE 模式是指外资 PE/VC 在进入中国时，首先设立外商投资企业（WFOE），然后将注册资金结汇为人民币，再进行股权投资。

8.3.3 海外股权架构的税收要点

在搭建海外架构时，税务是非常重要的考量。以下笔者将分 3 个阶段对海外架构的税收考量要点加以提示。

1. 投资阶段

关于投资时的架构安排可参考本章 8.1.2 巨轮股份案例和 8.2 龙湖案例，前者介绍了中国企业走出去的架构，后者介绍了返程投资架构。两个案例对在不同国家或地区搭建多层架构的税收考量都有很详细的介绍。

在投资阶段，除了股权架构之外，投资人还应考察投资项目所在国是否有反资本弱化的规定，在此基础之上，来决定投资项目公司的债资比。

资本弱化又称资本隐藏、股份隐藏或收益抽取，是指纳税人为达到减少纳税的目的，用贷款方式替代募股方式进行的投资或融资。由于各国对股息和利息的税收政策不同，当纳税人筹资时，会在贷款或发行股票两者中进行选择，以达到减轻税收负担的目的。根据经济合作与发展组织解释，企业权益资本与债务资本的比例应为 1:1，当比值小于 1 时，即为资本弱化。一些国家在税法中制定了防范资本弱化条款，对企业取得的借贷款和股份资本的比例做出规定，对超过一定比例的借贷款利息支出不允许税前扣除。《所得税法》规定，企业从其关联方接受的债权性投资与权益性投资的比例超过标准而发生的利息支出，不得在税前扣除。⊖

2. 运营阶段

在投资项目运营阶段，一方面是股息、利息、特许使用权使用费等跨

⊖ 根据搜狐百科"资本弱化"词条整理。来源于 https://baike.sogou.com/v7536448.htm?fromTitle=资本弱化，时间 2019 年 2 月 27 日。

境收入，应重点考虑多层架构中各国的"双边税收协定""受益所有人""受控外国企业""境外税收抵免"等制度；另一方面，产业链或价值链上不同公司如何划分收入和利润，应重点考虑多层架构中各国对于转让定价调查、成本分摊协议、税基侵蚀和利润转移（BEPS）多边公约和共同申报准则（CRS）等规定。

3. 退出阶段

很多企业设立海外股权架构的目的是方便境外资本运作，而且在境外避税天堂间接转让中国公司股权，也可以规避中国的税收征管。以下我们来看一个案例。

【例8-4】

2014年6月，阿里巴巴收购优视科技（UC浏览器业务），其交易结构如图8-8所示。

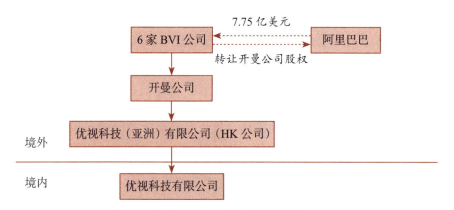

图8-8　阿里巴巴收购优视科技的交易路径图

控股股东转让优视科技有限公司的股权时，采取了海外间接转股模式，即6家BVI公司转让开曼公司股权，受让方为阿里巴巴旗下的HK公司，转让价格共计7.75亿美元。由于BVI和开曼群岛对境外所得不征税，且全部转股均在境外操作，所以未在中国境内申报纳税。

对于上述境外间接转股的行为，中国政府在逐步堵塞其征管漏洞，为此出台了一系列文件，比如国税函〔2009〕698号㊀、国家税务总局公告2011年第24号㊁、国家税务总局公告2015年第7号㊂、国家税务总局公告2017年第37号㊃等。根据上述法规，非居民企业通过实施不具有合理商业目的的安排，间接转让中国居民企业股权等财产，规避企业所得税纳税义务的，将被中国税务机关重新定性该间接转让交易，确认为直接转让中国居民企业股权等财产。正是由于上述法规，根据媒体报道㊄，北京市海淀区国税局追征了6家BVI公司间接转让优视科技股权4.68亿元税款。

㊀ 《关于加强非居民企业股权转让所得企业所得税管理的通知》（国税函〔2009〕698号），该文件已于2017年12月1日起全文废止。

㊁ 《关于非居民企业所得税管理若干问题的公告》（国家税务总局公告2011年第24号），该法规中部分条款失效。依据《国家税务总局关于非居民企业所得税源泉扣缴有关问题的公告》（国家税务总局公告2017年第37号），本法规第五条和第六条自2017年12月1日起废止。依据《国家税务总局关于非居民企业间接转让财产企业所得税若干问题的公告》（国家税务总局公告2015年第7号），本法规第六条第（三）、（四）、（五）项有关内容自2015年2月3日起废止。

㊂ 《国家税务总局关于非居民企业间接转让财产企业所得税若干问题的公告》（国家税务总局公告2015年第7号）。

㊃ 《国家税务总局关于非居民企业所得税源泉扣缴有关问题的公告》（国家税务总局公告2017年第37号）。

㊄ 见《转让税案：4.68亿元股权转让所得税在北京海淀国税入库》，来源于http://www.bjsat.gov.cn/bjsat/qxfj/zswfj/dqyfw/gxhfw/201505/t20150518_321245.html，引用时间：2018年5月29日。

CHAPTER 9

第 9 章

契约型架构

9.1 契约型架构概述

契约型架构是指投资人通过资产管理计划、信托计划、契约型私募基金等契约型组织间接持有实业公司的股权架构。由于资管计划、信托计划、契约型基金均没有工商登记的企业实体,是依据《中华人民共和国证券投资基金法》《中华人民共和国信托法》《私募证券投资基金管理暂行办法》等法规,通过一系列合同组织起来的代理投资行为,投资者的权利主要体现在合同条款上,而合同条款的主要方面通常由基金法律所规范,因此,我们将投资人通过资管计划、信托计划等间接持有被投资公司的架构称为契约型架构。普通契约持股架构如图 9-1 所示。契约型架构中的持股平台信托计划、资管计划等均是由投资人(委托者)、受托者(管理人)、托管人三方构成。⊖

⊖ 在有的契约型基金中存在受益人。

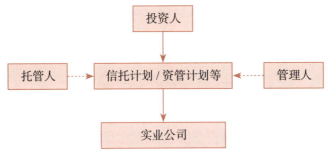

图 9-1　普通契约持股架构图

信托计划/资管计划等还可以做成结构化产品，即管理人根据投资者不同的风险偏好对受益权进行分层配置，使具有不同风险承担能力和意愿的投资者通过投资不同层级的受益权来获取不同的收益，并承担相应风险，如图 9-2 所示。

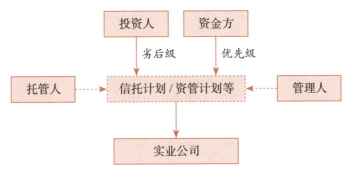

图 9-2　结构性契约持股架构图

9.2　案例 16　奥康国际

奥康国际（603001）起家于温州，是中国最大的民营制鞋企业之一。2012 年 4 月 26 日，公司在上海证券交易所正式挂牌上市。2014 年 11 月，奥康国际召开临时股东会议，审议通过了《关于〈浙江奥康鞋业股份有限公司员工持股计划（草案）〉及其摘要的议案》。奥康的股权激励员工持股计划是如何设计的呢？

9.2.1 设立员工持股计划

根据奥康国际的公告[1]，奥康国际的员工持股计划如图9-3所示。

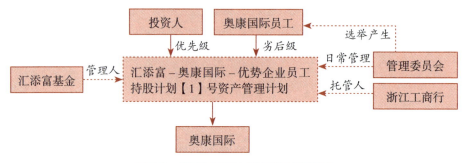

图9-3 奥康国际员工持股计划架构图

1. 劣后级出资人

该资管计划的劣后级认购人为奥康国际及其下属子公司的部分董事、监事、高级管理人员和员工共51人，其中公司董事、监事、高级管理人员9人，具体为公司董事兼副总裁徐旭亮，董事兼副总裁周盘山，监事潘少宝、姜一涵，CFO（财务负责人）王志斌，副总裁周威、罗会榕、温媛瑛，董事会秘书陈文馗。员工持股计划筹集资金总额为13 300万元，其中公司董事、监事、高级管理人员出资额为2 800万元，其他员工的出资比例如表9-1所示。

表9-1 奥康国际部分董事、监事、高级管理人员与其他员工的出资比例

序号	持有人	出资额（万元）	比例
1	公司部分董事、监事及高级管理人员	2 800	21.05%
2	公司其他员工	10 500	78.95%
	合计	13 300	100.00%

---

[1] 见奥康国际2014年11月11日公告《浙江奥康鞋业股份有限公司员工持股计划》。

2. 优先级出资人

本资产管理计划的优先级份额由汇添富基金①的直销机构及其他代理销售机构进行销售。本资产管理计划规模上限为 2.66 亿份，按照 1:1 的比例设立优先级份额和次级份额。作为优先级份额，在财产分配时，可以优先享受的年基准收益率为 7.5%（单利），在资产管理计划终止日优先分配优先级的剩余本金和基准收益，剩余财产归次级所有。

3. 基金管理人

基金管理人汇添富基金收取的管理费率为 0.5%。管理人的主要权利和义务为：自行销售或者委托有基金销售资格的机构销售资产管理计划，制订和调整有关资产管理计划销售的业务规则，并对销售机构的销售行为进行必要的监督；自行担任或者委托经中国证监会认定的可办理开放式证券投资基金份额登记业务的其他机构担任资产管理计划份额的注册登记机构，并对注册登记机构的代理行为进行必要的监督和检查；办理资产管理计划的备案手续。

4. 管理委员会

该员工持股计划设管理委员会，对员工持股计划负责，是员工持股计划的日常监督管理机构。管理委员会由 3 名委员组成，设管理委员会主任 1 人。管理委员会委员均由员工持股计划出资人会议选举产生。管理委员会主任由管理委员会以全体委员的过半数选举产生。管理委员会委员的任期为员工持股计划的存续期。管理委员会行使以下职责：

（1）负责召集持有人会议。

（2）代表全体持有人监督员工持股计划的日常管理。

（3）代表全体持有人行使股东权利或者授权资产管理机构行使股东权利。

---

① 全称为"汇添富基金管理股份有限公司"。

（4）负责与资产管理机构的对接工作。

（5）代表员工持股计划对外签署相关协议、合同。

（6）管理员工持股计划利益分配。

（7）决策员工持股计划剩余份额、被强制转让份额的归属。

（8）办理员工持股计划份额继承登记。

（9）持有人会议授权的其他职责。

5. 期限

（1）锁定期。该资管计划通过二级市场购买（包括但不限于大宗交易、协议转让）等法律法规许可的方式所获标的股票的锁定期为12个月，自奥康国际公告最后一笔标的股票过户至"优势企业持股计划1号"名下时起算。自最后一笔标的股票过户至"优势企业持股计划1号"名下之日起，以该日资产管理计划所持有的标的股票数量（Q）为基数，满1年后当年最多可减持的股份数量为$Q \times 60\%$，剩余的$Q \times 40\%$在资产管理计划到期终止前减持完毕。

（2）存续期和终止。

1）本员工持股计划的存续期为36个月，自股东大会审议通过本员工持股计划之日或优势企业持股计划1号成立之日（孰后原则）起算，本员工持股计划的存续期届满后自行终止。

2）本员工持股计划的锁定期满后，在优势企业持股计划1号资产均为货币资金时，本员工持股计划可提前终止。

9.2.2 购买奥康国际股票

2014年12月11日和12日，公司员工持股计划的管理人汇添富基金管理股份有限公司通过上海证券交易所大宗交易的方式购买奥康国际股票，累计购买数量 1 662.5 万股，累计购买金额 25 329.85 万元，购股后该资管计划持有奥康国际总股本的比例为 4.15%，购买均价为 15.24 元 / 股。

9.2.3　员工持股计划套现

奥康国际的员工持股计划于 2015 年 12 月 15 日通过大宗交易卖出了 500 万股，卖出均价为 37.37 元 / 股，成交金额 18 685 万元。2016 年 12 月 15 日，员工持股计划又通过大宗交易卖出了 497.5 万股，卖出均价为 24.14 元 / 股，成交金额 12 009.65 万元。此时通过两次卖出，员工持股计划已经收回全部投资，不仅多出了 3 097 万元资金，还剩下 665 万股股票。2017 年 12 月 7 日，奥康国际员工持股计划通过大宗交易清仓了最后的 665 万股，成交价为 13 元 / 股，成交金额 8 645 万元。

9.3　契约型架构点评

奥康国际为什么选择做契约型架构？契约型架构又有哪些优缺点呢？

9.3.1　契约型架构的优点

1. 员工激励

在奥康国际推出员工持股计划时，公司股价正在底部区域。通过员工持股计划，让员工以自有资金购入公司股票，充分调动持股员工的积极性，有效地将股东利益、公司利益和核心团队个人利益结合在一起，促进公司持续、稳健、快速地发展，同时也激发了公司及控股子公司管理团队和核心技术（业务）骨干的动力与创造力，保证公司战略的顺利实施。

2. 杠杆收益

在奥康国际案例中，员工持股计划采用了结构化资管计划，即分为优先级出资人（外部投资人）和劣后级出资人（奥康国际员工）。资管计划在终止后，取得资产的分配顺序为优先级本金＞优先级收益[年基准收益率为7.5%（单利）]＞劣后级本金＞劣后级的收益。这相当于为奥康国际员工以7.5%的年息提供了一倍杠杆的资金。资管计划购买奥康国际股票共出资25 329.85万元，共分3次出售奥康国际股票套现资金39 339.65万元。出资人的收益情况如表9-2所示。

表9-2 出资人的收益情况[1]

	投入资金	3年总收益	年投资回报率[2]
优先级	13 300万元	2 292.5万元	7.5%
劣后级	13 300万元	9 747.15万元[3]	24.43%

[1] 该表未考虑托管费等。
[2] 13 300×7.5%×3=2 292.5（万元）。
[3] 39 339.65−13 300×2−2 992.5=9 747.15（万元）。

3. 市值管理

在上市公司股价低迷时，公司管理层通过资管计划购买上市公司股票，有利于向外界传递信心，提振公司股价。

9.3.2 契约型架构的缺点

1. 适用范围较窄

在实务中，契约型架构一般应用于上市公司，非上市公司很少采用，主要有以下几点原因。

（1）契约型架构的工商登记难题。 由于我国缺乏二元所有制制度，工商局对契约型架构无法进行登记，实务中，只能用管理人名义对契约型持股平台进行工商登记。我国法律规定，契约型私募基金、资管计划、信托计划的管理人均必须持有牌照。由于非上市公司股份缺乏流动性、退出难、风险高，有牌照的管理人很少愿意去承接这类股权投资项目。

（2）**契约型架构对IPO上市形成障碍**。企业在境内上市，股权必须清晰，且不存在重大权益纠纷。因此，证监会对拟上市公司股东进行审核时，会穿透至最顶层自然人股东或国资主体。如果股权架构中嵌套了资管计划、信托计划等契约型架构，出资人和资金来源很难穿透审查，可能存在股份代持、关联方持股、规避限售甚至利益输送的问题。另外，契约型结构也可能导致公司股权结构不稳定。IPO排队时间普遍较长，在此期间，如果出现到期兑现、份额或者收益权转让等情形，将造成被投资公司股权结构不稳定的局面。

2. 熊市股价下跌风险

员工持股计划设计的初衷，是围绕上市公司的盈利能力，也就是上市公司的现金分红展开，而不应以股价高低来推定。但股市环境的变化，会受到证券市场各方面的因素影响，而掩盖企业股票的真实价值，从而给员工带来损失。

同花顺数据显示，金证股份、吴通控股、天晟新材、茂硕电源这4家上市公司的员工持股计划浮亏超四成。让我们来看一下金证股份案例。

【例9-1】

金证股份2017年8月发布公告称，截至8月25日，公司第二期员工持股计划专用账户通过二级市场累计购入公司股票812.500 2万股，成交金额合计2.5亿元，交易均价30.783 3元/股。截至2018年7月27日，金证股份的收盘价为15.89元/股。按此价格计算，金证股份的员工持股计划浮亏1.21亿元，浮亏比例约48.37%。

因此，在熊市中的员工持股计划，可能会削弱员工的积极性。

| PART 3 |
第三部分

底层架构

在上一部分中,我们讨论了主体架构,本部分我们将一起分析底层架构。底层架构是指核心公司[一]与全资、控股以及参股公司的股权关系。图 P3-1 是创业板上市公司鸿利智汇[二](300219)在申报 IPO 时的股权架构[三]。

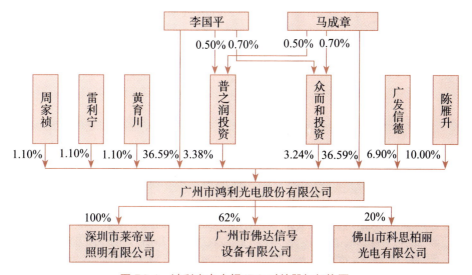

图 P3-1 鸿利光电申报 IPO 时的股权架构图

在图 P3-1 中,广州市鸿利光电股份有限公司为核心公司(拟上市主

[一] 核心公司是指未来计划作为上市主体的公司。
[二] 全称为"鸿利智汇集团股份有限公司",原名称为"广州市鸿利光电股份有限公司"。
[三] 来源于鸿利智汇(300219)招股说明书,第 46 页。

体）。该核心公司顶层架构为自然人直接架构（实际控制人[一]和核心高管[二]）+ 持股公司架构（员工持股平台[三]）。核心公司底层有 3 家公司，分别为全资子公司深圳市莱帝亚照明有限公司、控股子公司广州市佛达信号设备有限公司、参股子公司佛山市科思柏丽光电有限公司。

为什么鸿利智汇在上市前底层架构有全资、控股、参股 3 种公司的股权布局呢？一家公司的底层架构隐藏着哪些陷阱，有什么样的设计思路呢？本部分将分成创新型子公司、复制型子公司、拆分型子公司 3 种类型讨论。

在具体介绍 3 种子公司之前，让我们先了解一下如何区分这 3 类子公司。

1. 价值链

美国管理学大师迈克尔·波特曾提出"价值链"的概念，他认为："每一个企业都是在设计、生产、销售、发送和辅助其产品的过程中进行种种活动的集合体。所有这些活动可以用一个价值链来表明。"[四]价值链上的活动又可以分为辅助活动和基本活动[五]。在本书中，我们把价值链中的辅助活动称为辅助价值链，价值链中的基本活动称为基本价值链。图 P3-2 为波特价值链。

2. 三类子公司

创新型子公司是在成熟业务的基础上孵化新业务，即新业务孵化之初依托于成熟业务的辅助价值链或者基本价值链中某个环节，经逐步发展后，子

[一] 实际控制人为李国平和马成章。见鸿利智汇（300219）招股说明书第 60 页。
[二] 雷利宁、周家帧、黄育川为公司核心高管。见鸿利智汇（300219）招股说明书第 71～72 页。
[三] 普之润投资（全称为"广州市普之润投资咨询有限公司"）和众而和投资（全称为"广州市众而和投资咨询有限公司"）均系员工股权激励持股平台，股东包括公司的管理、生产、销售、技术骨干员工及有突出贡献的人员或其配偶。见鸿利智汇（300219）招股说明书第 64～67 页。
[四] 迈克尔·波特竞争优势 [M]. 陈小悦，译. 北京：华夏出版社，2005.
[五] 企业的价值创造是通过一系列活动构成的，这些活动可分为基本活动和辅助活动两类，基本活动包括内部后勤、生产作业、外部后勤、市场和销售、服务等；辅助活动包括采购、技术开发、人力资源管理和企业基础设施等。这些互不相同但又相互关联的生产经营活动，构成了一个创造价值的动态过程，即价值链。

公司拥有完全不同于母公司的独立价值链；复制型子公司是指该子公司的基本价值链是对母公司成熟业务的复制；拆分型子公司是指将公司成熟业务的价值链进行拆解，将每段价值链装入不同的公司中。

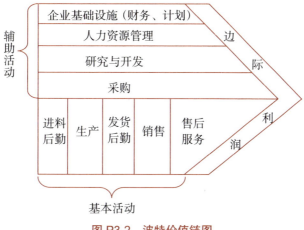

图 P3-2　波特价值链图

CHAPTER 10

第 10 章

创新型子公司

　　一家公司创业之初通过对业务的摸索，不断试错调整，商业模式渐趋成熟，最后形成护城河，迈入成熟期。成熟期公司，一方面开始由风险偏好转向追求安全；另一方面会利用现有资源衍生新产品或新业务，延展自身的业务边界。比如，影视公司华谊兄弟（300027）利用明星资源孵化粉丝经济；又如，户外运动用品公司探路者（300005）利用积累的客户资源从"运动休闲服饰用品品牌企业"转变为"户外综合解决方案提供商"，从"户外用品的生产和销售"拓展为"户外用品＋旅行＋大体育"；再如，兔宝宝（002043）是装饰板材行业龙头，该公司在主营板材产品的同时，利用已有的销售渠道资源逐步进行品牌延展，渗透到下游家居领域。这些由成熟期公司资源培育出的新业务，既与老业务有着千丝万缕的联系，又需要从 0 到 1 的创新精神，而与创新相伴相生的是承担风险。如果把成熟业务和创新业务放在一个大公司里，用相同的价值网、相同的团队、相同的管理模式，最后的结果一定会把资源给那些风险很低且已经有收入的老业务。我们可以想象这样的画面：一家创业公司可能因为 100 元的订单欢呼雀跃，但在成熟期的公司，只有 100 万元的订单才能引起别人的注意。因此，克莱顿·克里斯坦森（Clayton Christensen）在《创新者的窘境》中写道："无法在同一个机构内同时延续两种不同的文化和两种不同的盈利模式。单个机构似乎无法在保持它在主流市场的竞争力的同时，全方位地开发破坏性技术。"如今，越来越多的大公司开始尝试"把大公司变小"，即把新业务从老公司中独立出来，成立一家新公司。新公司独立运营、独立考核。

对于培育的新业务，有多种股权架构的选择，常见的有 4 种：第一种体内控股，即由拟上市公司或者上市公司作为投资主体，设立控股子公司，用控股子公司运营新业务（见图 10-1）；第二种体内参股，即由实际控制人在体外控股，拟上市公司或者上市公司参股（见图 10-2）；第三种完全体外，即由实际控制人作为投资主体，新业务公司作为全资或控股子公司（见图 10-3）；第四种是剥离上市，即由实际控制的非上市板块剥离出新业务，新业务由实际控制人投资成立新公司运营（见图 10-4）。

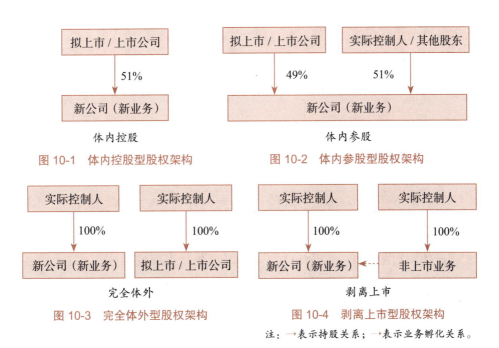

图 10-1 体内控股型股权架构　　图 10-2 体内参股型股权架构

图 10-3 完全体外型股权架构　　图 10-4 剥离上市型股权架构

注：→表示持股关系；⇢表示业务孵化关系。

10.1 案例 17 体内控股之华谊创星

10.1.1 体内控股架构介绍

华谊兄弟（300027）在 2011 年时还是一家传统的影视公司，其主营业务为影视＋艺人经纪＋音乐＋影院。嗅到国内移动互联网崛起的商机后，华谊兄弟开始布局互联网娱乐，在集团内部成立了新媒体事业部，全面负责集团旗下各条业务线在新媒体领域的业务运营及业务合作。2012 年 7 月 12 日，华谊兄弟将新媒体事业部剥离，成立华谊创星⊖。该公司作为独立运营的控股公司，负责华谊兄弟传媒集团各条业务线的新媒体领域的 IP 管理、粉丝经济生态搭建、新媒体营销矩阵经营、网生 IP 原创及泛娱乐人才库储备等业务。2014 年，华谊创星战略定位越来越清晰，即致力于打造国内最大的粉丝经济生态圈（fans economy ecosphere，FEE），构建以粉丝用户为核心，明星艺人以及内容 IP 为基础的娱乐生态系统，提供连通多屏终端的内容产品及相关服务，以及线上线下全方位的粉丝经济娱乐服务。华谊创星股东几经变更，在新三板挂牌前的股权架构如图 10-5 所示⊖。

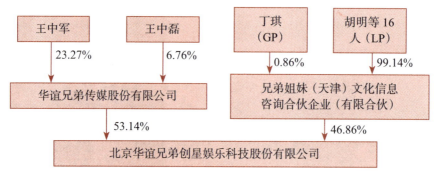

图 10-5　华谊创星挂牌前的股权架构

在该股权架构中，兄弟姐妹（天津）文化信息咨询合伙企业（有限合伙）（以下简称"合伙企业"）系华谊创星的高管持股平台。2014 年 6 月，

⊖ 全称为"北京华谊兄弟创星娱乐科技股份有限公司"，该公司设立时名为"华谊新媒体"。
⊖ 参考《北京华谊兄弟创星娱乐科技股份有限公司公开转让说明书》第 21～22 页、第 25 页。

华谊创星的核心员工（部分高管在华谊兄弟任职）通过合伙企业持股平台对华谊创星进行增资。2015年5月，合伙企业通过受让华谊创星股权再次增持华谊创星。通过增资和转股，员工累计持有华谊创星46.86%的股份。员工持股价格为1.55元/股，约为华谊创星的每股净资产。

10.1.2 体内控股架构点评

为何华谊兄弟要将粉丝经济业务剥离至新公司运营呢？有如下的原因。

1. 股权激励效果更佳

如果粉丝经济业务没有被单独剥离成为公司，而是在华谊兄弟内部作为事业部形式存在，对华谊创星员工授予股权激励则只能在华谊兄弟公司层面实施。这将让员工持股价值与华谊创星业务发展相关度很差，甚至会导致"员工趴在股权上睡觉"的大锅饭现象。成立了华谊创星，则可以在华谊创星层面进行股权激励。

2. 新业务可以独立上市

虽然A股上市公司分拆子公司申报主板、中小板、创业板IPO尚属于政策上禁区⊖。但上市公司可以分拆子公司去申报科创板⊜、新三板或者到香港上市。例如恒大地产（3333.HK）分拆子公司恒大文化(834899)、中国宝安（000009）分拆子公司大地和（831385）、正保远程教育（DL）分拆子公司正保育才(837730)，这些均是上市公司分拆子公司后挂牌新三板的成功案例。再如杉杉股份（600884.SH）、复星医药（600196.SH）、交通银行

⊖ A股分拆上市的成功案例仅有康恩贝、东北高速、城投控股等极个别的案例这些案例均有其特殊背景。A股上市公司分拆子公司A股上市尚未在审核中放开。即将出台的科创板，将允许分拆上市。

⊜ 见《科创板上市公司持续监管办法（试行）》（证监会令第154号）第三十一条："达到一定规模的上市公司，可以依据法律法规、中国证监会和交易所有关规定，分拆业务独立、符合条件的子公司在科创板上市。"

（601328.SH）等上市公司均成功分拆子公司在香港上市。华谊创星于2015年5月完成股改，同年9月挂牌新三板，实现了华谊兄弟粉丝业务线的资本化。

3. 有利于新业务独立引入投资人，摆脱平台成长依赖

华谊创星在登陆资本市场后，为投资人提供了未来在新三板市场交易退出之路，而且可以让投资人能够独立评估新业务的战略、风险及回报，并相应做出投资决定，由此成为独立的融资平台，摆脱了对老业务公司的依赖。2015年12月，公司引入8名外部投资人，融资3 000万元，每股价格15元。

4. 让不同基因的业务自由成长

华谊兄弟作为国内影视公司上市第一股，在中国影视业内叱咤20年，在影视产业链上从"明星经纪→影视制作→影视发行→影院"进行了强有力的布局。2011年，华谊兄弟布局自有互联网娱乐业务。但互联网业务基因完全不同于其传统的影视业务，业务拆分之后会减小其在互联网领域创新的阻力。

5. 打碎固有薪酬体系，快速决策，提升效率

新业务需要新的组织管理架构以进行起跑期的组织激活，而且为了吸引创业期人才，薪酬体系也需要比成熟期业务的薪酬体系更具备灵活性。在分权与集权上，创业期公司需要更多分权以笼络人心，成熟期则更重视集权，便于管控。分拆后的新公司可以脱离老的薪酬系统的制约，制定更加灵活和因地制宜的决策机制，以便于提高新业务的效率。

6. 培育垂直行业资源能力

新业务被剥离成新公司运营，方便新业务"合纵连横"，与上下游进行股权合伙或者并购竞争对手。

7. 提升新业务的品牌形象

新业务独立剥离至新公司，使老业务和新业务分离，能使粉丝经济业务具有独立的品牌价值。

8. 有利于对新业务进行估值

在资本市场上，多业务公司的估值往往会出现"短板效应"。短板效应是指一只木桶能盛多少水，并不取决于最长的那块木板，而是取决于最短的那块木板。同样的道理，经营不同业务的公司，也可能因为短板业务而拉低整体估值。对于价值投资者，多元化通常不透明，难以对其真实价值进行分析，而且价值投资者也会怀疑公司是否有能力同时经营好互不相关的行业。当多业务公司将主要子公司分拆上市时，大多数会得到市场的欢迎。不论原母公司，还是分拆后独立上市的子公司，估值都会有所提升，出现所谓价值释放的现象。究其深层次原因在于，独立后的子公司管理层获得了更大的自主权，有更多的动力将业务扩大，将业绩做好。而且分拆后不论母公司还是子公司都会有更丰富、透明的信息披露，便于投资者进行正确的估值定价。

10.2 案例18 完全体外之顺丰集团

10.2.1 顺丰借壳前的架构调整

2017年2月24日，"顺丰快递"借壳上市成功，借壳方"鼎泰新材"更名为顺丰控股（002352）。至此，国内快递行业龙头顺丰登陆A股。在顺丰快递借壳之前，用了历时两年多的时间对股权结构进行调整。图10-6为2015年之前顺丰控股的股权架构[⊖]。

⊖ 摘自鼎泰新材公告《重大资产置换及发行股份购买资产并募集配套资金暨关联交易报告书（草案）（修订稿）》第177页。

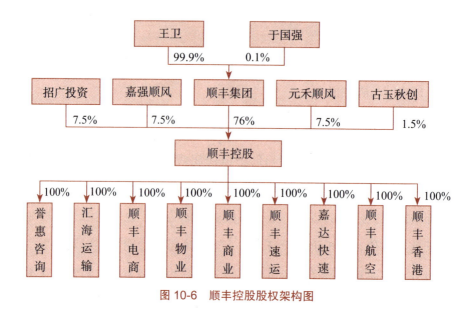

图 10-6 顺丰控股股权架构图

2015 年 9 月，顺丰控股对股权架构进行调整，将顺丰控股旗下的顺丰电商和顺丰商业剥离，具体操作如下。

第一步：成立商贸控股[⊖]。

2015 年 8 月，顺丰控股的 5 名股东顺丰集团、嘉强顺风、元禾顺风、招广投资、古玉秋创投资注册成立商贸控股。各股东对商贸控股的持股比例与对顺丰控股的持股比例相同。

第二步：剥离顺丰电商和顺丰商业。

2015 年 9 月 30 日，顺丰控股股东会做出决议，同意将顺丰电商、顺丰商业 100% 的股权分别以人民币 1 元 / 股转让给商贸控股，股权价格参考如下因素确定为 1 元：截至 2015 年 6 月 30 日的经审计净资产值，考虑到顺丰控股对顺丰电商、顺丰商业进行现金增资后净资产的变化情况以及于 2015 年 7 月 1 日至 2015 年 9 月 30 日之间的预计期间损益。

经过重组，商贸控股成为与顺丰控股平行的公司。顺丰控股作为上市

⊖ 全称为"顺丰控股集团商贸有限公司"。

主体，运营快递物流板块；商贸控股在上市公司体外，运营商业板块。经过重组后的股权结构如图 10-7 所示[一]。

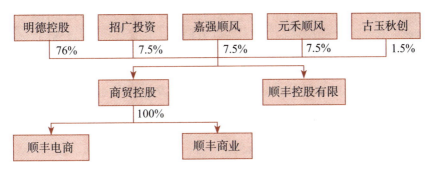

图 10-7 重组后的顺丰集团股权架构图

10.2.2 上市前调整架构的原因

从 2013 年开始，顺丰的创始人王卫开始进军电商领域。按照王卫的规划，顺丰在生鲜配送领域有着丰富的经验和日趋完善的冷链物流体系，先进入生鲜电商，再切入电商领域，并确立了顺丰优选负责线上销售（顺丰电商负责运营）、嘿客门店负责线下体验和流量引入（顺丰商业负责运营）的商业模式。但历时两年多的时间，王卫期待的物流和商流协同发展的规划并未实现，商业板块出现了巨亏的局面。表 10-1 和表 10-2 为 2013 年和 2014 年商业板块的财务数据情况[二]。

表 10-1 简要资产负债表 （单位：万元）

项目	2014 年年末	2013 年年末
资产总计	140 872.36	37 625.66
负债总计	222 533.27	57 871.82
所有者权益合计	−81 660.90	−20 246.16
归属于母公司所有者权益合计	−81 660.90	−20 246.16

[一] 摘自鼎泰新材 2016 年 9 月 28 日公告《重大资产置换及发行股份购买资产并募集配套资金暨关联交易报告书（草案）(修订稿)》第 178 页。

[二] 同上，第 179 页。

表 10-2　简要利润表　　　　　　　　　（单位：万元）

项目	2014 年年末	2013 年年末
营业收入	104 037.74	34 372.65
利润总额	-81 713.83	-12 873.08
净利润	-61 414.74	-12 581.52
归属于母公司所有者的净利润	-61 414.74	-12 581.52

由上述财务报表可见，顺丰的商业板块发展得并不顺利。仅 2013 年和 2014 年两年亏损的总额就高达 8 亿元，而亏损的原因主要是顺丰商业自 2014 年开始集中铺设线下门店所致。

在顺丰控股的公告中，我们看到其在上市前剥离商业板块的理由如下⊖。

1. 聚焦主业发展

目前，生鲜电商行业商业模式和盈利模式尚未发展成熟，顺丰商业板块的经营模式也在摸索之中，其与顺丰控股快递业务的协同效应未能充分发挥。此外，商业板块经过两年多的发展之后，已具有一定规模，线下门店众多，员工人数近万人，其销售、采购和运营模式均与快递业务有着较大差异，对于顺丰控股的经营管理造成一定压力。本次商业板块转让有利于顺丰控股聚焦于自身经营战略，更加专注于快递物流服务的主营业务，提高现有资产的运营质量，有利于保护全体股东利益。

2. 降低财务风险

随着生鲜电商市场的快速发展，行业参与者大量增加，竞争日趋激烈，顺丰商业板块目前仍然处于经营模式摸索期和投入期，其后续经营仍需要大量资金投入，未来发展的不确定性较大，商业板块留在顺丰控股合并报表范围内将增加顺丰控股财务风险和资产负债率。剥离商业板块后，顺丰控股主要业务为经营模式成熟、盈利稳定的快递业务资产，各项盈利指标

⊖ 见鼎泰新材 2016 年公告《重大资产置换及发行股份购买资产并募集配套资金暨关联交易报告书（草案）》第 136 页。

均大幅改善。

除了上述披露原因外，将亏损业务从上市主体剥离也有利于提升顺丰控股的估值。

10.2.3 案例启发：可以向华谊和顺丰学到什么

通过华谊创星和顺丰集团的案例，我们看到创新业务的孵化虽然是基于老业务的资源支撑，但也充满了创业的风险，有着很大的不确定性。因此，成立新公司运营创新业务，是更好的架构选择。新公司的投资主体有两种选择：一种是拟上市公司/上市公司投资设立，即体内控股模式；另一种是在拟上市公司/上市公司体外设立，由实际控制人控股，即完全体外模式⊖。顺丰的案例属于先由体内控股，后又调整至完全体外控股。体内孵化和体外孵化这两种模式哪种更好一些呢？在大部分情况下，创新业务先由体外孵化是更好的选择。

比如在顺丰案例中，顺丰优选和顺丰嘿客业务如果在顺丰控股体外孵化，不仅无须在借壳上市前进行剥离，而且创新业务孵化失败，也不会拖累拟上市公司业绩。如果新业务孵化成功，则可以后续再注入拟上市主体打包上市，或者独立上市。

体外孵化模式也适合上市公司做市值管理。比如，东航集团⊜为东方航空（600115）的控股股东，在东方航空遇到主营业务领域的新投资机会时，并没有由东方航空直接投资，而是由控股股东东航集团在上市公司体外先行投资，以避免给东方航空带来较大的资金压力和投资风险。在东航集团先行参与该新投资机会后，东航集团赋予东方航空购买选择权，即待被投资业务培育成熟后，东方航空有权决定在合适的时机要求东航集团将被投资业务的相关股票或股权转让给自己。这样，既能使东方航空回避参

⊖ 本章中体内和体外中的"体"是指上市板块或拟上市板块。
⊜ 中国东方航空集团有限公司。

与相关新业务早期投资的风险，又能使东方航空享有对相关新投资业务培育成熟后的购买选择权。[1]

但笔者提示，也并非所有的新项目都适合做体外控股架构。因为新业务多是借助于成熟业务的资源发展起来的，所以新老业务间可能会存在一些关联交易和同业竞争关系。如果处理不慎，可能导致老业务上市受到一定的影响。因此，对于拟上市公司孵化新业务时要综合考虑各个因素，具体情况具体分析。

10.3 案例19 剥离上市之麻辣诱惑

10.3.1 剥离上市股权架构背景

2003年，麻辣诱惑品牌的创始人韩东注册成立了"麻辣诱惑酒楼"[2]，进军以麻辣口味细分市场为主的餐饮行业，当年麻辣诱惑开设了第一家菜百店，很快在北京，乃至华北地区掀起了一股麻辣风潮，后席卷至全国，"麻辣诱惑"也成为全国餐饮麻辣细分市场上的第一品牌。2009年韩东转型试水互联网，成立了"麻辣诱惑食品"[3]，尝试在淘宝平台上卖鸡爪、豆干等便利性产品，但摸索了3年之后以失败告终。2011年，认定小龙虾将迎来发展黄金期后，韩东开始把麻辣小龙虾作为爆品重点培育，大概用了两年的时间，把小龙虾的味型和工艺流程定型。2013年"麻小"小龙虾[4]正式亮相市场。2017年，随着小龙虾市场竞争日趋激烈，行业已进入红海期，韩东再次调整战略，以"热辣生活"门店为根据地力图做餐饮领域的宜家或者Zara——弱品牌+强供应链+强选品。麻辣诱惑集团经历了以麻辣诱

---

[1] 具体可参见2017年12月22日东方航空（600115）《中国东方航空股份有限公司关于修订〈东方航空重组分立协议的补充协议〉部分条款的公告》第四部分。
[2] 全称为"北京市麻辣诱惑酒楼有限公司"。
[3] 全称为"北京麻辣诱惑食品有限公司"。
[4] 即克氏原螯虾，小龙虾为其俗称。

惑→麻小外卖→热辣生活3个品牌为代表的战略转型期，与此同时，其股权结构也经历了以下几个阶段。

10.3.2 第一阶段："麻小外卖"初试水

2015年12月，麻辣诱惑酒楼注册控股子公司"北京卖卖餐饮管理有限公司"，并把麻辣餐饮公司中的电商部门及生产部门剥离至该公司。股权架构如图10-8所示。

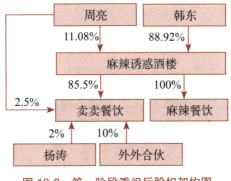

图10-8　第一阶段重组后股权架构图

在上述股权架构图中，韩东、周亮、杨涛是创始人股东（其中韩东和杨涛是夫妻）；股东"外外合伙"全称"北京外外投资咨询合伙企业（有限合伙）"，注册于2015年9月，是为员工入股准备的股权激励持股平台。"麻辣餐饮"全称为"北京市西单麻辣诱惑餐饮有限公司"，注册于2005年10月，是麻辣诱惑餐馆老业务的运营主体。"卖卖餐饮"为新注册成立的北京卖卖餐饮管理有限公司，该公司运营小龙虾的生产、销售。

通过上述股权结构设置，麻辣诱惑将老业务"餐饮服务"和新业务"食品（主要为小龙虾）生产销售"拆分成平行的两家公司。为什么要把新业务分拆至卖卖餐饮呢？一方面，在成规模的餐饮企业中一直都存在着矛盾：效率与利润的矛盾、生产与配送的矛盾。麻辣小龙虾堂食利润低，只能作为门店的引流产品；麻辣小龙虾外卖利润虽高，但受到门店选址束缚，配送范围小，配送时段又与门店高峰时段有冲突，这导致此类单品外卖不能依托原有门店运营团队来操盘。另一方面，由于餐饮行业门槛低，互联网行业优秀人才受到传统认知影响，不愿意到有着餐饮标签的公司就职，从而导致新业务很难吸引到人才。"卖卖餐饮"成立后，可以在该公司设计新的薪酬体系，并给予新人新业务公司的股权，以吸引人才。除此之外，麻辣诱惑拆分新业务成立卖卖餐饮的逻辑也可以参考华谊兄弟拆分华谊创星业务的八大优点（见本章第 10.1.2 节内容）。

在此，我们分析一下新业务的分拆时机。无论是从资本运作（股权融资、并购、估值、股权激励等）还是以经营管理（薪酬体系、管控模式、财务管控、品牌塑造）来看，业务分拆有很多好处。但新业务拆分独立为新公司并非越早越好，而是需要具备一定的条件，等待时机成熟，好似胎儿需在母体里孕育十月，方可瓜熟蒂落。将新业务分拆独立，至少要考虑以下两个因素。

第一，需考虑孵化期的整体税负。 在孵化期内，新业务只有成本投入，没有收入回报，完全处于亏损的状态，只能用老业务的利润去滋养，而且新业务能否存活也有很高的不确定性。如果过早地独立为新公司，由于我国的企业所得税以法人作为纳税主体⊖，即子公司的税收亏损⊜无法在母公司补亏⊜，且补亏仅能在 5 年内进行⑲，这会造成老公司盈利需要缴纳企业所

⊖ 见《企业所得税法》第五十六条："除国务院另有规定外，企业之间不得合并缴纳企业所得税。"
⊜ 税收亏损，是指企业依照《企业所得税法》及其条例的规定将每一纳税年度的收入总额减除不征税收入、免税收入和各项扣除后小于零的数额。"
⊜ 根据《企业所得税法》及实施条例的规定，企业每一纳税年度的收入总额，减除不征税收入、免税收入、各项扣除以及允许弥补的以前年度亏损后的余额，为应纳税所得额。企业纳税年度发生的亏损，准予向以后年度结转，用以后年度的所得弥补。该用以后年度所得弥补以前年度亏损的行为，简称为"补亏"。
⑲ 《企业所得税法》（主席令〔2007〕第 063 号）第十八条规定："企业纳税年度发生的亏损，准予向以后年度结转，用以后年度的所得弥补，但结转年限最长不得超过五年。"《关于延长高新技术企业和科技型中小企业亏损结转年限的通知》（财税〔2018〕76 号）将高新技术企业和科技型中小企业亏损结转的年限放宽至 10 年。

得税，新公司亏损白白被浪费，从而导致税负畸高。图10-9为江苏W集团2011年和2012年的税前利润对比和纳税对比。

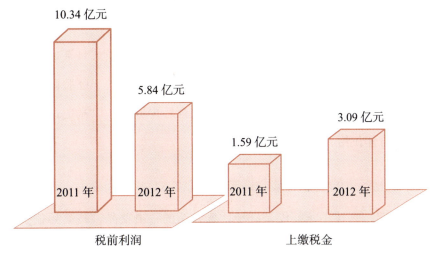

图10-9　W集团2011年和2012年的财务数据对比图

我们发现该集团税前利润在减少，但纳税总额在增加，主要原因就是集团采用了母子公司的股权架构。W集团有个别子公司2012年较2011年业绩倍增，但大部分子公司出现了亏损。由于子公司之间的盈亏无法相抵，所以出现了集团合并利润下滑，但纳税暴增的畸形状态。

第二，需考虑老业务对新业务的资源系统支持。新业务的孕育需要依赖于老业务的资源。麻辣小龙虾单品在孵化时便是借助了麻辣诱惑餐馆的资金、渠道、客户资源、供应商渠道等支持。在麻辣小龙虾的研发中，其口味等尚未稳定时，如果直接独立对接外部销售渠道，一旦单品有口味瑕疵，不仅损害了客户对产品的评价，更可能导致与销售渠道的合作不畅。原有的麻辣诱惑餐馆则可以作为新业务孵化初期的试验田，小步快跑进行试错改进，直至该单品可以完全对外销售。如果新业务过早独立成新公司，新公司的人事体系和利益体系与老业务过早分离，则可能导致老业务体系中的老人对新业务产生更强烈的排异。

那么什么时候把新业务剥离出来最合适呢？我们建议参考以下几个指标：

1. 新业务独立生存概率超过 50%

创业就是跟"不确定性"做殊死搏斗，随着商业模式日渐成熟、人员组织日趋稳定，前景变得越来越可期。如果新业务尚处于胚胎阶段，新业务可以在老公司中继续孵化，待进一步发育后再剥离，以避免过早剥离母体，离开母体供给，不具备独立生存能力。

2. 新业务价值链的"核心环节"可以独立

在早期，麻辣小龙虾仅是麻辣诱惑餐馆的一道菜品，该菜品独立成一项有价值的业务，需要形成采购→加工→销售等一系列的价值链。该价值链只有已经具备了核心环节，才能具备独立价值。该核心环节可以是供应链管理能力，可以是加工环节的工业化能力，也可以是强大的品牌影响力等。总而言之，该核心能力可以支撑该业务，而不再将全部承重点放在老业务上。

3. 老业务对新业务的支持可以通过关联交易量化

早期的麻辣小龙虾品味尚未完全稳定成熟、加工未能实现工业化，仅限于在麻辣诱惑运营的餐馆销售。但随着工艺日渐成熟和小龙虾市场的爆发增长，麻小外卖开始摆脱自营销售渠道，与饿了么等互联网平台合作。老业务公司由对新业务的"支撑"慢慢减少为"支持"。这种"支持"可以转换为"交易"，即麻辣诱惑的餐馆作为新业务的销售渠道之一，双方进行买卖结算。

卖卖餐饮独立后，于 2016 年 8 月引入 5 名自然人股东：华歆苇、黄亮、王雪、李江、周展宏。图 10-10 为引入新股东后的股权结构。

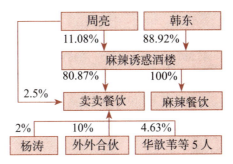

图 10-10　第一阶段引入投资人后麻辣诱惑的股权架构图

10.3.3　第二阶段:"餐饮"转型"食品"

2016 年 11 月,"卖卖餐饮"全体员工与其解除劳动合同,将业务及员工迁移至另外一家公司"麻辣诱惑食品"㊀。同时,原卖卖餐饮的股东平移至"麻辣诱惑食品"持股。在股权结构调整完毕后,"麻辣诱惑食品"于 2016 年 12 月引入 3 家第一轮私募股权投资基金:五乐投资㊁、五岳天下㊂、梅花明世㊃;2017 年 8 月引入第二轮私募股权投资基金:经天纬地㊄、西藏榕安㊅;2018 年 4 月引入第三轮私募股权投资基金:创乾投资㊆、嘉德智信㊇。引入三轮投资人后,麻辣诱惑的股权结构如图 10-11 所示。

在该股权架构图中,韩东、周亮、杨涛为创始人股东,"外外合伙"为员工持股平台,HOT 为香港持股平台。7 家基金、黄亮等 4 人、郭冬临为外部投资人。卖卖餐饮在业务、人员被迁移后,成为空壳公司,不再拥有实质经营业务。至此,韩东已完成老业务(餐饮)和新业务(食品)两个业务板块的布局。

㊀　北京麻辣诱惑食品有限公司。
㊁　上海五乐投资中心(有限合伙)。
㊂　苏州五岳天下创业投资中心(有限合伙)。
㊃　宁波梅花明世投资合伙企业(有限合伙)。
㊄　杭州经天纬地投资合伙企业(有限合伙)。
㊅　西藏榕安成长投资中心(有限合伙)。
㊆　杭州创乾投资合伙企业(有限合伙)。
㊇　宁波梅山保税港区嘉德智信股权投资合伙企业(有限合伙)。

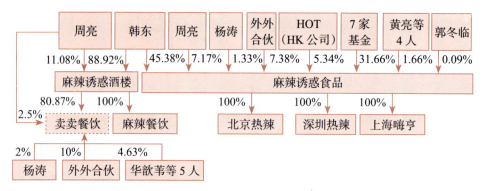

图 10-11 第二阶段麻辣诱惑的股权架构图

那么为什么韩东将"麻辣诱惑食品"作为融资主体和拟上市主体,而没有选择以卖卖餐饮作为资本运作的主体公司呢?可能有如下原因。

1. 便于资本运作

如果以卖卖餐饮作为主体申请上市,麻辣诱惑酒楼将成为控股股东[一]。根据证监会的规定,公司拟申请上市,不仅要审核上市主体,同样也要审核控股股东。控股股东不仅需要提供经审计的一年一期财务报表,而且该控股股东3年内不能存在重大违法行为[二]。在公司上市后,如控股股东遭受重大行政处罚,属于上市公司公告披露事项,可能对上市公司市值管理产生负面影响。麻辣诱惑酒楼成立于2003年,至今已有15年的运营历史,餐饮业务由于存在两头无票问题(即采购无发票、取得收入不开票),所以餐饮公司的财务核算普遍薄弱。如果麻辣诱惑酒楼作为上市公司的控股股

[一] 《公司法》第二百一十六条第(二)款:"控股股东,是指其出资额占有限责任公司资本总额百分之五十以上或者其持有的股份占股份有限公司股本总额百分之五十以上的股东;出资额或者持有股份的比例虽然不足百分之五十,但依其出资额或者持有的股份所享有的表决权已足以对股东会、股东大会的决议产生重大影响的股东。"

[二] 《首次公开发行股票并在创业板上市管理办法》第二十条:"发行人及其控股股东、实际控制人最近三年内不存在损害投资者合法权益和社会公共利益的重大违法行为。发行人及其控股股东、实际控制人最近三年内不存在未经法定机关核准,擅自公开或者变相公开发行证券,或者有关违法行为虽然发生在三年前,但目前仍处于持续状态的情形。"2016年证监会对保荐代表人培训资料中对于"重大违法行为"提出了实践监管的具体尺度把握,尽管主板首发办法的发行条件未对控股股东最近3年是否存在重大违法行为情形做出规定,但实际审核过程中要求发行人和控股股东最近3年内都不能有重大违法行为。

东，一旦遭遇税务处罚或者诉讼，均可能影响上市公司。所以，在拟上市公司的股权结构搭建过程中，不建议以有实质经营业务的非上市公司作为控股股东。

从启信宝App查看得知，韩东曾以麻辣诱惑酒楼股权出质融资[⊖]。控股股东的股权被质押，可能会影响拟上市公司股权结构的稳定性，从而成为上市瑕疵。如果把新业务和老业务分成独立的两个业务板块，利用老业务的品牌在老公司进行股权质押融资，在必要时输血给新业务，就会非常灵活。

2. 配合麻辣诱惑的战略规划

麻辣诱惑成立"卖卖餐饮"的初衷是把原依托麻辣餐饮的电商部门和生产部门独立。但卖卖餐饮运营一段时间后，韩东又面临着新的战略十字路口的抉择：麻小外卖选择哪种运营模式？

小龙虾的产业链如图10-12所示（其中●的板块为麻辣诱惑已布局）。

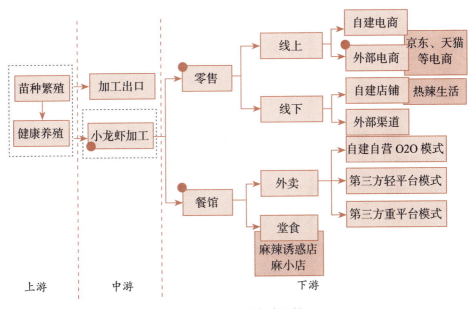

图10-12 小龙虾产业链

⊖ 出质时间为2016年12月30日，登记编号为：91110102781714216C_0，信息来源于启信宝App。

外卖业务兼具堂食业+零售业+物流业的元素，一般有3种运营模式，如表10-3所示。

表 10-3　外卖业务的 3 种运营模式

	线上外卖平台	线下物流配送
自建自营 O2O 模式	自营	自建
第三方轻平台模式	外部合作	外部合作
第三方重平台模式	外部合作	自建

考虑到麻辣诱惑在产业链中最具核心竞争力的是供应链管理能力以及产品质量控制能力，而且外卖平台饿了么、美团外卖、百度外卖等已经形成一定规模，麻小外卖线上自营模式在用户获取上很难取得优势，因此决定放弃自营互联网平台，聚焦产品打造。此时，麻辣诱惑的战略布局越发清晰，餐饮板块和食品板块已经可以各自独立，股权结构也配合这种战略布局，以麻辣诱惑酒店为餐饮业务载体，做自留地；以麻小外卖食品为食品业务载体，未来对接资本市场。

10.4　案例 20　体内参股之安井食品

10.4.1　体内参股架构概览

安井食品（603345）成立于 2011 年，总部位于福建省厦门市，主要从事火锅料制品（以速冻鱼糜制品、速冻肉制品为主）和速冻面米制品的研发、生产与销售。2017 年 2 月 22 日，安井食品在上海证券交易所主板上市。2018 年 11 月，公司发布公告，以 7 800 万元的价格收购肖华冰和卢德俊持有的洪湖市新宏业食品有限公司（以下简称"新宏业食品"）19% 的股权。该交易完成后，安井食品将增加一个新参股公司，该交易前后的股权结构如图 10-13 所示⊖。

⊖ 根据安井食品《关于受让洪湖市新宏业食品有限公司部分股权暨对外投资的公告》第 3 页"（二）标的公司的股权结构情况"整理。

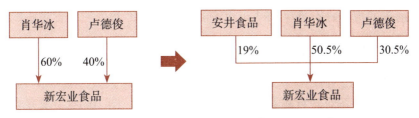

图 10-13 安井食品参股前后新宏业食品的股权架构图

10.4.2 体内参股架构背景

安井食品为什么要参股新宏业食品呢?

1. 安井食品的主营业务

让我们先看看安井食品的主营业务。安井食品在速冻食品行业里深耕两大细分领域,分别为速冻火锅料和速冻面点。公司的主要产品为"安井"牌速冻食品,品种达 300 余种。接下来让我们来看安井食品的两大细分行业。

(1)速冻火锅料。火锅料业务为安井食品贡献收入比重约 73%。根据 2017 年 11 月 13 日国海证券发布的《食品饮料行业周报》,安井食品是速冻火锅料的行业龙头,该业务的营业收入是上市公司海欣食品(002702)营业收入总和的 1.6 倍。安井食品同时是速冻火锅料制品行业内唯一一家异地建厂(先后在福建厦门、江苏无锡、辽宁鞍山、江苏泰州、四川资阳、湖北潜江等地建厂)并全国化布局的公司。但 2012 ~ 2013 年由于火锅料行业杀入众多企业集中新建工厂,2014 年产能集中释放引起了一轮价格战,火锅料行业从增量时代进入存量时代,行业进入存量洗牌阶段,增速总体放缓。这导致安井食品市场占有率不断扩大的同时,公司的利润率并没有提升。

(2)速冻面点。速冻面点业务约占安井食品营业收入比重的 27%。速冻面点业务在 2014 年火锅料行业洗牌、受到价格冲击时起到了良好的缓冲作用。但不同于火锅料行业(安井食品已经在此行业占有龙头地位),速冻面点行业已经形成以三全食品、湾仔码头和思念食品为首的三大巨头,这三大巨头的市场占有率（CR3市占率）约为70%，其中三全食品收购了龙凤食品后2015年市场占有率近30%，湾仔码头市场占有率约为20%，思念食品市场占有率约为20%。由此可见在速冻面点领域中，行业集中度高，市场格局稳定，安井食品获得竞争优势难度很大。图10-14为安井食品各项财务指标统计图⊖。

图10-14 安井食品各项财务指标统计图

⊖ 摘自2018年5月18日弘则弥道发布的《食品饮料行业深度报告：安井食品：成本渠道优势助力龙头再腾飞，小龙虾业务打开新局面》。

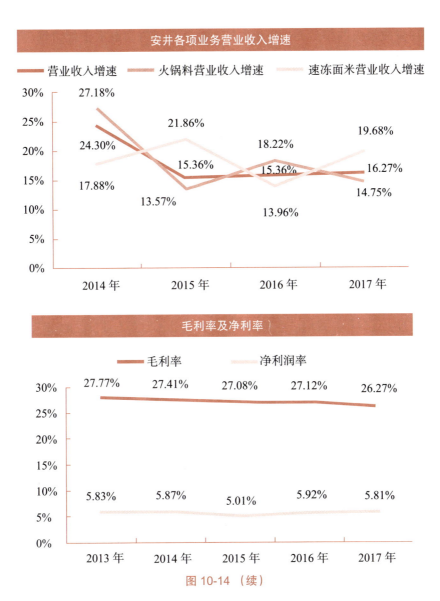

图 10-14（续）

由图 10-14 我们可以看到，安井食品虽然营业收入在增加，但增长率不是特别理想，行业竞争日趋激烈，导致公司净利润率不到 6%。安井食品在上市后亟须进一步扩大自己的竞争优势和寻找下一个利润增长点。2017年，安井食品继续强化自身"餐饮流通为主、商超为辅"的差异化渠道模式，并借助餐饮渠道的冷链运输网络进行新品类的开发，切入中国餐饮行业市场规模最大的单品类——小龙虾。公司正式进军具有千亿市场规模的小龙虾市场，并以此作为公司上市以来寻求更大成长突破的尝试。

2. 新宏业食品的主营业务

新宏业食品主要经营冷冻鱼糜、小龙虾等速冻水产品以及鱼排粉、虾壳粉、鱼油等副产品。新宏业食品的主营业务围绕着速冻水产品进行业务拓展，前期主要以冷冻鱼糜为主要产品，自2017年开始试生产调味小龙虾，并对小龙虾产品进行大规模扩产，引入鱼粉、虾粉等副产品生产线，进一步丰富产品种类。

3. 安井食品入股的目的

通过上述分析，我们已经能够看到安井食品入股新宏业食品的布局意义：

（1）向上游延伸收购鱼糜供应商，进一步强化成本优势。新宏业食品一直是安井食品第一大冷冻鱼糜供应商，在2013～2016年上半年，供应冷冻鱼糜占安井食品全部鱼糜采购金额及采购量的比重持续攀升。安井食品入股后，有助于其加强对上游供应商的控制力，形成稳定的供应源，强化成本优势，并形成上下游联动效应，符合公司发展战略布局，有利于提高公司盈利水平。

（2）有助于快速进入小龙虾市场。安井食品进入小龙虾市场，并没有直接铺建工厂，而是由新宏业食品为其进行代加工。由于小龙虾产品与安井食品速冻产品拥有共同的终端消费群体，安井食品可以利用原有业务的销售渠道，快速进入小龙虾市场。

10.4.3 体内参股架构点评

安井食品选择参股而非控股新宏业食品，且参股比例只有19%，控制在20%以内。该种体内参股结构的布局又有什么奥秘呢？

1. 投资方（安井食品）

（1）财务优势。根据《企业会计准则》的规定，投资方对被投资企业的持股比低于 20% 不需要合并财务报表，且用"成本法"进行会计核算[一]。以安井食品为例，因为安井食品采用"成本法"对新宏业食品投资进行会计核算，如果新宏业食品亏损，安井食品无须在报表中反映该亏损。[二]但新宏业食品盈利向股东分配红利时，安井食品可以确认投资收益。[三]新宏业食品在安井食品参股后，由于不需要上市公司合并财务报表，所以无须严格按照上市公司苛刻的标准进行规范，保留了一定的财税柔性处理空间。

（2）增强控制力。如果股东对公司参股比例将近 20%，一般都会在被投资公司的董事会拥有一个席位或派驻监事（安井食品委派了财务总监唐奕作为新宏业食品的监事），这样可以近距离观察这家公司，一方面可以加强对公司的监控，增加业务合作黏性；另一方面可以伺机寻找机会如当参股企业出现资金链紧张或者股东间内讧等情形时，对参股企业进行并购。

（3）抢占卡位。股东拥有接近 20% 的持股比例，不仅拥有优先认购权，而且可以通过《公司章程》设置后继投资人的进入门槛，因此可以起到抢占"股权卡位"的作用。而且，这个持股比例也不是特别高，不至于使创始人团队的股权被稀释到丧失运营动力的程度。

[一] 见《企业会计准则第 2 号——长期股权投资》，可参考本书"1.1 有限公司"中 20%（重大影响线）内容。

[二] 新宏业食品如发生异常风险，安井食品可能会计提长期股权投资减值准备，影响安井食品利润。但该事件发生概率较小。

[三] 见《企业会计准则第 2 号——长期股权投资》，可参考本书"1.1 有限公司"中 20%（重大影响线）内容。

2. 被投资公司（新宏业食品）

被投资公司需关注以下被参股风险。

（1）**产业链上下游的参股可能导致"关联交易"**。根据上市法规[一]，拟上市公司不应存在通过关联交易操纵利润的情况。在实践中，如果股东对拟上市公司的持股比例超过5%，则将被认定为"关联方"[二]。在将上下游股东界定为"关联方"后，其与拟上市公司的交易会受到非常严厉的核查，如关联交易的定价程序、决策程序、金额占比、披露程序等，以确定是否存在通过关联交易操纵利润的现象，而且要核查拟上市公司最近1个会计年度的营业收入或净利润对关联方是否存在重大依赖。在IPO审核中，"关联交易"一直是重灾区，以2018年上半年为例，共有111家IPO企业首发上会有44家被否，被否的公司中有29家涉及关联交易及业务独立性质疑。

根据安井食品的招股说明书，新宏业食品是安井食品鱼糜类原材料的第一大供应商，2017年新宏业食品生产的小龙虾也主要销售给安井食品。这些关联交易未来可能成为新宏业食品IPO障碍。

（2）**参股方一旦发展相同业务会导致"同业竞争"**。"同业竞争"是指公司与关联方从事的业务相同或近似，双方构成或可能构成直接或间接的

[一]《首次公开发行股票并上市管理办法》第二十五条规定："发行人应完整披露关联方关系并按重要性原则恰当披露关联交易。关联交易价格公允，不存在通过关联交易操纵利润的情形。"

[二]《深圳证券交易所股票上市规则》(2018年)10.1.3："具有下列情形之一的法人或者其他组织，为上市公司的关联法人：……（四）持有上市公司5%以上股份的法人或者其他组织及其一致行动人；" 10.1.5 "具有下列情形之一的自然人，为上市公司的关联自然人：（一）直接或者间接持有上市公司5%以上股份的自然人；"《上海证券交易所上市公司关联交易实施指引》第八条："具有以下情形之一的法人或其他组织，为上市公司的关联法人：（四）持有上市公司5%以上股份的法人或其他组织；"第十条："具有以下情形之一的自然人，为上市公司的关联自然人：（一）直接或间接持有上市公司5%以上股份的自然人"。

竞争关系。同业竞争被称为 IPO 红线。根据上市管理规定㊀，申请 IPO 的拟上市公司应业务独立，不得与控股股东、实际控制人及其控制的其他企业有同业竞争。相关部门在审核实践中已将同业竞争的审核主体扩大至持股 5% 以上的非控股股东（特别是第二、三股东）及其一致行动人㊁。

2017 年 10 月 26 日，安井食品发布公告，斥资 6 亿元，在潜江市投资建设华中生产基地，该基地生产速冻火锅料、速冻面点、调味小龙虾和淡水鱼浆等产品㊂。由此可见，安井食品已经布局小龙虾产业链中的生产环节，与新宏业食品的小龙虾生产业务开始重叠。如果新宏业食品未来 IPO 时，证监会采取严格口径界定竞业方，可能会形成其上市障碍。

（3）**资本运作受制于人**。不论是产业链的上游企业入股下游企业还是下游企业入股上游企业，均可分为"强"投资"弱"和"弱"投资"强"两种情况。"强"是指在上下游交易时具有更强话语权的一方，"弱"则相反。在本案例中，新宏业食品是安井食品的上游供应商，安井食品在速冻火锅料行业的龙头地位、大额的采购量使其对新宏业食品具有较强的议价能力。安井食品 A 股上市后，更具有了产融互动的资本能力。所以，安井

㊀ 见《首次公开发行股票并上市管理办法》第十九条规定，发行人的业务独立。发行人的业务应当独立于控股股东、实际控制人及其控制的其他企业，与控股股东、实际控制人及其控制的其他企业间不得有同业竞争或者显失公平的关联交易。《首次公开发行股票并在创业板上市管理暂行办法》第十八条规定，发行人资产完整，业务及人员、财务、机构独立，具有完整的业务体系和直接面向市场独立经营的能力。与控股股东、实际控制人及其控制的其他企业间不存在同业竞争，以及严重影响公司独立性或者显失公允的关联交易。

㊁ 可参考历年证监会对保荐代表人的培训资料。例如，根据 2011 年第 4 期保代培训记录，与第二大股东从事相同业务也构成同业竞争。同业竞争除关注控股股东、实际控制人，还应关注对发行人影响较大的主要股东；不能简单以细分行业、产品、市场不同来回避同业竞争，要综合判断是否会产生利益冲突：①直接冲突；②商业机会，董、监、高，控股股东也不能利用控股机会侵占发行人的商业机会；③是否用同样的采购、销售渠道，是否采用同样的商标、商号。关于主要股东，规则中讲的是 5% 以上的股东，这里关键关注两点：①股东对发行人是否存在重大影响；②是否对发行人独立性构成重大不利影响。如存在上述两点，则界定为同业竞争。2017 年保代培训为宽松：将竞争方限定为控股股东、实际控制人。二、三股东不作为合规性的要求，关注对业务的影响，作为信息披露。

㊂ 见《安井食品关于对外投资建设华中生产基地项目的公告》。

食品入股新宏业食品属于典型的"强"投资"弱"。如果是"强"入股"弱"的情形，股权关系会进一步强化双方交易中"强"方对"弱"方业务的控制力。在安井食品披露的对外投资合同中，我们看到有如下对赌条款：

乙方（指新宏业食品原股东）及标的公司（以下简称"承诺方"）承诺，标的公司 2018 年度、2019 年度和 2020 年度（以下简称"业绩承诺期"）的净利润分别不低于 3 500 万元、3 600 万元、3 700 万元（以下简称"承诺净利润"）。

如果新宏业食品的业务主要依赖于安井食品，则上述业绩承诺能否实现与安井食品的业务合作具有很高的关联度。对此，新宏业食品应尽量在公司章程中保持自己业务的独立性，慎重签订对赌协议。

CHAPTER 11
第 11 章

复制型子公司

如果子公司的业务是对母公司成熟业务基本价值链的复制，我们称此类子公司为"复制型子公司"。比如，贵阳的老凯俚酸汤鱼餐馆在当地经营得非常成功，已经具有区域品牌影响力，但其创始人不满足于老凯俚仅为地方品牌，于是启动扩张战略，通过开设新公司把酸汤鱼餐馆复制到全国各地。再比如河南的房地产开发商，在河南开发地产掘到第一桶金后，在战略上判断房地产行业集中度会越来越高，资金和资源会在未来进一步向拥有规模和品牌的房地产开发企业倾斜，于是开始跨地域设立项目公司拿地开发。对复制型子公司，我们主要讨论一下项目跟投机制。

11.1 项目跟投机制

跟投（follow the investment）是与"领投"相对应的概念，最早源于风投领域。早期的"跟投"多是指风投基金作为主要投资方注资之后，其他基金跟进少量的投资，而投资后对被投企业的辅导主要由领投基金进行，而跟投的基金往往只作为财务投资者，不参与被投企业的管理。2014 年，万科地产试水事业合伙人机制，把跟投模式引入住宅开发销售类项目，随后碧桂园推出了"同心共享"跟投制度。在两家龙头房地产企业的带动下，中海地产、蓝光发展、荣盛发展、荣安地产、新城控股、宋都股份等一批房地产企业也加入到跟投大潮中来。跟投机制逐渐为业内所知晓和关注。本章中介绍的项目跟投机制，专指员工以自有资金与公司一起投资"公司做领投的项目"，并分享投资收益、承担投资风险。

11.2 案例 21 万科地产

2014 年，迈入"而立之年"的万科 A（000002）发布事业合伙人制度，事业合伙人制度包括事业合伙人持股计划和项目跟投制度两部分。

11.2.1 事业合伙人持股计划

该计划的具体操作为：由万科员工投资组建盈安有限合伙[⊖]，通过证券公司的集合资产管理计划购入万科 A 股股票。盈安有限合伙购买万科股票的资金有部分会引入融资杠杆，这意味着，事业合伙人团队将承受比普通股东更大的投资风险。

11.2.2 项目跟投制度

该制度的具体操作为：部分员工跟随公司在项目公司中投资。原则上项目所在一线公司管理层和该项目管理人员为项目必须跟投人员，公司董事、监事、高级管理人员以外的其他员工可自愿参与投资。员工初始跟投份额不超过项目资金峰值的 5%，公司将对跟投项目安排额外受让跟投，其投资总额不超过该项目资金峰值的 5%。项目所在一线公司跟投人员可在

⊖ 全称为"深圳盈安财务顾问企业（有限合伙）"。

未来 18 个月内,额外受让此份额;受让时按人民银行同期同档次贷款基准利率支付利息[⊖]。2014 年实施完毕事业合伙人制度后,万科的股权架构如图 11-1 所示。

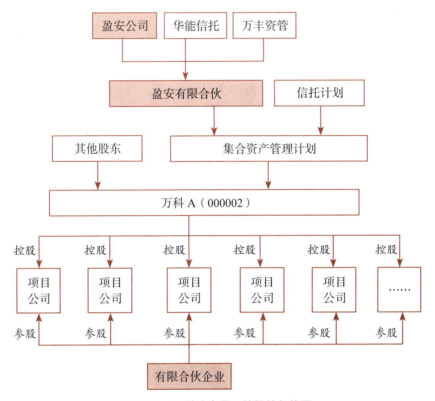

图 11-1 万科地产员工持股的架构图

注:有限合伙企业和盈安公司、盈安有限合伙为万科员工持股平台。

万科的跟投制度随后经历了 3 次调整,如表 11-1 所示。

⊖ 摘自万科 A(000002)2014 年 3 月 29 日第十七届董事会第一次会议决议公告。

表 11-1 万科跟投制度一览表

时间和公告	跟投制度修改内容
2015年3月31日 第十七届董事会第五次会议决议公告	为促进区域投资布局优化、调动员工积极性、增强项目参与度、为公司和股东创造更大价值,公司扩大了必须跟投人员范围,对不同类型的跟投人员安排相应的额外受让跟投,并在原有方案基础上提高了额外受让跟投的份额上限。受此影响,公司安排额外受让跟投投资总额由不超过该项目资金峰值的"5%"增加至不超过项目资金峰值的"8%"
2017年1月6日 关于第二次修订项目跟投制度的董事会决议的公告	一、取消追加跟投安排,降低跟投总额度上限 将"初始跟投投资总额不超过项目资金峰值的5%,追加跟投投资总额不超过项目资金峰值的8%(即跟投投资总额合计不超过项目资金峰值的13%)"调整为"跟投投资总额不超过项目资金峰值的10%" 二、设置门槛收益率和超额收益率,保障万科优先于跟投人获得门槛收益率对应的收益。具体内容: 1. 当跟投项目内部收益率不高于门槛收益率时,在收益分配时,需优先保障万科享有门槛收益率的收益,剩余收益(如有)再分配给跟投人 2. 当跟投项目内部收益率高于门槛收益率但不高于超额收益率时,跟投人按出资比例分配收益 3. 当跟投项目内部收益率高于超额收益率时,超额收益率以内对应的收益,跟投人按出资比例分配收益;超额收益率以上的收益部分,跟投人按其出资比例对应收益的1.2倍分配收益
2018年1月6日,第十八届董事会第四次会议决议公告	明确了跟投范围、跟投权益比例上限,完善了跟投出资、资金分配原则等内容

2018年1月6日万科公告的《跟投制度》⊖全文如下:

为进一步加强万科企业股份有限公司(以下简称"万科"或"公司")合伙人共识、共创、共担、共享意识,促进合伙人为股东和社会创造更大价值,特制订《万科企业股份有限公司跟投制度》。

一、跟投范围及跟投权益比例上限

万科新获取的住宅开发销售类项目均列入跟投范围。跟投人员合计投入资金不超过项目资金峰值的10%。跟投人员直接或间接持有的项目权

⊖ 见万科A:2018年1月6日公告《跟投制度》。

益比例合计不超过 10%，对于万科股权比例低于 50% 的住宅开发销售类项目，跟投人员直接或间接持有的项目权益比例还需不超过万科在该项目所持权益比例的 20%。单一跟投人员直接或间接持有的项目权益比例不超过 1%。

旧改、一级土地整理、海外房地产开发等其他项目，以及其他业务，可参照上述原则安排跟投，但不做强制要求。

二、跟投人员

项目所在业务单元核心管理人员、城市公司管理层、项目管理人员，为项目必须跟投人员。必须跟投人员名单由各单位分别确定。除公司董事、监事、高级管理人员以外的其他员工可自愿跟投。

三、跟投资金

跟投人员应及时、足额支付跟投资金，并保证跟投资金来源合法，跟投人员不得在跟投过程中侵犯公司利益。跟投资金应在公司资金投入后 20 个工作日内到账。遇特殊情况，跟投资金到账时间亦不得晚于公司资金到账后 40 个工作日。如跟投资金实际到账时间晚于公司资金到账，跟投人员应额外支付权益溢价款，金额为按照公司平均融资成本计算的期间收益。公司不对跟投人员提供借款、担保或者任何融资便利。

四、特殊劣后机制

住宅开发销售类项目的跟投人员需以自己的跟投收益对万科劣后，具体分配安排如下所述。

项目内部收益率（IRR）≤ 10%：项目收益优先向万科分配，直至万科达到项目 IRR 为 10% 时对应的收益水平，再向跟投人员分配项目收益；

10% < 项目 IRR ≤ 25%：跟投人员与万科按出资比例分配项目收益；

25% < 项目 IRR：在项目 IRR 超过 25% 后的项目收益范围内，由跟投人员按其全部出资比例的 1.2 倍分享。

五、资金分配

综合评估项目或业务现金流情况及未来资金需求，在保证项目正常开发、经营的前提下，可以考虑分配资金。向跟投人员分配资金的时点不早于向公司分配资金的时点。

六、跟投方式

跟投人员可以采取不违反法律法规要求的方式直接或间接参与跟投，如以员工集合基金等方式进行。

11.3 案例22 碧桂园

11.3.1 碧桂园激励机制

2012年12月，碧桂园（02007.HK）推出《成就共享计划激励制度》，只要项目现金流和利润指标达到集团要求，管理团队就可以获得"成就共享股权金额"。"成就共享股权金额"分为两部分：一部分为现金奖励发放；另一部分直接用于支付碧桂园（02007.HK）购股权计划[一]下员工行使购股权需支付的行权对价。2014年10月，碧桂园推出"同心共享计划"，该计划为员工对新项目的跟投制度。图11-2为碧桂园房地产开发有限公司（以下简称东莞碧桂园）的股权架构，通过该架构图我们可以对碧桂园跟投机制窥一斑知全豹[二]。

东莞碧桂园为碧桂园区域投资公司，截至2018年年底，该公司共对外投资了82家公司。东莞碧桂园共有3个股东，分别为碧桂园地产集团有限

[一] 碧桂园全体股东于2007年3月20日通过书面决议案批准了购股权计划。根据购股权计划的条款，董事会有权于购股权计划获股东有条件接纳当日后10年内任何时间建议董事会授予购股权（建议）给董事会按其绝对酌情权选择为按认购价认购董事会决定的该数目股份。

[二] 以下资料是根据天眼查App查询工商登记信息整理。

公司①、佛山市顺德区共享投资有限公司（以下简称"共享投资"）②、东莞市创一投资管理企业（有限合伙）(以下简称"创一合伙"）③。其中"共享投资"为碧桂园集团总部投资平台，在设计该投资平台时，由集团先指派两名高管吴建斌④和伍碧君发起成立"佛山市顺德区团心投资管理有限公司"（以下简称"团心投管公司"）；再由团心投管公司和集团总部高管投资设立的合伙企业共同投资成立"共享投资"。"创一合伙"为区域投资平台，在设计该投资平台时，由区域总裁张锦堂发起成立"东莞市唐创投资管理有限公司"（以下简称"唐创投管"）作为"区域投资管理有限公司"，再由"唐创投管"和区域出资员工共同投资设立有限合伙企业"创一合伙"作为区域投资平台。

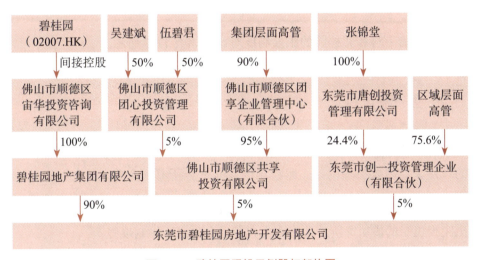

图11-2　碧桂园跟投示例股权架构图

根据碧桂园年报披露的数据，截至2016年6月30日，碧桂园共有

---

① 该公司成立于2009年，是碧桂园（02007.HK）的控股子公司，截至2018年年底该公司共对外投资了331家公司。
② 该公司注册于2014年12月。
③ 该合伙企业注册于2015年1月。
④ 2017年4月吴建斌从碧桂园离职，离职后将持有的佛山市顺德区团心投资管理有限公司股权转让给闻江波。

319个项目引入项目跟投机制，碧桂园项目平均开盘时间由过去的9～11个月缩短为6.9个月（业界平均开盘周期为8个月），现金流回正周期由原来的10～12个月缩短至9.1个月⊖，净利润率由10%提升到了12%，年化自有资金收益率由30%左右提高到56%。跟投机制有效解决了碧桂园规模快速扩张过程中的集团管控力不足问题，极大地激发了项目人员的工作动力，加之推出跟投机制后恰逢中国三四线城市去库存带给高周转房地产企业的机遇，诸多因素叠加使得碧桂园快速成为地产行业中的黑马，同时，借助资金杠杆和土地升值收益，员工跟投收获的自有资金年化收益率高达65%，激励效果十分显著。

11.3.2　万科和碧桂园跟投机制对比

以下将万科和碧桂园的跟投制度对比，如表11-2所示。

11.4　跟投制度点评

虽然跟投机制对某类行业中某些企业的某个发展阶段确实有如虎添翼的作用，但需要提醒的是，跟投制度并非适合所有的企业。比如，近几年在房地产行业中，跟投机制被大规模使用并颇见成效，但其他行业鲜有传出跟投机制的成功案例。那么哪类企业适合采用跟投制度呢？

1. 跟投的公司需具有相对独立的价值链

例如，安井食品（603345）的基本价值链为研发—采购—生产—销售。安井食品2017年投资设立子公司"湖北安井"⊖，投资6亿元建设速

⊖ 见《碧桂园的跟投制度"同心共享"是个什么东东？》，来源于http://stock.qq.com/a/20180202/011659.html，2018年8月14日。

⊖ 全称为"湖北安井食品有限公司"，见安井食品关于全资子公司完成工商注册登记的公告。

表 11-2 万科和碧桂园跟投机制对比表

		万科	碧桂园
跟投人员范围		强制跟投：项目所在业务单元核心管理人员、城市公司管理层，区域跟投人员名单由各单位分别确定。自愿跟投：除集团董监高以外其他员工为自愿跟投	强制跟投的人员范围包含集团高管、核心管理层，涅盘计划人员，区域总裁、财务负责人、营销负责人，项目总经理和项目营销负责人，项目投资跟进人。给予了区域其他管理员工是否强制跟投的权力。自愿跟投：其他员工可自愿跟投
		点评：共是于强制跟投范围仅限子管理层。不同点在于，碧桂园较之万科强制跟投范围更广，涵盖了集团高管等。总的来说，是全员跟投还是管理层跟投取决于企业的目的，如果制定跟投是为了员工更多地享受红利，跟投应定为全体员工；如果是为了让员工共担企业发展、倒逼管理、业务升级，跟投应主要覆盖管理层	
跟投项目范围		新项目都参与跟投，旧城改造与部分特殊项目除外，物流项目纳入了跟投覆盖范围 2018 年又将商业、长租公寓纳入跟投范围	所有房地产项目，包括全资、合营，均适用于跟投制度，在跟投方案的制订上，海外项目反北上广深项目需采用"一事一议"办法进行审议
		点评：所有项目列入跟投，可避免对跟投项目挑肥拣瘦，又可以拓展源头上倒逼团队更加谨慎地拿地	
如何进入	跟投金额	整体额度：跟投投资额上限为项目资金峰值的10%。该项目资金峰值是指在项目开发期间，累计负向净现金流量的最大值，也就是资金的最大缺口。如果整体跟投额度按照投资金峰值计算则需要明确跟投金额不超过注册资本金的一定比例。如果超过可能将影响项目的决定权，所以万科还规定了跟投人员直接或间接持有的项目权益比例合计不超过10%。对于万科人员直接或间接持有的住宅开发销售类项目，跟投人员直接或间接持有的项目权益比例还需不超过万科在该项目所持权益的20%	整体额度：上限为项目公司股权（项目公司注册资本金）的15%。整体跟投额度按照注册资本金计算，在后续投资和股权稀释的问题，投资跟投碧桂园规定项目公司后续资金投入按合伙人按股份注入，由企业合伙人后续资金投入困难的，通过稀释股份解决因此，自筹方式注入，合伙人后续资金投入困难的，通过稀释股份解决
		点评：按照项目资金峰值确定权益引导项目拓展，使管理团队更关注如何降低项目资金峰值，提高和延后资金流入。具体手段包括：选择土地成本占比更低的项目，分期支付土地价款，加快回款速度，加快去化速度，延缓成本费用支出等。而股东投入资金峰值除了受项目资金峰值影响以外，外部借款渠道、借款期间也会产生影响。此时，项目管理团队为了提高权益占比水大杠杆，除了前述举措外，还会有更大动力积极拓展融资渠道，提高外部借款额度。除了传统的外部开发资金以外，还可考虑在拿地时引入基金、信托等债权投资手段。一般情况下，项目资金峰值越大于项目跟投股东投入资金，因此按照跟投股东投入资金占比更接近同贵同利。同时，当项目管理团队在跟投额度的自由度和贡献方面有较大自由度和贡献空间时，按照股东投入资金占比可实现更好的激励性	额度分配：二级分配，区域投资平台持有不高于10%的股份，集团投资平台不高于5%
		额度分配：三级分配，项目部比例占整体跟投额度的64%，区域为16%，城市为20%	
		点评：不同于万科的跟投额度在三层组织层级分配，碧桂园仅在集团和区域两个层级分配额度，究其原因是两种不同激励理念下的交易架构设计不同，具体见后面内容	

（续）

		万科	碧桂园
如何进入	跟投金额	个人额度：按照职务层级划分，具体跟投上下限由区域/城市公司根据制度自行决定	个人额度：碧桂园规定按照岗位来划分，总部跟投额度按照职务岗位各有不同，部分规定额度上限。区域个人跟投额度按照区域规定下限，跟投额度向高管倾斜。总负责人，跟投金额线，各职能部门负责人及项目负责人、员工按其团队进行划分，这无疑将激发区域负责人的内驱动力，使其主动做好项目 点评：碧桂园管理层需强制跟投多个项目设定底线，跟投金额多，压力大，但收益率高，财务资金中心也可协助部分员工办理
	资金来源	自2018年开始，公司不对跟投人员提供借款、担保或者任何融资便利	推出"同心共享——员工借款计划"，财务资金中心也可协助部分员工办理银行借款
	跟投时间	跟投资金应在公司资金投入后20个工作日内到账。最晚不超过40天	跟投资金与大股东同步按同比例投入注册资金与股东借款
	跟投架构	每个跟投项目设立对应的有限合伙企业，跟投人与有限合伙企业签订投资协议书，直接认购一单独的项目。在这种架构下，跟投人跟投哪个项目由其自行决定 点评：基于碧桂园的交易架构，跟投人不能直接选择跟投项目，这种交易架构要跟投人对于企业有极大的认可。但该架构有利于碧桂园规模快速扩张过程中了内部筹资	成立投资平台进行封闭操作，由投资平台选择跟投项目。具体的操作为，集团、区域投资平台分别成立一个投资平台，跟投人员通过投资平台参与跟投，投资平台是等权益比例的投资管营销范围内所有项目，因此不同项目之间参与跟投人员和自愿份额（包括强制参与和自愿）是相同的
如何分配	本金返还	跟投项目到达项目经营性现金流资金峰值后，按照资金峰值归还的情况下进行本金返还。跟投资金到达项目本金的时点不早于向公司分配资金的时点 点评：项目跟投资金通过两个渠道——注册资本金和股东借款形式进入被投项目。因此跟投资金中绝大部分通过股东借款形式归还，此时机对跟投资金内部收益率（IRR）的影响将非常大。一个万科跟投资金未来6个月安全资金未达的情况下，项目归还完毕项目本身开始货等，开盘化率达到总资金归还条件是达到的特点为：碧桂园返还的特点，其优点在于较长时期进行返还，在封闭期间，跟投人只有较大的收益率，但返还时间长，这种方式以收益率、峰值跟投资金个人股东以收益率本金，形成"借款"形式总还跟投人本金，容易动摇股东投入的信心	跟投本金将由成立的集团、区域投资公司封闭运作5年后返还跟投人。在保证项目后续开发中现金流持续性的集团、区域富余资金按各股东持股比例借给各股东。若有富余资金，"项目公司"可将富余资金借给"区域投资企业"或集团内其他"项目公司"借出资金。"区域投资企业"、"项目公司"在收到"区域投资平台"或集团内其他"项目公司"或借给集团内区域财务统一做处理的，必须同时满足以下条件：①"项目公司"个人股东本金为正；②由区域总裁决定区域经营性净现金流为正，且将经营性净现金流为正；②区域、目区域总裁对"返还"的本金、借款、以股东的形式操作，借个人股东为零利率；③已返还跟投员工个人本金达到一定条件，不得大于本金 ④"返还"的本金承担责任；③只投本金以已投本金为限 跟投本金和股东借款进入被投项目。由于股东投入大于项目公司注册资本金，常说的本金返还其实质是股东借款与大股东同步归还股本借款。万科增加了到期股东借款的利息返还。但万科本身的经营性现金流入，另一个是外部现金支出很好地匹配，使经营团队对项目资金面和资金净流入同股同利。万科跟投这种模式的优点为：碧桂园跟投人能够快速现金回流，同股同利，万科模式有能保障项目管理团队的信心，也能保证跟投人对跟投资金的经营安全。碧桂园在一定条件下达到，只有在封闭期间长，但在达到条件下跟投资人的担心

如何分配		
分红规则	万科在项目累计经营现金流回正后启动分红，具体分红规则是项目结算前分红不超过60%，项目结算后分红不超过80%，留存20%的利润到项目清算或已有债务解决后进行一次性分配	碧桂园分红节点较晚，但规定了跟投人有现金盈余时，且有现金盈余时，且有现金盈余时，可每年预分红一次，跟投人可选择将预分红继续跟投其他项目。若前期预测分红大于最终累计实际可分红数额时，跟投员工需退回差价部分。区域投资公司：当项目公司预测分红大于最终累计实际可分红数额时，跟投员工需退回差价部分。集团投资公司：当项目公司预测分红大于最终累计实际可分红数额时，跟投人可选择将预分红继续跟投其他项目。可在首次预分红后每半年申请一次预分红，若前期预分红大于最终累计实际可分红数额时，跟投员工需退回差价部分 碧桂园跟投项目公司正式分红规则是项目所有建设工程已竣工，已结算完毕，且可售商品房已销售95%，已销售商品房交楼率达到95%时，分配总利润的95%；项目清算时，分配总利润的100%	无
点评：万科设置累计经营性现金流回正后分红，一方面可以保障项目的现金流稳定和正常运作，另一方面也因为分红在合理时间内，稳固跟投人的信心和积极性，碧桂园实际到项目分红一定要受到项目盈利才进行，优先确保企业收益安全，但机制设计上，预分红以平衡员工的接受度		
损益杠杆	住宅开发销售项目的跟投人员需以自己的跟投收益率（IRR）对万科劣后，具体分配安排为：项目内部收益率达到IRR≤10%时，项目收益优先向万科分配，直至万科收益水平，再向跟投人员分配；10%＜IRR≤25%，跟投人员与万科按出资比例分配项目收益；25%＜项目收益，在项目IRR超过25%后的项目收益范围内，由跟投人员按其全部出资比例的1.2倍分享	万科对于有超额收益的项目，按照其创造的额外价值来进行超额收益的分配，有超额收益，也意味着反向承担起超额的责任。IRR是项目回报率的重要财务指标，能够把项目周期相当于放大了权益和约束的范围。在万科的考核标准中选取了IRR衡量指标，一般IRR超过18%为行业优秀值内的收益与其投资额相关联，充分体现项目收益率，IRR达到8%基本上属于行业限定值
点评：万科对于有超额收益的项目，按照其创造的额外价值来进行超额收益的分配，有超额收益，也意味着反向承担起超额的责任。IRR是项目回报率的重要财务指标，能够把项目周期内的收益与其投资额相关联，充分体现项目收益率，IRR达到8%基本上属于行业限定值，一般IRR超过18%为行业优秀值		

(续)

		万科	碧桂园
如何退出	正常退出	在项目跟投过程中，不允许转让和退出。清算后可退出	集团每半年对投资份额的增值情况进行通报，当投资的项目盈利时，允许退出。项目出现亏损，跟投人不可以退出，需与大股东等比例承担
	人事异动	离职员工在跟投项目过程中不得转让或提前退出。跟投人员在离职后可以继续享有已经认购基金跟投的收益权，无权再继续认购部分的跟投	当跟投人员与公司解除劳动关系后，按照4种情形进行了规定：当员工退出时，必须退出其参与的投资企业。在分红上对4种情形进行了规定：当员工退出时，若项目公司预测有盈利，则可退还项目本金，按照已投入本金的8%的年化收益率计算预分红，并且预分红小于按照已投入本金和8%的年化收益率计算的本金和分红，若已享受预分红，按照差价补偿给员工；如预分红大于按照已投入本金和8%的年化收益率计算的部分，则多出的部分员工个人不再退回，由各投资公司承担；退出时，如项目公司预测有亏损，该员工应按照其股本占投入总投资的比例用来承担亏损份额，退回给员工的本金需扣减其承担的亏损份额
综评		点评：员工离职时通常本金/股权及收益权两项权利需委托进行处理，本金/股权处理需要考虑是否退出，是否转让两个问题，万科的规定是本金不必退出，也不能转让；碧桂园的规定为股权必须退出，不能转让。在收益权处理上，万科采取的是已经投入的部分继续进行分红，而碧桂园则是多种情形的处理，本质上是停止对离职人员跟投的分红	
		万科跟投主要针对单个项目进行，跟投的项目由跟投人经研究后选择，跟投环节公开透明，整体跟投流程更为可控，其本质是使被激励对象在单项目上的收益序列与大股东的经济效益管控重点在一起，降低代理成本，项目跟投与管理层持股合在一起，共同构成"事业合伙人"。建议目前在行业中，跟投模式类似于万科的企业有金地、建业、和昌等	碧桂园采用投资公司跟投项目的方式，跟投人不能直接选择项目，跟投人不必选择项目，还年分红时间过长易影响员工积极性，这种跟投机制可了解该为各层级组织形成战略联盟共同进退，在平台永续经营的定位与大股东形成战略联盟共同进退，在"责"、"权"、"利"上，除了"权"可能实现对等，"责"与"利"实质上跟投的是公司，尽最大可能实现对等。在这种强凝聚力下，跟投人实质上的认可，适用于公司文化有较高的企业，如国企、大企业。目前在行业中采用类似碧桂园跟投模式的有招商蛇口等企业，人员稳定性较高的企业，人员流动性较低，人员稳定性较高的企业，大企业。目前在行业中采用类似碧桂园跟投模式的有招商蛇口等企业

冻产品生产车间和全自动立体冷库。安井食品将"生产"这个单价值链环节剥离出来成立新公司，新公司的股权结构采用跟投机制就不合适。因为湖北安井的"生产"，只有通过与安井食品进行内部合作（包括采购原材料或者委托销售），才能创造利润。换言之，即使跟投员工对新公司竭尽全力，但安井食品的"采购"环节或者"销售"环节出了问题，跟投公司依然无法产生更高收益。从上述维度，我们就不难理解，为什么房地产集团用跟投机制能撬动业务快速增长了。因为每一个跟投的新项目公司，均具有拿地→设计→施工→销售完整的价值链，或者可以控制上述价值链。

2. 跟投员工是价值链的关键要素

房地产开发企业核心要素是资金和土地。然而，在"快速拿地→快速建设→快速销售→快速回款→再快速拿地……"的高周转模式下，除了比拼融资和拿地，组织效率高低成了能否在同行业中胜出的关键。跟投机制使得各部门负责人均有共同的利益目标，从而加快了组织协调速度，而且高管在跟投后，有极大的动力去获取优质土地资源。所以，跟投机制能在高周转的房地产开发企业中发挥巨大作用也就不足为奇了。但如果是低周转、高毛利的房地产开发项目，价值链中关键要素是获取土地的能力以及强大的资金支持力，组织效率并非核心，运用跟投机制效果就会差很多。

总结：跟投机制在两种企业中会取得更好的预期效果，即一种是对组织运营效率要求极高的企业，如高周转房地产企业；另一种是对个人创意依赖度高的企业，就是产品或服务以知识和脑力劳动成果输出形式为主，并且这种成果无法通过其他媒介大规模复制，比如爱尔眼科在全国各地开设分院，便实行了眼科专家跟投制度，以吸引人才。

CHAPTER 12
第 12 章

拆分型子公司

拆分型子公司是将成熟业务的价值链进行拆分,比如某 W 机械公司的业务价值链为研发→生产→销售,W 公司成立全资子公司 A,将销售环节全部剥离至 A 公司运营。以下我们通过海底捞案例来理解拆分型子公司。

12.1 案例 23 海底捞⊖

2018 年 9 月 26 日,海底捞在香港证券交易所敲钟,成为继呷哺呷哺和颐海国际之后,又一家在香港上市的内地火锅企业。海底捞开盘不久市值一度冲破千亿港元,海底捞创始人张勇、舒萍夫妇的身家也超过 560 亿元。据海底捞公告的招股说明书披露,截至最后实际可行日期,海底捞共有 320 家门店,包括中国内地 26 省 296 家和位于中国香港、中国台湾及海外新加坡、韩国、日本、美国的 24 家餐厅。海底捞的创始人是如何打造千亿帝国的呢?让我们来梳理一下海底捞的股权架构。

⊖ 本案例资料是根据海底捞(06862.HK)招股说明书和颐海国际(01579.HK)招股说明书内容整理。

12.1.1 海底捞帝国初建

1994年，海底捞的第一家餐馆在四川简阳成立。2001年，海底捞商标的承载主体四川海底捞有限公司[一]（以下简称"四川海底捞"）注册成立，股东共有4人：张勇、舒萍夫妻和施永宏、李海燕夫妻，4个人的持股比均为25%。2006年，负责门店装修及翻修的北京蜀韵东方装饰工程有限公司（以下简称"蜀韵东方"）注册成立。2007年，施永宏将持有的四川海底捞18%的股权转让给张勇。2008年，焦作市清风海底捞餐饮有限责任公司成立。2009年，负责投资持股的简阳市静远投资有限公司（以下简称"静远投资"）注册成立。随后，张勇等四人对四川海底捞的股权架构进行了调整，成为四位股东直接持股四川海底捞50%股权，通过静远投资间接持有四川海底捞50%股权，同时引入6名创业元老[二]作为股东。2010年，杭州海底捞餐饮有限公司成立。随后苏州、上海、东莞、郑州、厦门、江苏、宁波、深圳、武汉等地分别成立了以海底捞命名的餐饮公司。自2012年开始，海底捞进军海外市场，截至上市前，海底捞共在海外设立10家公司。

12.1.2 拆分调料业务

2014年，海底捞的火锅餐厅门店数量突破100家。同年，海底捞开始启动拆分价值链行动。海底捞首先拆分的是餐饮价值链中的供应链管理业务。

1. 拆分前的架构

在拆分前，海底捞餐厅的火锅底料产品的运营主体为"四川海底捞"[三]

[一] 根据启信宝App查询，四川海底捞有限公司共有687项商标。
[二] 6名股东分别为杨利娟（0.1%）、冯伯英（0.1%）、苟利群（0.1%）、袁华强（0.1%）、陈勇（0.06%）、杨宾（0.04%）。后来，冯伯英离开海底捞。
[三] 全称为"四川海底捞餐饮股份有限公司"。

的 6 家分公司（成都分公司、北京食品分公司、上海嘉定分公司、咸阳分公司、郑州高新区分公司及北京销售分公司）及郑州蜀海⊖，其中郑州蜀海及海底捞成都分公司主要从事生产复合调味料，而其他 5 家分公司主要向海底捞餐厅及其他独立第三方经销商销售复合调味料。调味料业务拆分前的股权架构如图 12-1 所示。

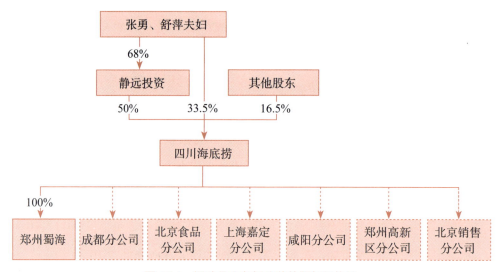

图 12-1　调味品业务拆分前的股权架构图

2. 拆分的六步骤

第一步：2014 年 4 月，郑州蜀海成立全资子公司成都悦颐海⊜。

第二步：从 2014 年 9 月起，成都悦颐海通过与客户订立供应协议及接管销售人员，取代四川海底捞公司，接管其复合调味料销售业务。

第三步：2014 年 11 月，海底捞北京销售分公司改制为有限责任公司，并更名为颐海北京⊜。改制后，停止从事销售生鲜食品业务，此后从事销售复合调味料业务。

⊖　全称为"郑州蜀海实业有限公司"。
⊜　全称为"成都悦颐海商贸有限公司"。
⊜　全称为"颐海（北京）商贸有限责任公司"。

第四步：2014 年 12 月，注册成立颐海上海㊀。颐海上海与四川海底捞订立股权转让协议，颐海上海同意从四川海底捞收购郑州蜀海的全部股权。

第五步：2015 年 6 月，颐海上海成立全资子公司颐海霸州公司㊁。

第六步：海底捞成都分公司向成都悦颐海转让其生产复合调味料相关的全部生产设施及存货。

调味品业务拆分后的股权架构如图 12-2 所示。

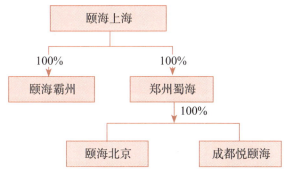

图 12-2　调味品业务拆分后的股权架构图

3. 调料业务上市

在将调味品业务拆分后，上述业务被注入境外架构，至此该业务板块境外上市的红筹架构搭建完毕（见图 12-3）。2016 年 7 月 13 日，颐海国际在香港主板上市。

12.1.3　拆分供应链管理

2014 年 6 月，蜀海（北京）供应链管理有限公司（以下简称"蜀海供应链"）成立。截至 2018 年年底，蜀海供应链旗下共有 10 家全资子公司

㊀ 全称为"颐海（上海）食品有限公司"。
㊁ 全称为"颐海（霸州）食品有限公司"。

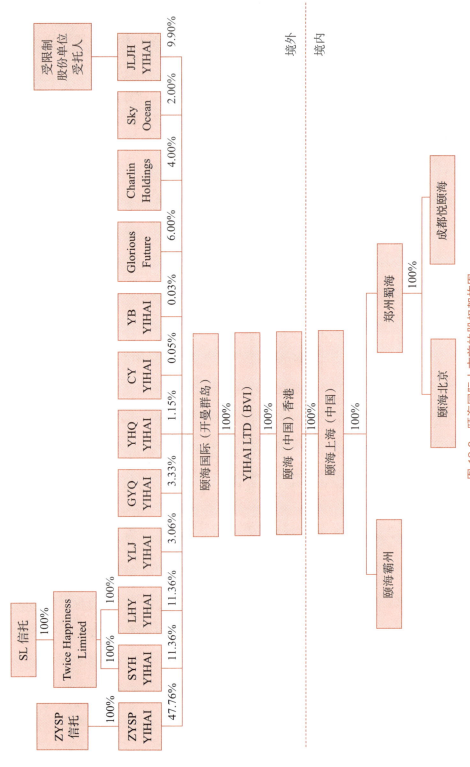

图 12-3 颐海国际上市前的股权架构图

（以下将蜀海供应链和10家子公司称为蜀海供应链板块）。蜀海供应链板块提供整体供应链全托管服务，与海底捞餐馆的业务关系如图12-4所示[⊖]。被拆分后，蜀海供应链发展十分迅速，如今已拥有遍布全国的现代化冷链物流中心、食品加工中心、底料加工厂、蔬菜种植基地、羊肉加工基地等。此外，蜀海供应链建立了采购、储存、理货、出货到配送的全信息化管理体系，为海底捞的扩展提供了高品质、高效率、高稳定性的供应链体系基础。在拆分独立后，蜀海供应链的服务也由单一为海底捞提供服务拓展为给近200家知名餐饮及便利店企业提供供应链服务。

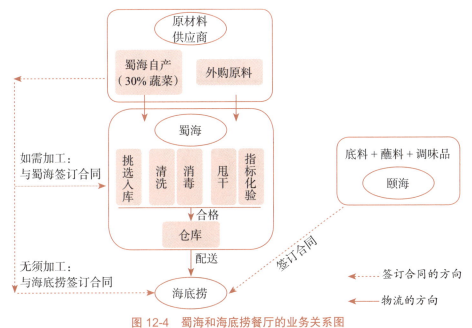

图 12-4　蜀海和海底捞餐厅的业务关系图

截至2018年年底，蜀海供应链的主体股权架构如图12-5所示。

蜀海供应链板块通过大规模采购，降低原料成本；全国各地自建仓储，提升货物周转效率；和大型第三方物流公司合作，强强联合，帮助客户降低运输成本。

⊖ 本业务架构图来源于上海申银万国证券研究所有限公司证券分析师马晓天研究报告《火锅产业链公司究竟能长多大？——以海底捞集团旗下颐海国际（01579.HK）为例》，第30页。

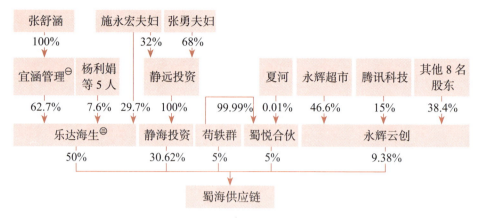

图 12-5　蜀海主体股权架构图

12.1.4　拆分人力资源

2015 年 3 月，微海咨询㊂成立，海底捞将人力资源部招聘中心、员工培训中心业务剥离至该公司运营。微海咨询由仅对海底捞内部进行人才培养扩展到对全国中小规模餐饮企业、连锁经营服务业提供招聘、培训及咨询服务。该公司股权架构如图 12-6 所示。

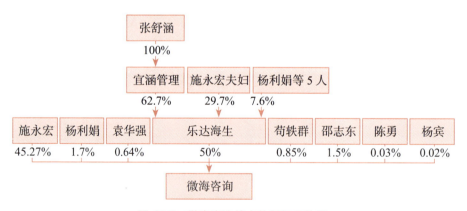

图 12-6　微海咨询的主体股权架构图

㊀ 宜涵管理全称"北京宜涵管理咨询有限公司"，成立于 2017 年 2 月，公司执行董事和法定代表人为舒萍。该公司的唯一股东为张舒涵，疑似张勇和舒萍的孩子。
㊁ 全称为"上海乐达海生管理咨询有限公司"，成立于 2017 年 5 月。
㊂ 全称为"北京微海管理咨询有限公司"。

12.1.5 拆分信息技术

2017年，海底捞集团和用友网络（600588）共同合资成立红火台[①]。红火台的股权架构如图12-7所示。红火台是餐饮核心业务SaaS+企业ERP一体化服务提供商，为海底捞集团提供三大体系的服务：①会员智能管理体系，通过大数据和精准营销，为会员提供个性化服务以提高转化率；②中央化库存管理体系，系统可以通过测算门店的客流量与销量，精准要货，提高库存周转率，降低库存量；③企业综合运营体系，包括记录员工工作量的中央化管理系统，以及员工轮休自动安排的OA系统。2017年10月，红火台的HUO-SaaS餐饮云产品正式上线，不仅为海底捞提供服务，也面向大众型餐饮企业，提供门店管理、会员管理、集团连锁以及财务管理等云服务。

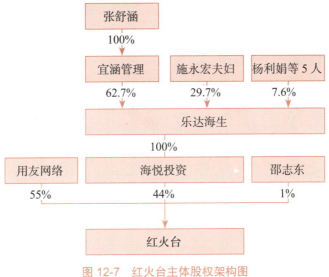

图12-7 红火台主体股权架构图

海底捞集团还与科大讯飞（002230）于2017年8月合资成立了讯飞

---

① 全称为"红火台网络科技有限公司"。

至悦[一]，致力于人工智能在餐饮行业的应用以及硬件设施。讯飞至悦的主体股权架构如图 12-8 所示。

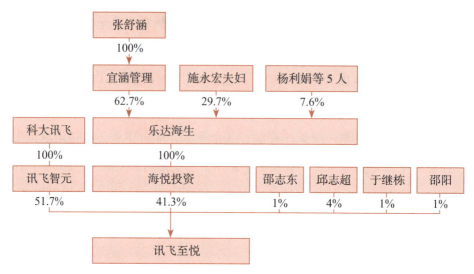

图 12-8　讯飞至悦主体股权架构图

12.1.6　火锅餐饮上市

火锅连锁餐饮是海底捞最核心的业务。2011 年，海底捞实行阿米巴经营模式后，门店数量快速扩张，2017 年门店数量已达 273 家，2014～2017 年复合增长率高达 34.6%。在海底捞集团将底料加工、物流配送、工程建设、门店运营、人力资源等多项价值链业务拆分后，张勇开始运作海底捞最核心的火锅餐饮服务业务在香港上市。图 12-9 为海底捞餐饮板块上市前的股权架构图。

[一]　全称为"安徽讯飞至悦科技有限公司"。

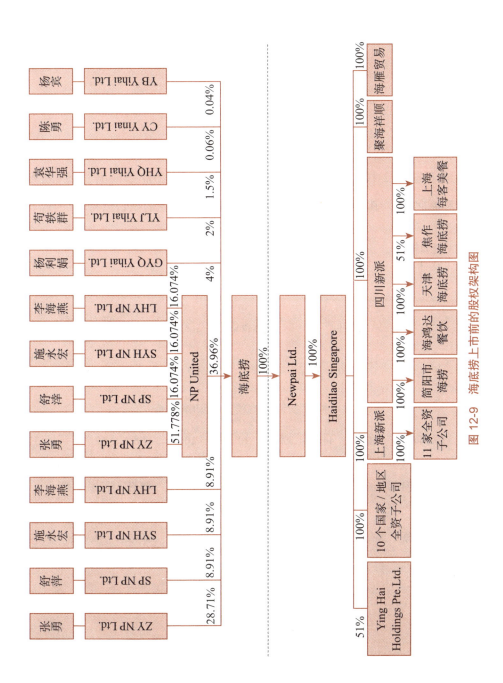

图 12-9 海底捞上市前的股权架构图

海底捞餐饮业务分成了五大板块，分别为海外餐馆、国内连锁火锅餐馆（主要在上海新派旗下）、互联网外卖（每客美餐旗下）、聚海祥顺、海雁贸易。

12.1.7 海底捞帝国全貌

截至 2018 年 11 月底，海底捞集团完成了火锅餐饮行业全产业链的股权布局（见图 12-10）。在海底捞帝国中，已经有两个业务板块上市（颐海国际和海底捞），其他业务是否也会登陆资本市场，我们拭目以待。

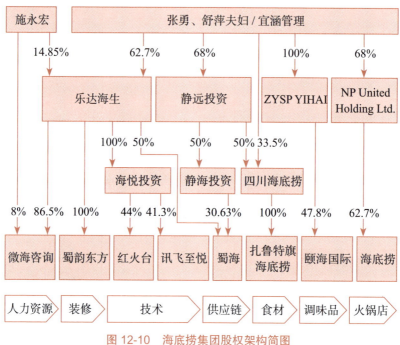

图 12-10 海底捞集团股权架构简图

12.2 拆分型子公司点评

为何要将一家公司价值链上的业务进行拆分呢？其实海底捞案例已经给了我们部分答案。

1. 降低管理成本

2014年,发展已经有20多年历史的海底捞开始出现"大企业病",整个海底捞出现了严重的"三多一低"现象:部门多、人员多、费用多,效率却在逐渐降低。连锁火锅的发展在于不断地开新店,新店开设的关键在于"店长",海底捞的复制扩张速度取决于储备店长的数量。所以海底捞的人力资源部门尤为重要,但这个核心部门不仅人员众多,而且中间层级众多,从专员、主管、人力经理、高级经理、片区经理或总部的总管经理,众多的层级不仅影响效率,也造成招聘成本居高不下,亟待一场组织变革。这场组织变革不仅包括薪酬结构、考核指标的调整,还包括淘汰一批员工和提拔一批员工的人事更迭。如此伤筋动骨的大手术,如果在海底捞内部完成,由于要改变海底捞整体的组织架构和薪酬体系,工程量会极大,耗时会很长。将人力资源部门单独拆解成微海咨询,在微海咨询内部进行改革则阻力小很多,可以打破固有薪酬体系,设计更灵活的组织管理架构。另外,拆解微海咨询后,人力资源部门提供的服务与海底捞公司进行交易结算,微海咨询将自负盈亏,这相当于将人力资源部门从成本中心转换为利润中心,倒逼微海咨询提升内部组织效率。

2. 获得更大的业务空间

以海底捞为例,人力资源部门独立为微海咨询公司后,可以不断优化人力资源业务的商业模式,待商业模式成熟后,不仅可以为海底捞内部进行人才培养服务,还可以扩展到对全国中小规模餐饮企业、连锁经营服务业提供招聘、培训及咨询服务。

3. 便于资本运作

海底捞集团中第一家上市公司为颐海国际。如前所述,颐海国际先后经历了海底捞的采购部→拆分为公司运营(客户仅为海底捞)→独立为公司

（客户多元化）→香港上市。如果海底捞的调味料业务没有被分拆，永远不会有颐海国际上市。

4. 业务运营地的考虑

有时拆分业务设立子公司是由于业务运营地与母公司不在同一地的原因，需要在业务运营地招聘员工、缴纳社保等，设立公司会方便业务在当地的运营。

5. 税收筹划的需要

除了上述业务方面的考量，有时拆分价值链中某个环节还可能出于税负方面的考量。例如，将营销环节剥离，在某税收洼地设立子公司，享受当地给予的财政返还等。

除了上述原因，设立拆分型子公司可以使股权激励效果更佳，也可以引入新的投资人，培育垂直行业资源整合能力。具体可以参考第10章创新型子公司。

在实务中，创新型子公司、复制型子公司和拆分型子公司并不是界限分明的，现实的情况可能会比较复杂，某家子公司既有对原有业务的部分复制，也有对原有价值链的拆分，同时还有创新。不管怎样，当一家公司的主营业务已进入成熟期，就可以在底层布局新的参股、控股或者全资子公司，以获得新的拓展空间。

| PART 4 |
第四部分

架构重组

尽管很多企业家在创业之初已经进行过股权顶层规划，但公司的发展总会遭遇很多始料不及的情况。在现实世界里，几乎所有成功的公司都经历过股权架构的调整。对于股权架构调整前后，实际控制人没有发生变化的情形，我们称之为"重组"；如果实际控制人发生了变化，我们称之为"并购"。本部分主要讨论股权架构重组的话题。股东进行股权重组的原因可能是为了符合上市监管要求⊖，也可能是为了风险隔离、财富传承、分家析产、税收筹划、市值管理的需要等。

一家公司的终极归宿有 3 种情形：上市、家族传承、被并购⊖。在本章中，我们把企业简单分为 3 类：第一类为拟上市型。该类公司从创业之初，创始人目标就非常明确，公司未来要上市。围绕着上市的目标，企业根据不同的发展阶段做出不同的股权架构设计及调整。第二类为家族传承型。该类公司的创始人不考虑上市，这类公司股权结构多是闭合型的，股权也多在家族内传承。第三类为被并购型。创始人原本计划上市，或者让子女接班，但随着公司规模越来越大，创始人年龄越来越大，而二代子女不愿意接班，于是把企业卖掉。接下来，我们将在每一章中讨论一种类型的公司，每类公司会从时间和空间两个维度来解析。从时间维度，我们将按一家公司从创立、扩张到上市（或者被并购、传承、注销）的时间轴标记重要的股权重组步骤。我们从空间维度，对每个关键的股权重组步骤进行法律、财税、商业、资本的四维剖析。

⊖ 最常见的是规范关联交易和解决同业竞争。
⊖ 包括管理层收购（management buy-out，MBO）。

CHAPTER 13
第 13 章

拟上市型企业

13.1 境内 IPO

我们以一家 A 股上市公司 X 为例,讨论其实际控制人张三在上市前进行的一系列股权结构调整。该公司在上市前共经历了 17 个阶段。

第一阶段:公司创立

这个阶段是公司的初创期,股权结构为张氏夫妻直接持股,注册资本 100 万元,全部实缴。张三持股 70%,张三之妻持股 30%(见图 13-1)。此时的 X 公司尚属于夫妻店,没有完整的治理结构。

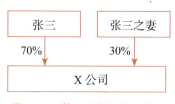

图 13-1 第一阶段股权架构图

第二阶段：引入创业伙伴

在这个阶段中，公司依然处于创业期，但张三找到了愿意与自己共担风险、共享利润的创业伙伴李四和王五，李四和王五以每注册资本 1 元的价格受让了张三妻子持有的股权，张三妻子退出公司。该阶段股权结构变化如图 13-2 所示。

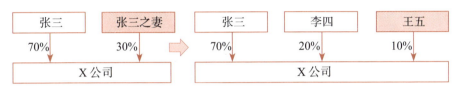

图 13-2　第二阶段股权架构变化图

虽然有了创业伙伴，但由于张三拥有绝对的控股权，一股独大，加之股东们的公司治理意识淡薄，尚处于以信赖作为股权合作基础的阶段，所以公司章程形同虚设，公司未成立董事会，仅为了工商登记的需要，设立了一名执行董事。

第三阶段：创业伙伴退出

在创业过程中，王五由于与张三和李四理念不合，退出公司。经历过股权纠纷后，张三和李四意识到公司治理的重要意义，开始完善公司章程，并经过协商，由张三将王五的股份收回后作为股权激励池，留待激励员工（见图 13-3）。

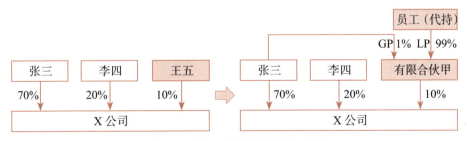

图 13-3　第三阶段股权架构变化图

1. 该步骤的具体操作

（1）设立有限合伙企业甲作为持股平台。该持股平台由张三作为普通合伙人（GP），持有合伙企业份额为1%；公司的财务经理姜先生作为有限合伙人（LP），持有合伙企业份额为99%，姜经理为代持合伙企业份额（其认缴合伙企业份额的资金来源于张三赠与），待公司实施股权激励时，将其代持份额过户给激励对象。

（2）王五将其股权转让给有限合伙企业甲。王五与有限合伙甲签订《股权转让协议》，协议约定，王五将X公司10%的股权转让给有限合伙甲，每注册资本价格为3元。X公司至工商局办理变更登记。

2. 该步骤的注意事项

（1）股权转让税收。本次股权转让行为涉及的税种包括个人所得税和印花税。

1）个人所得税。王五以30万元价格转让X公司10%的股权，其受让股权的成本为10万元，取得股权转让收益20万元，根据《个人所得税法》规定，应按20%的税率缴纳个人所得税，即20×20%=4（万元）。该个人所得税的纳税地点为X公司主管税务机关，由有限合伙企业甲在支付款项时代扣代缴。[一]

2）印花税。根据税法规定[二]，股权转让协议属于产权转移书据，需要按协议所载股权转让金额的万分之五贴花。转让方王五和受让方合伙企业均需缴纳印花税。

[一] 见《国家税务总局关于发布〈股权转让所得个人所得税管理办法（试行）〉的公告》（国家税务总局公告2014年第67号）。

[二] 《关于印花税若干具体问题的解释和规定的通知》（国税发〔1991〕155号）第十条规定："产权转移书据"税目中"财产所有权"的转移书据的征税范围如何划定？"财产所有权"转移书据的征税范围是：经政府管理机关登记注册的动产、不动产的所有权转移所立的书据，以及企业股权转让所立的书据。

（2）股权代持行为。王五退出持股时，受让股权的主体是作为员工持股平台的有限合伙企业甲。该员工持股平台为预留的股权，具体分成两部分："已经授予公司3名高管但尚未行权的期权"和"计划未来授予给员工的股权"。我国《公司法》秉承的是大陆法系的精神与原则，公司实行的是"认缴资本制"，公司所有的股权/股份都必须得到股东的认缴，不允许存在未被股东认缴的"空余"股权。因此，为员工期权计划预留出来的股权在员工还没有行权时，需要有一个实体先代为持有，本案例中该代持人为公司财务经理姜先生。

对于代持行为，我国现有法律认可股权代持合同的合法性。㊀但是，如果公司拟在境内上市，则必须在向证监会申报资料前解除代持关系。㊁在实务中，是否存在股权代持关系一向是证监会对IPO公司核查的重点。㊂如果代持股为已经授予但尚未到行权期的期权，是否也必须在IPO申报时解除呢？在实践中，除科创板外，为了避免影响股权稳定，一般也要求解除㊃。

㊀ 《关于适用〈中华人民共和国公司法〉若干问题的规定（三）》第二十四条规定，有限责任公司的实际出资人与名义出资人订立合同，约定由实际出资人出资并享有投资权益，以名义出资人为名义股东，实际出资人与名义股东对该合同效力发生争议的，如无《合同法》第五十二条规定的情形，人民法院应当认定该合同有效。前款规定的实际出资人与名义股东因投资权益的归属发生争议，实际出资人以其实际履行了出资义务为由向名义股东主张权利的，人民法院应予支持。名义股东以公司股东名册记载、公司登记机关登记为由否认实际出资人权利的，人民法院不予支持。实际出资人未经公司其他股东半数以上同意，请求公司变更股东、签发出资证明书、记载于股东名册、记载于公司章程并办理公司登记机关登记的，人民法院不予支持。

㊁ 《首次公开发行股票并上市管理办法》和《首次公开发行股票并在创业板上市管理办法》均规定："发行人的股权清晰，控股股东和受控股股东、实际控制人支配的股东所持发行人的股份不存在重大权属纠纷"，这是IPO发行条件中对股权明晰性的要求股权代持存在权属不清及不确定性的情况，不符合股权明晰性的要求，因此IPO申报前应该予以清理。

㊂ 例如河南蓝信科技股份有限公司的IPO被否的核心原因就是控股股东以及其他重要股东因为身份特殊不适合持股，因此历史上存在多次股份代持，此后股份代持问题一直没有彻底解决甚至引起诉讼，这明显影响公司股权的清晰、稳定。

㊃ 根据2016年证监会对保荐代表人的培训资料，IPO申报前影响股权稳定的期权计划和限制股股权激励均需解除。

第四阶段：直接架构变混合架构

经过一段时间的发展，X 公司商业模式日渐成熟，公司运营步入正轨，张三和李四制定了公司五年在 A 股上市的资本规划。为了方便后续的资本运作，两人决定将部分自然人直接持股调整为通过控股公司间接持股（关于调整的原因可以参考本书第 2 章"2.2 金字塔股权架构"和第 7 章"7.1 混合股权架构"）。股权架构变化如图 13-4 所示。

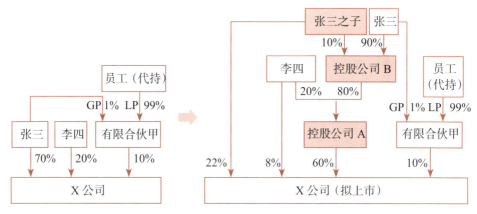

图 13-4　第四阶段股权架构变化图

1. 该步骤的具体操作

第一步：张三家族（指张三和张三之子）设立控股公司 B。

第二步：李四和控股公司 B 共同设立控股公司 A。

第三步：张三和李四将持有 X 公司股权注入控股公司 A。

2. 该步骤的注意要点

（1）自然人平价转让股权的个人所得税

如果张三和李四将持有的部分 X 公司股权以成本价（1 元/注册资本）转让给控股公司 A（见图 13-5），并未获得股权转让收益，是否需要缴纳个人所得税呢？

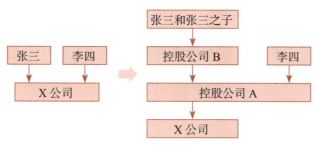

图 13-5 股权架构调整前后对比

答案为不一定。从 2009 年开始，国家税务总局开始重视资本交易中的个人所得税避税问题，几年内先后下发了一系列文件①。这些文件的思路一脉相承，对自然人平价或低价的股权转让行为给予严格监管。从 2019 年 1 月 1 日开始实施的个人所得税法更是增加了"先税务再工商"的反避税措施。②根据国家税务总局公告 2014 年第 67 号③（以下简称"67 号文"）的规定，如果在本次股权转让过程中，张三和李四申报的股权转让收入"明显偏低"且"无正当理由"，税务局有权核定二人的股权转让收入。如果税务局启动核定征收模式，二人可能在没有股权转让收益的情况下被征收个人所得税。那么何为股权转让收入"明显偏低"呢？67 号文规定④：

符合下列情形之一，视为股权转让收入明显偏低：

（一）申报的股权转让收入低于股权对应的净资产份额的。其中，被投资企业拥有土地使用权、房屋、房地产企业未销售房产、知识产权、探矿权、采矿权、股权等资产的，申报的股权转让收入低于股权对应的净资产

---

① 包括国税函〔2009〕285 号、国家税务总局公告 2010 年第 27 号、国税发〔2010〕54 号、国家税务总局公告 2011 年第 41 号、国税发〔2011〕50 号、国家税务总局公告 2014 年第 67 号等。

② 见《个人所得税法》（2018 年修订）第十五条："……个人转让股权办理变更登记的，市场主体登记机关应当查验与该股权交易相关的个人所得税的完税凭证。"

③ 《国家税务总局关于发布〈股权转让所得个人所得税管理办法（试行）〉的公告》（国家税务总局公告 2014 年第 67 号）。

④ 见《国家税务总局关于发布〈股权转让所得个人所得税管理办法（试行）〉的公告》（国家税务总局公告 2014 年第 67 号）第十二条。

公允价值份额的；

（二）申报的股权转让收入低于初始投资成本或低于取得该股权所支付的价款及相关税费的；

（三）申报的股权转让收入低于相同或类似条件下同一企业同一股东或其他股东股权转让收入的；

（四）申报的股权转让收入低于相同或类似条件下同类行业的企业股权转让收入的；

（五）不具合理性的无偿让渡股权或股份；

（六）主管税务机关认定的其他情形。

但股权转让收入"明显偏低"并非一定被核定收入，尚需满足第二个条件"无正当理由"，那么何为"正当理由"呢？67号文规定[⊖]：

符合下列条件之一的股权转让收入明显偏低，视为有正当理由：

（一）能出具有效文件，证明被投资企业因国家政策调整，生产经营受到重大影响，导致低价转让股权；

（二）继承或将股权转让给其能提供具有法律效力身份关系证明的配偶、父母、子女、祖父母、外祖父母、孙子女、外孙子女、兄弟姐妹以及对转让人承担直接抚养或者赡养义务的抚养人或者赡养人；

（三）相关法律、政府文件或企业章程规定，并有相关资料充分证明转让价格合理且真实的本企业员工持有的不能对外转让股权的内部转让；

（四）股权转让双方能够提供有效证据证明其合理性的其他合理情形。

在本案例中，X公司已经开始盈利，并有数百万元的未分配利润，此时公司每注册资本对应的净资产已为6元。张三和李四的股权转让价格低

⊖ 见《国家税务总局关于发布〈股权转让所得个人所得税管理办法（试行）〉的公告》（国家税务总局公告2014年第67号）第十二条。

于股权对应的净资产份额，将被认定为"明显偏低"。而且二人将股权转让给控股公司 A，也不属于 67 号文中的"合理理由"，所以，二人即使是平价转让也有可能会被税务局核定征收个人所得税。

（2）将直接架构调整为间接架构的路径

张三和李四将原个人持有的 X 公司股权调整为控股公司 A 间接持股，除了股权转让，是否还有其他方案呢？答案是有的。

自然人直接架构变持股公司间接架构有 3 种路径：股权转让、无偿赠送、股权投资。表 13-1 为 3 种路径的比较。

表 13-1　股权架构调整的 3 种路径对比

	方案一：股权转让	方案二：无偿赠送	方案三：股权投资
方案概述	二人将持有的 X 公司股权平价转让给控股公司 A	二人将持有的 X 公司股权无偿赠送给控股公司 A	二人将持有的 X 公司股权作为出资资产，投资到控股公司 A，增加 A 的注册资本
操作流程	①二人与控股公司 A 签订《股权转让协议》；②X 公司召开股东会；③二人到 X 公司主管税务机关开具完税凭证；④X 公司到主管工商局办理工商变更登记	①二人与控股公司 A 签订《股权赠予协议》；②X 公司召开股东会；③二人到 X 公司主管税务机关开具完税凭证；④X 公司到主管工商局办理工商变更登记	①对 X 公司股权进行评估，并出具评估报告；②张三、李四、控股公司 A 和 X 公司四方签订《增资协议》；③A 公司到主管工商局办理增资登记；④张三、李四到税务局办理纳税申报并进行分期纳税备案；⑤X 公司到主管税务局办理税务变更登记
税务处理	如 X 公司已经盈利，可能被税务局核定征收个人所得税	二人可能被纳税调整征收个人所得税；控股公司 A 可能被税务局以接受捐赠所得，征收企业所得税	二人对 X 公司股权的评估增值，应该缴纳个人所得税，但可以申请递延 5 年纳税的税收优惠
税政文件	国家税务总局公告 2014 年第 67 号	《个人所得税法》第八条；《企业所得税》第六条；《企业所得税法实施条例》第二十一条	财税〔2015〕41 号；国家税务总局公告 2015 年第 20 号
方案点评	操作简便，用时短，但公司净资产高于股东投资成本，可能被税务局核定征收个税	操作简便，用时短，但存在很高的税务风险	操作较复杂，耗时较长。但可以享受递延纳税的税收优惠
综合评价	不建议选择方案二。综合比较方案一和方案三的税负成本和时间成本后，选择其中一种		

在本案例中由于 X 公司评估增值较高，张三李四选择第三种方式股权投资。

第五阶段：员工股权激励

在 X 公司创业之初，曾授予 3 名高管期权，等待期为 3 年。如今该期权已到行权期，3 名高管选择行权，行权价格为 3 元/注册资本。同时，X 公司又启动新一轮股权激励计划，共授予 20 名管理层和核心技术人员限制性股权[⊖]，授予的价格为 6 元/注册资本。上述员工均通过有限合伙企业甲间接持股。同时，张三为了与合伙企业进行风险隔离，将普通合伙人更换为自己设立的有限公司 W（具体原因见第 2 章有限合伙企业架构），如图 13-6 所示。

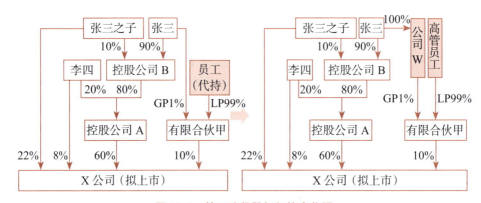

图 13-6　第五阶段股权架构变化图

针对本次股权激励，X 公司需关注以下要点。

1. 需判定是否构成股份支付

根据《企业会计准则第 11 号——股份支付》，股份支付是指企业为获取职工和其他方提供服务而授予权益工具或者承担以权益工具为基础确定

⊖ 限制性股权是指激励对象按照股权激励计划规定的条件（在本案例中为收入和净利润考核指标），获得的转让等部分权利受限制的本公司股权。

的负债的交易。现有法规对股份支付的规定包括：

（1）会计法规的规定。《上市公司执行企业会计准则监管问题解答》（〔2009〕第1期）规定："上市公司大股东将其持有的其他公司的股份按照合同约定价格（低于市价）转让给上市公司的高级管理人员，该项行为的实质是股权激励，应该按照股份支付的相关要求进行会计处理。"上述规定虽然是针对上市公司的，但其原理同样适用于非上市公司。

《国际财务报告准则第2号——以股份为基础的支付》在其结论基础第19~20段提到：在一些情况下，可能一个主体并不直接向雇员直接发行股份或股份期权。作为替代，一个股东（或股东们）可能会向雇员转让权益性工具。在这种安排下，一个主体接受了由其股东支付的服务。这种安排在实质上可以视为两项交易：一项交易是主体在不支付对价的情况下重新获得权益性工具；另一项交易是主体接受服务作为向雇员发行权益性工具的对价。第二项交易是一个以股份为基础的支付交易。因此，理事会得出结论，主体对股东向雇员转让权益性工具的会计处理应采用和其他以股份为基础的支付交易同样的方法。

（2）证监会的规定。证监会虽未对拟上市公司的股份支付出台具体文件，但在其历年对保荐代表人的培训中多次提到股份支付的认定。

2011年第四期保荐代表人培训（厦门）对股份支付的确定时间给予了指导："关于股份支付确认时间划分：①申报期之前的股权激励可不确认费用；②报告期前两年的估值比较宽松，只要不低于净资产即可；③申报前一年及一期内严格执行股份支付政策。"

2017年9月保荐代表人培训："关于股份支付准则，报告期发行人向职工（含职工持股公司）、客户、供应商等发行新股，报告期实际控制人向职工（含职工持股公司）、客户、供应商等转让股份，会计师对其是否适用《股份支付准则》发表意见。部分不适用《股份支付准则》的情形：明晰股权,财产分割、继承、赠与等,资产重组,持股方式转换,向股东配售新股等。权益工具公允价值:审核原则,离发行时点越远,计算越宽松,越近则越严。股份支付费用一般作为非经常性损益。"

(3)股转系统的规定。根据《挂牌公司股票发行常见问题解答——股份支付》的规定,向公司高管、核心员工、员工持股平台或者其他投资者发行股票的价格明显低于市场价格或者低于公司股票公允价值的,以及发行股票进行股权激励的,挂牌公司需要进行股权支付的账务处理。另外,需要主办券商从发行对象、发行目的、股票的公允价值3个方面对挂牌企业是否涉及股份支付进行说明。尤其需要注意的是,股转系统要求主办券商对"公允价值"进行说明。在确定公允价值时,可参考同期引入外部机构投资者过程中相对公允的股票发行价格。具体内容如下:

"公允价值的论述应当充分、合理,可参考如下情形:

1)有活跃交易市场的,应当以市场价格为基础,并考虑波动性。

2)无活跃交易市场的,可以参考如下价格:

①采用估值技术。估值方法应当符合《企业会计准则第22号——金融工具确认和计量》的有关规定以确定权益工具的公允价值,并根据股份支付协议的条款的条件进行调整。可以使用的估值方法包括现金流折现法、相对价值法以及其他合理的估值方法,也可聘请估值机构出具估值报告。企业应当根据具体条件恰当选择合理的评估方法,科学合理使用评估假设,并披露评估假设及其对评估结论的影响,形成合理的评估结论。

②参考同期引入外部机构投资者过程中相对公允的股票发行价格,发行价格不公允的除外,例如,为了换取外部投资者为企业带来的资源或其他利益而确定了不合理的发行价格的情形应当被排除掉。

挂牌公司需注意的是,无论采用何种方法确定公允价格,对公允价格的论述应当合理、充分并可量化,而非只有定性的说明。"

上述规定虽然是针对发行股票的规定，但对于存量股转让同样具有参考价值。

（4）X公司的判定。根据上述规定，本次员工通过持股平台入股X公司，是否会被认定为股份支付，取决于如何认定X公司股权的"公允价值"。由于"公允价值"的认定比较复杂，现在没有硬性的要求，在实践中主要依赖券商和会计师事务所根据经验进行判断，并经证监会审核认定。

在本案例中，由于X公司距离IPO申报期较远，要求较为宽松，可以X公司净资产价格作为"公允价值"。

2. 被认定为股份支付的影响

（1）对X公司净利润的影响。根据会计准则要求，一旦被认定为股份支付，X公司需对增资的公允价值扣除股东入股成本的差额进行如下会计处理：

借：管理费用——工资薪金
　　贷：资本公积——其他资本公积

上述会计处理将减少X公司净利润。

（2）对员工个人所得税的影响。如果被认定为股份支付，则本次入股员工需缴纳个人所得税。

根据财税〔2016〕101号文[①]，符合条件的股权激励经向主管税务机关备案，可享受递延纳税税收优惠，即员工在取得股权激励时可暂不纳税，递延至转让该股份时纳税。

享受递延纳税政策的非上市公司股权激励（包括股票期权、股权期权、限制性股票和股权奖励，下同）须同时满足以下条件：

1）属于境内居民企业的股权激励计划。

[①] 《国家税务总局关于完善股权激励和技术入股有关所得税政策的通知》(财税〔2016〕101号)。

2）股权激励计划经公司董事会、股东（大）会审议通过。未设股东（大）会的国有单位，经上级主管部门审核批准。股权激励计划应列明激励目的、对象、标的、有效期、各类价格的确定方法、激励对象获取权益的条件、程序等。

3）激励标的应为境内居民企业的本公司股权。股权奖励的标的可以是技术成果投资入股到其他境内居民企业所取得的股权。激励标的股票（权）包括通过增发、大股东直接让渡以及法律法规允许的其他合理方式授予激励对象的股票（权）。

4）激励对象应为公司董事会或股东（大）会决定的技术骨干和高级管理人员，激励对象人数累计不得超过本公司最近6个月在职职工平均人数的30%。

5）股票（权）期权自授予日起应持有满3年，且自行权日起持有满1年；限制性股票自授予日起应持有满3年，且解禁后持有满1年；股权奖励自获得奖励之日起应持有满3年。上述时间条件须在股权激励计划中列明。

6）股票（权）期权自授予日至行权日的时间不得超过10年。

7）实施股权奖励的公司及其奖励股权标的公司所属行业均不属于《股权奖励税收优惠政策限制性行业目录》范围。公司所属行业按公司上一纳税年度主营业务收入占比最高的行业确定。

（3）**对X公司企业所得税的影响**。根据国家税务总局公告2012年第18号文⊖的规定，对股权激励计划实行后立即可以行权的以现金结算的股份支付，上市公司可以根据实际行权时该股票的公允价格与激励对象实际行权支付价格的差额，计算当年上市公司工资薪金支出，依照税法规定进

⊖ 《关于我国居民企业实行股权激励计划有关企业所得税处理问题的公告》（财税〔2012〕18号）及解读。

行税前扣除。X 公司可以比照上市公司进行税务处理。

（4）**股份支付确认的费用是否作为经常性损益**。根据 2017 年证监会对保荐代表人培训的资料，一般股权激励如有长期激励方案，分期确认费用，应作为经常性损益处理。大部分发行人 IPO 前的股份支付没有长期激励方案，一次性计入当期费用，对当期业绩影响很大，可以考虑作为非经常性损益处理。本次 X 公司在 IPO 申报期内一次性确认为费用，可以作为非经常性损益。

第六阶段：上下游持股

为了与营销渠道建立更紧密的合作关系，最大程度地激发经销商动力，X 公司继内部员工股权激励后推出外部经销商持股计划，如图 13-7 所示：

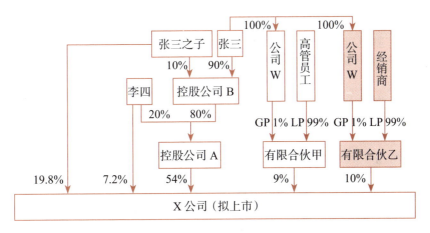

图 13-7　第六阶段股权架构变化图

在实践中，很多企业都有想法在上市前引入上游供应商或者下游渠道商作为股东，共同分享上市利益。但需要注意，如果处理不好，该上下游入股可能会导致上市障碍（在本书第 10 章"10.4 案例 20　体内参股之安井食品"的架构点评中我们曾有论述）。

笔者提示，拟上市公司引入上下游作为股东需注意以下几点：

1. 控制上下游股东的持股比例在 5% 以内

虽然至今为止没有 IPO 法规规定，持有拟上市公司多大比例的股东会被界定为关联方，但在实践中一般都会参考上市公司的规定[⊖]，将持股比例限制为 5%。我们建议，上下游股东的持股比尽量控制在 5% 以内，比例越低越好。在本案例中，X 公司引入渠道商入股，由于不了解上市规则，导致渠道商的持股比例达到了 10%，即使后续经过几轮股权稀释，依然远超 5%，不得不在上市前采取股权回购的方式，高价回购渠道商的股权。

2. 上下游股东被认定为关联方

如果上下游股东被认定为关联方，则应注意如下事项：

（1）关联交易符合内部审议程序，包括董事会决议、股东会决议等。

（2）避免不恰当的利益输送，重点关注关联交易金额、占比、定价等。

（3）避免对关联方的重大依赖，重点关注商业模式依存程度、可替代性等。

（4）规范未来关联交易的具体安排。

第七阶段：引入第一轮 PE

在完成内外部股权激励后，X 公司扩张迅猛，净利润连续两年复合增长率超过 50%。公司接下来计划引入私募股权基金 PE1（见图 13-8）。经与 PE1 谈判，X 公司估值 3 亿元，释放 10% 的股权比例，融资金额为 3 000 万元人民币，其中 123.46 万元被 X 公司计入注册资本，2 876.54 万元被 X

⊖ 《深圳证券交易所股票上市规则》(2018 年)10.1.3："具有下列情形之一的法人或者其他组织，为上市公司的关联法人：……（四）持有上市公司 5% 以上股份的法人或者其他组织及其一致行动人；""10.1.5 具有下列情形之一的自然人，为上市公司的关联自然人：（一）直接或者间接持有上市公司 5% 以上股份的自然人；"《上海证券交易所上市公司关联交易实施指引》第八条："具有以下情形之一的法人或其他组织，为上市公司的关联法人：（四）持有上市公司 5% 以上股份的法人或其他组织；"第十条："具有以下情形之一的自然人，为上市公司的关联自然人：（一）直接或间接持有上市公司 5% 以上股份的自然人；……"

公司计入资本公积——资本溢价科目。

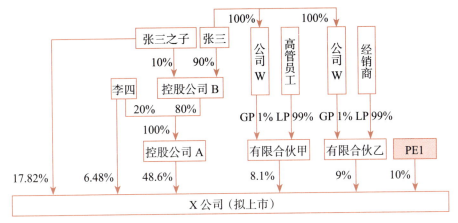

图 13-8　第七阶段股权架构图

引入私募股权基金过程中需关注以下核心要点。

1. 对赌条款

对赌是西方舶来品，英文为"valuation adjustment mechanism, VAM"，直译为估值调整机制，是收购方（包括投资方）与出让方（包括融资方）在达成并购（或者融资）协议时，对于未来不确定的情况进行一种估值调整的约定。对赌条款最早在外资基金投资中应用，如今已经成为私募股权基金投资中国企业的标配条款。

在实践中，"对赌条款"里投资人与公司大股东可能是赌公司未来几年的业绩（如收入或者净利润），也可能是赌经营数据（如 PV 访问量、UV 独立访客等），也可能是赌上市。以下为某公司与基金签定的对赌条款：

各方一致同意并承诺尽其最大努力，于 2016 年 ×× 月 ×× 日之前启动并完成公司的新三板挂牌及境内上市。如果公司股东会通过新三板挂牌及境内上市决定，各方应签订和/或促使第三方签订完成境内上市所需要的所有协议、董事会决议、股东会决议、承诺或其他文件，采取和/或促使第三方采取完成境内上市所需要的所有行动，包括但不限于向政府机关递交申请，取得依据法律完成境内上市所需要的所有政府批准。协议各方同意，作为×××的股东，按照届时首次公开发行股票时相关监管部门的要求签署相应的限售承诺或协议。

如果企业对赌失败，大股东承担的责任一般包括支付投资方补偿款或者无偿给付投资方股份。例如以下投资条款：

甲方承诺201×年度、201×年度和202×年度净利润分别不低于1 500万元、2 500万元和3 500万元。如果甲方201×年度、201×年度和202×年度合计净利润低于7 500万元，乙方有权选择按照甲方201×年度、201×年度和202×年度合计净利润的5倍P/E（3.75亿元除以7 500万元）重新计算公司估值，并由丙方进行股权补偿，即根据本次增资认购新股确定的P/E倍数（5倍）和201×年度、201×年度和202×年度实际净利润重新计算估值，据此调整股权比例。因承诺净利润与实际净利润造成的股权差额由丙方向投资方支付，用以调整相应股权比例。

常有企业咨询是否应该接受投资协议中的对赌条款，对于这个问题很难一概而论，需要综合企业融资紧迫程度、估值情况、对赌事项及责任、基金知名度等情况综合判定。笔者在此提示以下几点：

第一，尽量避免对赌"某一时间节点公司会IPO上市"。企业能否顺利实现IPO上市，除了自身素质过硬，如业绩达标、规范性良好等，还会受到股市大环境的影响。比如截至2018年9月，A股IPO共经历过9次暂停，每次暂停都与股市的大环境相关（见表13-2㊀）。当股市低迷时，为了缓解新股上市带给股市更大的冲击，IPO即使不暂停，审核力度也会加大，导致过会率低迷。由于A股上市并不完全取决于企业自身状况，受到太多

㊀ 摘自《细说IPO暂停这件事儿……》，作者前瞻君，来源于网络：https://mp.weixin.qq.com/s?__biz=MzA3NzAwOTQyOQ==&mid=2649966739&idx=1&sn=69cc4d61accecb504f7afd54c48c22c6&chksm=875f6fe9b028e6ff3e9b42e9477952ebc7ec91c0a6c034c3e3992e776c7799dc7f29a2adad41&scene=0。

宏观经济层面因素制约，对赌上市相当于押宝企业家无法掌控的事件。

表 13-2　IPO 九次暂停一览表

类别	暂停时段	暂停时长	市场情况
第一次暂停	1994 年 7 月～1994 年 12 月	5 个月	救市政策
第二次暂停	1995 年 1 月～1995 年 6 月	5 个月	国债期货 327 事件
第三次暂停	1995 年 7 月～1996 年 1 月	6 个月	市场低迷
第四次暂停	2001 年 7 月～2001 年 11 月	4 个月	国有股减持政策
第五次暂停	2004 年 8 月～2005 年 1 月	5 个月	新股发行询价制度改革
第六次暂停	2005 年 5 月～2006 年 6 月	13 个月	股权分置改革
第七次暂停	2008 年 9 月～2009 年 6 月	9 个月	金融危机
第八次暂停	2012 年 11 月～2014 年 1 月	14 个月	市场低迷
第九次暂停	2015 年 7 月～2015 年 11 月	4 个月	市场低迷

第二，企业应未雨绸缪，提早进行资金规划。避免在资金链面临断裂风险时再启动融资计划，一般应保证公司的资金能维持公司正常运营 1 年。

2. 回购条款

投资人在企业对赌失败后，为了保护自身利益，往往还会约定回购条款，即大股东以约定的价格收购投资方的股份。回购价格多为投资方全部出资额 + 按年利率 $x\%$ 计算的利息（复利或者单利）。在实务中，年利率多在 8%～12%。以下为某私募股权基金与某公司签订的《增资协议》中的回购条款。

5.1　当出现以下情况时，投资方有权要求原股东回购投资方所持有的全部公司股份：

5.1.1　不论任何主观或客观原因，标的公司不能在 201× 年 12 月 31 日前实现首次公开发行股票并上市，该等原因包括但不限于标的公司经营业绩方面不具备上市条件，或由于公司历史沿革方面的不规范未能实现上市目标，或由于参与公司经营的原股东存在重大过错、经营失误等原因造成公司无法上市等；

5.1.2 在201×年12月31日之前的任何时间，原股东或公司明示放弃本协议项下的标的公司上市安排或工作；

5.1.3 当公司累计新增亏损达到投资方进入时以200×年12月31日为基准日公司当期净资产的20%时；

5.1.4 原股东或标的公司实质性违反本协议及附件的相关条款。

5.2 本协议项下的股份回购价格应按以下两者较高者确定：

5.2.1 按照本协议第三条规定的投资方的全部出资额及自从实际缴纳出资日起至原股东或者公司实际支付回购价款之日按年利率10%计算的利息（复利）。

5.2.2 回购时投资方所持有股份对应的公司经审计的净资产。

5.3 本协议项下的股份回购均应以现金形式进行，全部股份回购款应在投资方发出书面回购要求之日起2个月内全额支付给投资方。投资方之前从公司所收到的所有股息和红利可作为购买价格的一部分予以扣除。

5.4 原股东在此共同连带保证：如果投资方中任何一方根据本协议第5.1条要求标的公司或原股东回购其持有的标的公司全部或者部分股份，或者根据本协议第5.5条要求转让其所持有的标的公司全部或者部分股份，原股东应促使标的公司的董事会、股东大会同意该股份的回购或转让，在相应的董事会和股东大会上投票同意，并签署一切必须签署的法律文件。

在签订回购条款时，需注意回购的触发条件是否很明确，比如以下回购条款："如果公司的前景、业务或财务状况发生重大不利变化，投资方有权要求原股东回购投资方所持有的全部公司股份。购买价格等于原始购买价格加上已宣布但尚未支付的红利。"这个条款很模糊，对公司非常有惩罚性，并且给予投资人基于主观判断的控制权，理性的企业家不应该接受。

3. 其他条款

除了上述条款外，引入 VC/PE 尚需关注以下条款，如表 13-3 所示。

表 13-3 投资常见条款一览表

投资条款名称	案例	条款内容示例[①]
董事委任权	江南布衣	VKC 有权委任 N&N Capital 董事会、本公司董事会及杭州江南布衣董事会一名董事
随售权	江南布衣	倘股东拟向第三方出售或转让任何股份，可交换票据持有人及 N&N Capital 有权按不逊于转让方发出的转让通告所载的条款及条件购买全部或部分该等股份
知情及查阅权	江南布衣	可交换票据持有人有权获得本集团各公司的财务及运营资料，以查阅本集团各公司的财产及记录并进行备份以及与高级员工讨论事务、财务及账目
拖售责任	美图公司	若持有多于 50% 发行在外普通股股东（拖售持有人）建议执行拖售（定义见下文），而于紧接该等拖售交易之前本公司的内涵估值（A）倘该等交易于 2018 年 4 月 20 日当日或之前完成，至少为 50 亿美元，或（B）倘该等交易于 2018 年 4 月 20 日之后并于 2020 年 4 月 20 日当日或之前完成，至少为 60 亿美元，根据拖售持有人之书面通知要求，除拖售持有人外的各股东应按要求执行以下事项：(i) 就其于直接或间接持有的本公司所有证券投票或出具书面同意书赞成该等建议拖售，并反对任何合理预期可能延迟或影响任何该等建议拖售进行的提案；(ii) 就建议拖售而言，避免在任何时候使适用法律下的任何异议者权利或评估权；及 (iii) 采取所有合理必要行动以促成建议拖售
拖售责任	美图公司	[拖售] 乃指 (i) 售出、租出、转让或以其他方式处置本公司或任何集团公司所有或几乎所有资产；(ii) 转让或以独占方式售出集团公司所有或几乎所有知识产权；及 (iii) 售出、转让或以其他方式处置本公司或任何集团公司已发行及发行在外的股本，而于紧接该等交易之前本公司的股东或该等集团公司的股东于紧随该等交易之后拥有存续公司不足百分之五十（50%）的投票权（仅为税收目的或仅为变更本公司住所而施行的交易除外），或 (iv) 任何集团公司与或向其他任何业务实体兼并、改组或进行其他业务合并，而于紧接该等兼并、改组或业务合并之前该等集团公司的现有股东于续存实体中并无保有绝大多数投票权
清盘权利	美图公司	如本公司发生任何清盘、解散或清算（不论自愿与否），优先股股东有权较任何其他股东优先收取相当于其初始投资额加上所有已宣派但未支付的股息的金额

（续）

投资条款名称	案例	条款内容示例①
优先认购权	周黑鸭	天图投资者及IDG投资者拥有优先认股权，以该比例购买可能出售及发行的任何新证券
反摊薄条款	周黑鸭	倘任何新证券的建议发行价低于天图投资者及IDG投资者根据2012年投资协议支付的认购价，天图投资者及IDG投资者应有权获得补偿
禁售期	美团点评	直至（i）本公司及编纂同意的有关时间；及（ii）自编纂起180天及所有其他编纂90天（以较早者为准），本公司及任何股东概不得进行任何股份公开销售或分派（作为[编纂]的部分除外）

① 条款内容均来源于各公司在香港上市时的招股说明书。

第八阶段：设立复制型控股子公司

引入私募基金资金后，X公司开始全国性扩张，并成立复制型子公司a，实施高管跟投模式。高管跟投比例限定为10%。第八阶段股权架构图如图13-9所示。

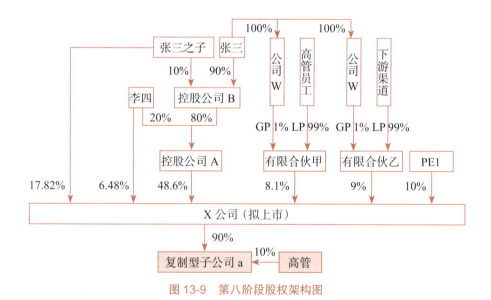

图13-9 第八阶段股权架构图

第九阶段：设立拆分型全资子公司

自投资成立复制型子公司后，X公司业务扩张迅猛，盈利能力强。由于税负居高不下，因 W 地政府招商引资政策吸引，X 公司将价值链中的销售环节拆分，成立拆分型子公司 b 并在当地招聘员工，即 X 公司和 a 公司将产品销售给 b 公司，由 b 公司完成终端销售（见图 13-10）。W 政府承诺对税收留成部分给予财政返还。

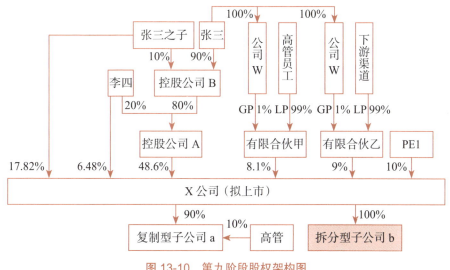

图 13-10　第九阶段股权架构图

第十阶段：体内设立创新型子公司

因为 X 公司现金流充沛，于是又投资设立创新型子公司 c，希望利用公司现有营销渠道和品牌资源，开发新业务。对该创新型子公司 c，X 公司持股比例为 70%，X 公司高管同时兼管 c 公司业务，管理层持股比例为 30%（见图 13-11）。

创新型子公司 c 的业务开展不顺利，新业务并没有达到原来的利润预期，一直处于亏损状态。由于 c 公司的亏损，导致 X 公司的合并报表盈利能力受到影响，拉低了公司整体估值。

第十一阶段：体外设立创新型子公司

汲取了 c 公司股权架构的经验教训，当 X 公司再次进军新业务领域时，创始人张三和李四决定，由二人投资设立创新型子公司 d，即 d 公司在拟上市公司 X 体外先做孵化，待盈利时再行注入 X 公司。张三和李四选择用控股公司 A 作为投资主体，持股比例为 75%；d 公司管理层持股比例为 25%，如图 13-12 所示。

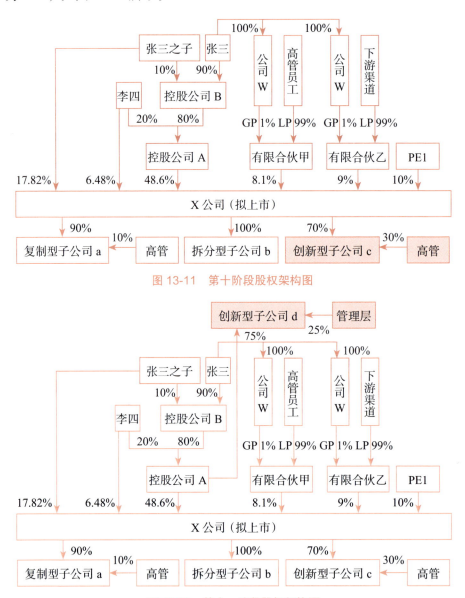

图 13-11　第十阶段股权架构图

图 13-12　第十一阶段股权架构图

为何张三和李四没有用自然人作为 d 公司的投资主体，而是选择用二人控股的 A 公司做投资主体呢？主要的考量因素是税收。如果未来 d 公司孵化成功，将会被注入至 X 上市主体。两种不同的投资主体在注入过程中将产生不同的税负。两种不同投资主体注入前后对比如图 13-13 所示。

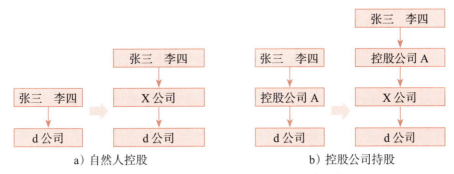

图 13-13 两种不同持股架构的注入方案比较

如果选择自然人直接持股，采用投资注入的方式（即自然人将持有的 d 公司股权投资至 X 公司，增加 X 公司注册资本），自然人将需要对 d 公司股权的评估增值缴纳个人所得税，虽然该个税可以向税务局申请递延纳税，但递延纳税期仅为 5 年[⊖]。如果选择后者控股公司 A 持股（即公司 A 将持有的 d 公司股权投资至 X 公司，增加 X 公司注册资本），控股公司 A 需要对 d 公司股权的评估增值确认为应纳税所得额，一方面，如果 A 公司当年有亏损，该股权评估增值可以补亏；另一方面，A 公司可以向税务局申请特殊性税务处理待遇，即只要 X 公司不出售 d 公司的股权，A 公司可以暂时不缴纳该评估增值的企业所得税[⊖]。

第十二阶段：体外设立参股公司

张三经过考察，看好某新兴业务领域，拟投资设立创新型子公司 e，

⊖ 见《财政部 国家税务总局关于个人非货币性资产投资有关个人所得税政策的通知》（财税〔2015〕41 号）。

⊖ 见《财政部 国家税务总局关于企业重组业务企业所得税处理若干问题的通知》（财税〔2009〕59 号）。

但考虑到新业务属于运营驱动型，如果张三仅投入资金却控股，会导致管理团队动力不足，最终的股权结构确定为：控股公司 A 仅参股 e 公司 20% 的股权，e 公司管理团队持股 e 公司 80% 的股权，如图 13-14 所示。

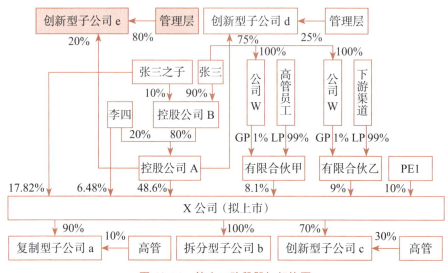

图 13-14　第十二阶段股权架构图

第十三阶段：股权置换

X 公司确定了 3 年 A 股上市规划。考虑到创新型子公司 c 一直处于亏损状态，业务发展毫无起色，X 公司决定关闭该业务，并注销 c 公司。创新型子公司 d 也一直未能实现盈利，张三和李四决定将控股公司 A 持有的 d 公司股权向 d 公司的管理层出售。复制型子公司 a 的小股东（a 公司管理层）提出将持有的 a 公司股权置换至 X 公司层面持股，享受上市增值收益。经过上述股权调整后，X 公司的股权架构如图 13-15 所示。

1. 股权置换操作方案

子公司小股东股权置换成母公司股权，在操作上可以分为以下 4 步。

第一步：对子公司进行估值。本案例中 a 公司估值为 0.25 亿元，a 公司管理层持股对应的估值为 0.25×10%=0.025（亿元）。

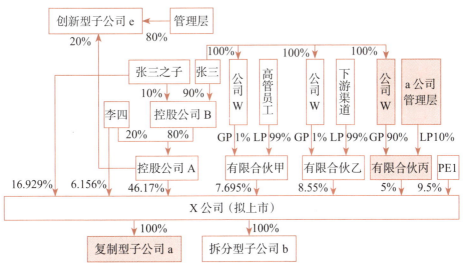

图 13-15　第十三阶段股权架构图

第二步：对母公司进行估值。本案例中 X 公司估值为 4.75 亿元。

第三步：计算换股后持股比。本案例中 a 管理层股权置换后，应持有 X 公司的股权比例为 0.025/（4.75+0.025）=0.5%。

第四步：确定股权置换的具体路径。

2.常见的股权置换路径

常见的股权置换有 3 种路径如表 13-4 所示。

表 13-4　常见的 3 种股权置换路径

置换方式	具体操作
股权转让	a 管理层将持有的 a 公司股权转让给 X 公司，张三之子将持有的 X 公司股权转让给 a 管理层
无偿赠送	a 管理层将持有的 a 公司股权赠送给 X 公司，张三之子将持有的 X 公司股权赠送给 a 管理层
股权投资	a 管理层将持有的 a 公司股权作为出资资产，对 X 公司进行出资，增加 X 公司注册资本

对于 3 种置换方式的比较可以参考表 13-4 中的内容。在本案例中，经过权衡后选择的置换路径为：① a 管理层将持有的 a 公司股权以净资产价

格转让给了 X 公司；② a 管理层和 W 公司共同设立有限合伙企业丙，对 X 公司增资。a 管理层对合伙企业丙所持有的份额比例为 10%；W 公司对合伙企业丙持有的份额比例为 90%⊖。合伙企业丙对 X 公司增资，增资后对 X 公司的持股比例为 5%。之所以设置合伙企业丙作为持股平台，目的是方便股权管理，实现张三对 X 公司更多的控制权。

第十四阶段：并购体外参股公司

考虑到创新型子公司 e 的业务开展非常顺利，已经展现出较强的盈利能力，且 e 公司的业务与 X 公司的业务有一定的互补性，张三开始与 e 公司管理层（林某等 3 人）谈判，由 X 公司收购 e 公司 100% 股权，使其成为 X 公司的全资子公司。经最终商定，e 公司估值 2 500 万元。X 公司支付给林某等 3 名自然人股东的对价为部分现金（400 万元）和 X 公司的股权⊜（价值 1 600 万元㊂）。并购后的股权架构如图 13-16 所示。

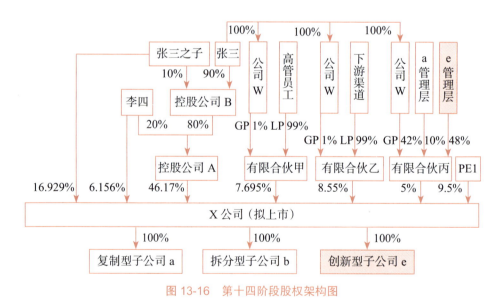

图 13-16　第十四阶段股权架构图

⊖ 该部分份额为后来的战略投资人预留。
⊜ 通过合伙企业丙间接持股。
㊂ X 公司估值以 5 亿元确定。

本次交易需关注以下两个要点。

1. 交易中的税负

如果直接操作该换股方案，是否会涉及税收呢？

（1）"股权换股权"有纳税义务吗？ 本次交易站在 X 公司的角度，属于收购行为，即 X 公司通过发行股份及支付现金购买林某等 3 人持有的 e 公司 80% 股权；该交易如果换位站在 e 公司管理层的角度，则是投资行为，即林某等 3 人将持有 e 公司的股权投资至 X 公司，增加了 X 公司的注册资本，同时换取了 X 公司向其定向增发的股份和支付的现金。以下为 X 公司收购完成后，站在不同交易方角度的示意图（见图 13-17）。

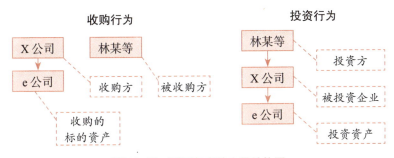

图 13-17　不同角度的交易结构图

在本次并购中，X 公司是收购方（或被投资企业），除印花税外，没有其他税种的纳税义务；e 公司作为被收购标的（或投资资产），只是股东发生变化，不存在纳税义务。林某等 3 人作为被收购方（或投资方），其取得的 X 公司的股权和现金是否存在个人所得税的纳税义务呢？对于现金部分，林某等人应确认所得毫无悬念，但对于换取 X 公司股权部分，林某等 3 人有纳税义务吗？

根据《个人所得税法》的规定，共有 9 类"个人所得"应缴纳个人所得税[一]，其中"财产转让所得"是指个人转让有价证券、股权、合伙企业中的

[一] 见《中华人民共和国个人所得税法》（2018 年修订）第二条。

财产份额、不动产、机器设备、车船以及其他财产取得的所得。"㊀那么林某等3人用持有e公司股权对外投资，该投资行为是否属于转让财产呢？根据《公司法》的规定，以非货币财产出资的，应当依法办理其财产权的转移手续㊁。在本次交易完成后，e公司的股东由林某等3人变更为X公司。e公司股权的权属发生了转移，因此，投资属于转让的一种形式。对此，国家税务总局公告2014年第67号㊂和财税〔2015〕41号㊃也给予了明确。

（2）个人所得税如何计算？根据财税〔2015〕41号的规定："个人以非货币性资产投资，应按评估后的公允价值确认非货币性资产转让收入。非货币性资产转让收入减除该资产原值及合理税费后的余额为应纳税所得额。"㊄

1）"评估后的公允价值"如何理解？根据《公司法》的规定，林某将持有e公司股权对外投资，应对股权进行评估。㊅资产评估事务所出具的评估报告显示，截至评估基准日，e公司100%股权的评估值为2 300万元。交易各方以评估值为参考，最终协商确定e公司100%股权的交易价格为

㊀ 见《中华人民共和国个人所得税法实施条例》（2018年修订）第六条第八款。
㊁ 见《公司法》第二十八条："股东应当按期足额缴纳公司章程中规定的各自所认缴的出资额。股东以货币出资的，应当将货币出资足额存入有限责任公司在银行开设的账户；以非货币财产出资的，应当依法办理其财产权的转移手续。"
㊂ 见《国家税务总局关于发布〈股权转让所得个人所得税管理办法（试行）〉的公告》第三条："本办法所称股权转让是指个人将股权转让给其他个人或法人的行为，包括以下情形：……（五）以股权对外投资或进行其他非货币性交易……"
㊃ 见《财政部 国家税务总局关于个人非货币性资产投资有关个人所得税政策的通知》第一条："个人以非货币性资产投资，属于个人转让非货币性资产和投资同时发生。对个人转让非货币性资产的所得，应按照'财产转让所得'项目，依法计算缴纳个人所得税。"
㊄ 见《财政部 国家税务总局关于个人非货币性资产投资有关个人所得税政策的通知》第二条。
㊅ 《公司法》（中华人民共和国主席令第63号）第二十七条，股东可以用货币出资，也可以用实物、知识产权、土地使用权等可以用货币估价并可以依法转让的非货币财产作价出资；但是，法律、行政法规规定不得作为出资的财产除外。对作为出资的非货币财产应当评估作价，核实财产，不得高估或者低估作价。法律、行政法规对评估作价有规定的，从其规定。

2 500 万元。

在交易中，常会出现评估价和交易价不一致的情形。例如，2012 年康恩贝（600572）收购伊泰药业 88% 的股权，伊泰药业 88% 的股权评估值为 7 822.27 万元，但康恩贝的收购价格为 20 000 万元，溢价 12 177.73 万元。对此康恩贝解释为："伊泰药业公司麝香通心滴丸等产品受原控股股东的战略调整和营销资源条件有限等影响，市场价值无法正常、有效体现。本公司以 20 000 万元受让伊泰药业公司 88% 的股权，是基于审慎并经交易双方协商确定的价格，符合合理、公允的市场交易原则㊀。"由此可见，评估价并不等同于交易价。那么财税〔2015〕41 号文中的"评估后的公允价值"应如何理解呢？笔者认为，如果交易双方是非关联关系，除非有证据证明交易价格不公允，否则应将交易价格认定为"评估后的公允价值"。对于关联交易，如果交易价格低于评估值，由投资方做出合理解释，如果有合理解释，可以将交易价格确认为公允价格，否则以评估值确认为公允价格。如果交易价格高于评估值，则以交易价格确认为公允价格。

2）资产原值。根据国家税务总局公告 2015 年第 20 号㊁的规定，非货币性资产原值为纳税人取得该项资产时实际发生的支出。国家税务总局公告 2014 年第 67 号则对股权的原值的确认方法给予了详细规定㊂。另外，67 号文对个人多次取得同一被投资企业股权的，转让部分股权时，采用"加

㊀ 见康恩贝 2012 年 8 月 9 日《浙江康恩贝制药股份有限公司对外投资公告》。
㊁ 《关于个人非货币资产投资有关个人所得税征管问题的公告》（国家税务总局 2015 年第 20 号公告）。
㊂ 见第十五条：个人转让股权的原值依照以下方法确认：（一）以现金出资方式取得的股权，按照实际支付的价款与取得股权直接相关的合理税费之和确认股权原值；（二）以非货币性资产出资方式取得的股权，按照税务机关认可或核定的投资入股时非货币性资产价格与取得股权直接相关的合理税费之和确认股权原值；（三）通过无偿让渡方式取得股权，具备本办法第十三条第二项所列情形的，按取得股权发生的合理税费与原持有人的股权原值之和确认股权原值；（四）被投资企业以资本公积、盈余公积、未分配利润转增股本，个人股东已依法缴纳个人所得税的，以转增额和相关税费之和确认其新转增股本的股权原值；（五）除以上情形外，由主管税务机关按照避免重复征收个人所得税的原则合理确认股权原值。

权平均法"确定其股权原值。本案例中,林某 3 人投入 e 公司的投资成本为 500 万元。

3) 合理税费。根据国家税务总局 2015 年第 20 号的规定,"合理税费"是指纳税人在非货币性资产投资过程中发生的与资产转移相关的税金及合理费用。在本次交易中,投资的资产为 e 公司股权,股权过户中的税费包括印花税、工商登记费用等。如果自然人对外投资的资产为房屋、土地、无形资产等,其合理税金还可能包括增值税及附加、土地增值税、契税等。

在本案例中,林某等 3 人将持有 e 公司 80% 的股权作价 2 000 万元投资至 X 公司,其签订的《投资协议》是否需要按"产权转让书据"税目缴纳印花税?根据国税发〔1991〕155 号⊖规定,"财产所有权"转移书据的征税范围包含企业股权转让所立的书据。由于印花税政策缺乏对"股权转让"行为的解释,所以,股权投资是否属于上述文件中的股权转让一直在实务中莫衷一是,各地基层税务局也存在不同的理解。⊜另外,财税〔2003〕183 号⊜规定,企业因改制签订的产权转移书据免予贴花。如果股权投资所立书据属于印花税征税范围,那么是否可以享受"改制"的优惠待遇呢?由于没有文件对改制做出明确定义,又成为实务中有争议的问题。如果林某等 3 人缴纳了印花税,该税金可以在计算个人所得税时扣除,另外办理工商登记的相关费用,也允许扣除。

4) 应纳税款计算。假设不考虑 X 公司并购案中的合理税费,林某等 3

⊖ 《国家税务总局关于印花税若干具体问题的解释和规定的通知》(国税发〔1991〕155 号)。

⊜ 《财政部 国家税务总局关于以上市公司股权出资有关证券(股票)交易印花税政策问题的通知》(财税〔2010〕7 号)曾明确"投资人以其持有的上市公司股权进行出资而发生的股权转让行为,不属于证券(股票)交易印花税的征税范围,不征收证券(股票)交易印花税。"但对于非上市公司股权出资是否属于印花税征税范围,并无文件明确。

⊜ 《财政部 国家税务总局关于企业改制过程中有关印花税政策的通知》(财税〔2003〕183 号)。

人应缴纳的个人所得税金额为：(2 000-500)×20%=300（万元）。

(3) 是否有税收优惠。 根据财税〔2015〕41号的规定，个人以非货币性资产投资，应于非货币性资产转让、取得被投资企业股权时，确认非货币性资产转让收入的实现[一]。个人应在发生上述应税行为的次月15日内向主管税务机关申报纳税。[二]但考虑到个人用非货币资产对外投资时，可能缺乏纳税必要资金，所以41号文给予了递延纳税的税收优惠，即纳税人一次性缴税有困难的，可合理确定分期缴纳计划并报主管税务机关备案后，自发生上述应税行为之日起不超过5个公历年度内（含）分期缴纳个人所得税。国家税务总局2015年第20号公告对分期纳税的程序给予了细化的规定。[三]上述法规并未要求税款均匀分摊至5个年度，而是允许纳税人自行制定纳税计划并报税务局备案。因此，实务中纳税人可尽量争取税款递延至第五年。

但值得注意的是，41号公告同时规定，个人以非货币性资产投资交易过程中取得现金补价的，现金部分应优先用于缴税；现金不足以缴纳的部分，可分期缴纳。[四]

在本案例中，由于林某等3人将持有的e公司80%股权投资至X公司，取得400万元现金补价，该400万元应优先支付个人所得税。由于现金部分足以支付税款，因此林某等3人无法享受递延纳税的税收优惠。

经过论证分析后，如果林某等采取投资方式将e公司80%的股权注入

[一] 见《财政部 国家税务总局关于个人非货币性资产投资有关个人所得税政策的通知》第二条第二款。
[二] 见《财政部 国家税务总局关于个人非货币性资产投资有关个人所得税政策的通知》第三条。
[三] 见该文件第八条：纳税人非货币性资产投资需要分期缴纳个人所得税的，应于取得被投资企业股权之日的次月15日内，自行制订缴税计划并向主管税务机关报送《非货币性资产投资分期缴纳个人所得税备案表》（见附件）、纳税人身份证明、投资协议、非货币性资产评估价格证明材料、能够证明非货币性资产原值及合理税费的相关资料。
[四] 见《财政部 国家税务总局关于个人非货币性资产投资有关个人所得税政策的通知》第四条。

X 公司，需要负担个人所得税，且没有任何税收优惠，而且由于 X 公司增加注册资本，操作法律程序十分烦琐。最后，经协商后，采取了如下操作方案。

第一步：林某等 3 人将持有的 e 公司 80% 的股权作价 2 000 万元转让给 X 公司。X 公司代扣代缴林某等 3 名自然人股东 300 万元个税后，支付税后股权转让款 1 700 万元。控股公司 A 将持有的 e 公司 20% 的股权作价 500 万元转让给 X 公司。

第二步：W 公司将其持有的合伙企业丙 48% 的份额转让给林某等 3 人，转让价格为 1 200 万元。

2. 对申报 IPO 的影响

（1）对 IPO 申报时间的要求。根据证监会的法规㊀，拟上市公司在报告期内存在对同一控制下相同、类似或相关业务进行重组的，需要根据重组对拟上市公司的资产总额、营业收入或利润总额的影响情况，判断是否需要重组规范运行一段时间后再进行 IPO 申报，具体如表 13-5 所示。

㊀ 《证券期货法律适用意见第 3 号：〈首次公开发行股票并上市管理办法〉第十二条"发行人最近 3 年内主营业务没有发生重大变化"的适用意见》（中国证券监督管理委员会公告〔2008〕22 号）第三条：发行人报告期内存在对同一公司控制权下相同、类似或相关业务进行重组的，应关注重组对发行人资产总额、营业收入或利润总额的影响情况。发行人应根据影响情况按照以下要求执行：（一）被重组方重组前一个会计年度末的资产总额或前一个会计年度的营业收入或利润总额达到或超过重组前发行人相应项目 100% 的，为便于投资者了解重组后的整体运营情况，发行人重组后运行一个会计年度后方可申请发行。（二）被重组方重组前一个会计年度末的资产总额或前一个会计年度的营业收入或利润总额达到或超过重组前发行人相应项目 50%，但不超过 100% 的，保荐机构和发行人律师应按照相关法律法规对首次公开发行主体的要求，将被重组方纳入尽职调查范围并发表相关意见。发行申请文件还应按照《公开发行证券的公司信息披露内容与格式准则第 9 号——首次公开发行股票并上市申请文件》（证监发行字〔2006〕6 号）附录第四章和第八章的要求，提交会计师关于被重组方的有关文件以及与财务会计资料相关的其他文件。（三）被重组方重组前一个会计年度末的资产总额或前一个会计年度的营业收入或利润总额达到或超过重组前发行人相应项目 20% 的，申报财务报表至少须包含重组完成后的最近一期资产负债表。

表 13-5　同一控制下重组规范运行时间表

收入/资产/利润任一指标[①]	需规范运行时间
x[②] $\geqslant$ 100%	运营 1 个会计年度
100% > x $\geqslant$ 50%	将被重组方纳入尽职调查范围并发表相关意见
50% > x $\geqslant$ 20%	至少须包含重组完成后的最近一期资产负债表
x < 20%	没有要求

① 被重组方重组前一会计年度与重组前发行人存在关联交易的,资产总额、营业收入或利润总额按照扣除该等交易后的口径计算。

② x 为重组比例,重组比例 = 被重组方重组前一个会计年度末的资产总额或前一个会计年度的营业收入或利润总额/重组前拟上市主体相应项目。

根据历年保荐代表人的培训资料,针对拟上市公司存在对非同一控制下重组的,其规范运行的时间要求如表 13-6 所示。

表 13-6　非同一控制下重组规范运行时间表

资产/收入/利润任一指标	主板（中小板）[①]		申报创业板
	业务相关[②]	业务不相关[③]	
x > 100%	运行 36 个月	运行 36 个月	运行 24 个月
100% $\geqslant$ x > 50%	运行 24 个月		
50% $\geqslant$ x $\geqslant$ 20%	运行 1 个会计年度	运行 24 个月	一个会计年度
x < 20%	无时间限制	无时间限制	提供最后 1 期报表

① 证监会对主板上市前进行非同一控制下相关业务的重组,态度为支持但不鼓励。

② 业务相关是指被重组进入拟上市公司的业务与拟上市公司重组前的业务具有相关性（相同、类似行业或同一产业链的上下游）。

③ 证监会对主板上市前进行非同一控制下不相关业务的重组,态度为限制但不禁止。

在本案例中,由于 e 公司的资产总额、利润总额和收入规模均未达到 X 公司的相应指标的 20%,因此不会对 IPO 申报的时间节点产生影响。

（2）对拟上市公司业务的要求。根据相关法规,拟上市公司如果申报 A 股创业板,应只有一种主营业务,不能业务多元化[⊖]。所以,X 公司如果

⊖ 《首次公开发行股票并在创业板上市管理办法》（2018 年版）第十三条:"发行人应当主要经营一种业务,其生产经营活动符合法律、行政法规和公司章程的规定,符合国家产业政策及环境保护政策。"

未来计划申报创业板，则需要对 e 公司的业务与自身的业务相关度进行判断，如果不能被证监会判定为一种主营业务，无法申报创业板，只能申报主板和中小板。

第十五阶段：引入第二轮 PE

并购 e 公司后，X 公司引入第二轮私募股权基金 PE2。引入第二轮 PE 后，X 公司的股权架构如图 13-18 所示。

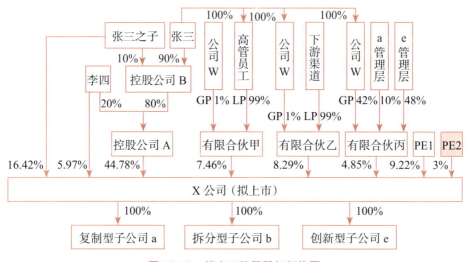

图 13-18　第十五阶段股权架构图

在公司申报 IPO 前引入 PE，需关注突击入股的问题。

1. "突击入股"的定义

"突击入股"主要是指拟上市公司在上市申报材料前一年（主板、中小板）或半年（创业板）内，有机构或者个人以低价获得该公司股份的情形。2017 年 9 月，证监会对保荐代表人培训（发行专题）第一期中，关于 IPO 上市的审核提出一些新的窗口指导意见，其中关于新引入股东的核查及股东的合规性进一步趋严，由原来申报前一年内改为申报前两年内增加说明新增股东的相关情况。

2. "突击入股"的后果

(1) "突击入股"股份的锁定期

1) 主板、中小企业板：①对于刊登招股说明书之日前 12 个月内通过增资扩股引入的股东，其所持股份自完成增资工商变更登记之日起锁定 36 个月。②对于刊登招股说明书之日前 12 个月内自控股股东、实际控制人及其关联方受得股份的股东，其所持股份自公司上市之日起锁定 36 个月。③如发行人在刊登招股说明书之日前 12 个月内以未分配利润或资本公积转增股本的，视同增资扩股，转增形成的股份自完成增资工商变更登记之日起锁定 36 个月。

2) 创业板：①对于首次公开发行股票申请受理前 6 个月内通过增资扩股引入的股东，其所持股份自完成增资工商变更登记之日起锁定 36 个月。②对于首次公开发行股票申请受理前 6 个月内自控股股东、实际控制人及其关联方受得股份的股东，其所持股份自公司上市之日起锁定 36 个月；受理前 6 个月内自非控股股东及其关联方受得股份的股东，其所持股份自公司上市之日起锁定 12 个月。③对于首次公开发行股票申请受理前 6 个月内以未分配利润或资本公积转增股本的，转增形成的股份与原有股份锁定期相同。

(2) "突击入股"的披露。根据证监会 2011 年第四期保代培训资料，申报新增股东需核查以下内容。

1) 最近一年新增股东：①需要披露持股时间、数量及变化情况、价格及定价依据；②自然人股东，最近 5 年的履历；③法人股东，法人股东的主要股东、实际控制人。

2) 最近 6 个月增资或股权转让：①增资或转让的基本情况，包括原因、定价依据、资金来源、新增股东背景等。②关联关系，新增股东与发行人及其实际控制人、发行人董监高之间、与本次相关中介机构及其签字人之间的关系；③对发行人的影响，涉及财务结构、公司战略、未来发展等的影响。

3）由于申请人普遍存在突击入股的问题，保荐代表人要重点分析新股东进来的原因、与原股东是什么关系、资金用途等；如果股东背景过于复杂，还要求在当地纪检部门备案。同一批进来的股东，按照最严格的锁定期执行股份锁定。

第十六阶段：股份制改造

引入第二轮 PE 后，X 公司开始进行股改，即由有限责任公司净资产折股整体变更为股份有限公司。在股改过程中需关注以下要点。

1. 拟上市公司应如何确定股本

截至股改时点，X 公司的净资产为 24 651.32 万元，其中实收资本 1 339.74 万元，资本公积 7 573.58 万元，留存收益（含盈余公积和未分配利润）15 738 万元。

在实务中，常有企业家认为上市时股本越大，越能彰显公司实力，在股改时，尽可能将全部未分配利润折成股本，但股本真的越大越好吗？以下我们一起来讨论拟上市公司股改时确定股本有什么技巧。

（1）**股本会影响每股发行价**。我国 A 股 IPO 发行价格[⊖]的确定主要是市盈率法，即每股发行价 = 发行后每股净收益 × 发行市盈率。对于发行市盈率，根据证监会的窗口指导意见，从 2012 年 11 月开始限制为 23 倍市盈率以下[⊜]。大部分 IPO 公司选择发行市盈率为 22.98 倍或 22.99 倍。在发行市盈率被锁定的情况下，决定每股首发价格的因素是发行后每股净收益。

⊖ 股票发行价格是指发行公司将股票出售给投资人时的价格。
⊜ 我国发行市盈率超过 23 倍的 A 股上市公司，最晚的一家为海欣食品（002702），首发上市时间为 2012 年 10 月 11 日，发行市盈率为 39.73 倍。2019 年新开设的科创板没有发行市盈率的限制。

发行后每股净收益＝发行前一年经会计师事务所审计的、扣除非经常性损益前后孰低的净利润／发行后总股本[一]。发行后总股本＝发行前总股本／（1－25%/10%）[二]。由此可见，当拟上市公司净利润一定时，决定发行价格的核心因素为股本大小。

（2）股本不宜过大或过小。因为股本与每股发行价格成反比例线性关系，所以股本的大小会决定发行价格的高低。股本过小，会导致发行价格偏高，如果明显高于同行业公司，可能会影响新股的申购和公司在二级市场的初期表现。但股本过大也有弊端，可能会压缩公司上市后通过送股[三]、转股[四]等手段进行市值管理的空间。转股、送股的实质都是股东权益的内部结构调整，对净资产收益率没有影响，对公司的盈利能力也没有任何实质性影响。那么为什么通过转股、送股会达到市值管理的效果呢？这主要是因为小盘股在高送转[五]后，股数增加，股价变小，股价降低可能会吸引更多的股民投资，也就意味着打开了个股的涨升预期。所以很多上市公司会采取定增→转增→股价攀升→再定增→再转增等操作进行市值管理。如果上市前公司的股本就过大，会导致未来转增股本的空间变小。

[一] 《证券发行与承销管理办法（2010年修订）》（中国证券监督管理委员会令第69号）第五十六条："发行人及其主承销商公告发行价格和发行市盈率时，每股收益应当按发行前一年经会计师事务所审计的、扣除非经常性损益前后孰低的净利润除以发行后总股本计算。提供盈利预测的发行人还应当补充披露基于盈利预测的发行市盈率。每股收益按发行当年经会计师事务所审核的、扣除非经常性损益前后孰低的净利润预测数除以发行后总股本计算。发行人还可以同时披露市净率等反映发行人所在行业特点的发行价格指标。"

[二] 《中华人民共和国证券法》第五十条"股份有限公司申请股票上市，应当符合下列条件：（一）股票经国务院证券监督管理机构核准已公开发行；（二）公司股本总额不少于人民币三千万元；（三）公开发行的股份达到公司股份总数的百分之二十五以上；公司股本总额超过人民币四亿元的，公开发行股份的比例为百分之十以上；……"

[三] 送股亦称"派股"，是上市公司将本年的利润留在公司里，发放股票作为红利。

[四] 转股，是上市公司将资本公积金以股本的方式赠送给股东。

[五] "高送转"，实际是指某只股票送红股或者转增股的比例很大，如10股送10股、10股转增10股、10股送5股转增5股等。一般来说，一次性送红股和转增股的总股数达到5股以上，我们即可视为高送转。上市公司一般是在年报或是中报中公布高送转方案。

2. 净资产折股税负

在税收的法规里并没有净资产折股这个概念，因此在税务处理上，应将净资产折股分解为净资产中相应的科目（包括资本公积、盈余公积、未分配利润）转增注册资本或者是股本。表 13-7 为有限公司净资产中各科目转增时，居民个人股东和居民法人股东的税负一览表。

表 13-7　有限公司转增股东税负表

会计科目	居民个人股东		居民法人股东	
	征税否	政策依据	征税否	政策依据
资本公积——资本溢价	征（中小高新企业有递延纳税优惠）	财税〔2015〕116号；国家税务总局公告2015年第80号	否	国税函〔2010〕79号
资本公积——其他资本公积	征（中小高新企业有递延纳税优惠）	国税发〔2010〕54号；国家税务总局公告2013年第23号；财税〔2015〕116号；国家税务总局公告2015年第80号	不明确（原则：转增环节纳税，则计税基础增加；转增环节不征，计税基础不增加）	无
盈余公积	征（中小高新企业有递延纳税优惠）	国税函〔1998〕第333号；国税函〔2000〕539号；国税发〔1997〕第198号；国税发〔2010〕54号；国家税务总局公告2013年第23号；财税〔2015〕116号；国家税务总局公告2015年第80号	否（留存收益为税后利润，相当于税后利润分红后，再投资增加注册资本）	根据原理
未分配利润	征（中小高新企业有递延纳税优惠）	国税发〔2010〕54号；国家税务总局公告2013年第23号；财税〔2015〕116号；国家税务总局公告2015年第80号	否（未分配利润为税后利润，相当于税后利润分红后，再投资增加注册资本）	根据原理

表 13-8 为上市公司（含新三板公司）净资产中各科目转增时，居民个人股东和居民法人股东的税负一览表。

表 13-8　上市公司（含新三板）转增税负表

	居民个人股东		居民法人股东	
	征税否	政策依据	征税否	政策依据
资本公积——资本溢价	不征	国税发〔1997〕198号；国税函〔1998〕第289号；国税发〔2010〕54号；国家税务总局公告2015年第80号	否	国税函〔2010〕79号
资本公积——其他资本公积	征（根据持股时间有税收优惠）	国家税务总局公告2015年第80号；财税〔2014〕48号；财税〔2015〕101号	不明确	无（原则：转增环节纳税，则计税基础增加；转增环节不征，则计税基础不增加）
盈余公积	征（根据持股时间有税收优惠）	国家税务总局公告2015年第80号；财税〔2014〕48号；财税〔2015〕101号	免税	《企业所得税法》第26条第2款+税收原理（留存收益为税后利润，相当于税后利润分红后，再投资增加注册资本）
未分配利润	征（根据持股时间有税收优惠）	国家税务总局公告2015年第80号；财税〔2014〕48号；财税〔2015〕101号	免税	《企业所得税法》第26条+税收原理（同盈余公积）

第十七阶段：IPO上市

公司在股改完成后，进入地方证监会辅导期，辅导期结束，向证监会申报IPO，经过两年漫长的排队等待期后，终于修成正果，在中小板成功上市。上市后公司的股权架构如图13-19所示。

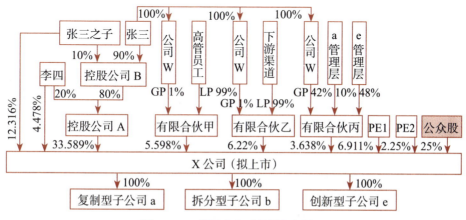

图 13-19　公司上市后的股权架构图

13.2 境外上市

13.2.1 案例 24 红筹架构之周黑鸭[⊖]

1. 周黑鸭境内架构

（1）境内顶层架构。

1）业务初创。2002 年，周富裕与妻子唐建芳在武汉成立了首家"富裕怪味鸭店"。2004 年，成立了第二家店"周记黑鸭经营部"。2005 年，"周黑鸭"品牌商标注册成功。

2）良性发展。2006 年，周氏夫妻成立了周黑鸭控股[⊜]，2009 年该公司增资至 1 000 万元人民币，增资后的股权结构为周富裕持股 64%、其妻唐建芳持股 36%。

3）引入天图。2010 年，周黑鸭引入专注于投资消费品领域的私募股权基金"天图资本"。"天图资本"以深圳天图与天图兴盛[⊜]作为投资主体，对周黑鸭增资共 5 800 万元（其中 112 万元增加周黑鸭注册资本，5 688 万元进入资本公积——资本溢价），分别持股周黑鸭控股 1% 和 9% 的股权。周黑鸭的估值为投后 5.8 亿元。天图资本倡导定位理论，支持企业走聚焦和专业化之路。引入投资人后，周黑鸭开始建设线上网络渠道。

4）引入家族等人持股。2011 年 7 月，周氏夫妻转让部分股权于家族多位亲戚及创业元老，9 月公司高管余雪通过增资持有周黑鸭 1.5% 的股权。

5）预留股权激励池。2012 年 6 月，由唐勇[四]作为普通合伙人和朱友

⊖ 周黑鸭全称"周黑鸭国际控股有限公司"，香港主板上市，股票代码：01458.HK。
⊜ 全称为"武汉世纪周黑鸭食品有限公司"，后更名为"武汉周黑鸭控股有限公司"。
⊜ 分别为深圳市天图投资管理有限公司和天津兴盛股权投资基金合伙企业（有限合伙）。本案例资料均来源于周黑鸭公告的招股章程及全球发售资料。
四 为唐建芳的兄弟。

华[一]作为有限合伙人设立合伙企业东方天富。唐勇和朱友华持有东方天富的股权比例为 60% 和 40%。周氏夫妻及天图资本以相应净资产的价格各转让周黑鸭控股 1.5% 和 0.5% 的比例于东方天富。东方天富为员工持股平台。待未来确定股权激励对象后，由唐勇和朱友华进行份额转让。

6）引入 IDG。2012 年 6 月，周黑鸭引入国际知名私募股权基金 IDG[二]，同时，天图资本追加投资。两家基金共投资 1.3 亿元，公司估值 17 亿元，IDG 和天图资本新增的持股比例为 5.88% 和 1.76%。

7）并购整合。2012 年 11 月，为了整合家庭成员的休闲卤制品业务，周黑鸭按估值 8 228 万元收购周萍（周富裕姐姐）所有的卤制品加工业务及门店。同年 12 月，周萍及周长江（周富裕兄长）以 2 017 万元及 776 万元增资周黑鸭，持股比例为 5.2% 和 2%。至此，周黑鸭的顶层架构[三]如图 13-20 所示。

图 13-20　周黑鸭上市重组前的顶层股权架构图

（2）境内底层架构。截至 2015 年 5 月（上市境内重组前），周黑鸭的境内底层架构如图 13-21 所示。

2. 搭建境外架构

（1）换国籍。在本书第 8 章海外股权架构中我们介绍过，由于我国对外国投资者并购境内企业的限制[四]，为了海外上市，周富裕妻子唐建芳于

[一] 为唐建芳的姐夫 / 妹夫。
[二] IDG（IDG Capital）系通过新疆钧扬通泰股权投资有限合伙企业投资周黑鸭。
[三] 摘自周黑鸭全球发售招股章程第 104 页。
[四] 见本书"第 8 章海外股权架构"中并购审批的相关内容。

2015年1月成为瓦努阿图共和国[一]永久公民，并于2015年6月注销中国户籍。

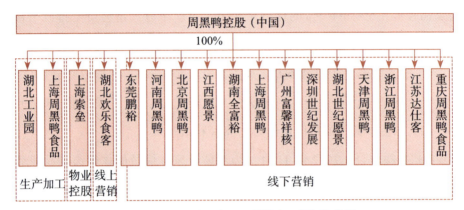

图 13-21　周黑鸭上市重组前的底层股权架构图

（2）注册成立离岸公司。

1）设立第一层BVI公司。2015年4月至5月设立4家BVI公司，分别为BVI Holdco I 公司（由唐建芳持股，未来周氏家族的权益将通过该公司综合至唐建芳名下）、BVI Holdco II 公司（由唐建芳持股，该公司拟用于潜在未来员工激励计划）、BVI Holdco III 公司（由周氏姐妹和周氏兄弟持股）、BVI Holdco IV 公司（由唐建芳持股30.54%、朱于龙19.283%、胡家庆6.425%、郝立晓4.499%、余雪勇9.790%、杜汉武6.425%、唐勇6.425%、文勇6.425%、周小红4.499%、朱友华2.246%、唐洪琼2.246%、刘定成1.287%[二]）。

2）注册成立第二层开曼公司（周黑鸭国际）。2015年5月13日，由第一层4家BVI公司及Tiantu Investments（BVI公司）、Rossy Results（BVI公司）投资设立周黑鸭国际（开曼公司），该公司为上市主体。

3）注册成立第三层BVI公司（周黑鸭BVI）。2015年5月，由周黑鸭

[一] 瓦努阿图共和国（The Republic of Vanuatu），简称瓦努阿图。
[二] 主要是周氏家族的家庭成员及亲戚，以及周黑鸭的现任和前任员工。

国际（开曼公司）投资成立周黑鸭 BVI。

4）注册成立第四层香港公司（周黑鸭香港）。2015 年 5 月，由周黑鸭 BVI 投资成立周黑鸭香港公司。

上述架构的设置目的可以参考龙湖地产案例部分内容。境外架构搭建完毕后，周黑鸭境外股权结构如图 13-22 所示。

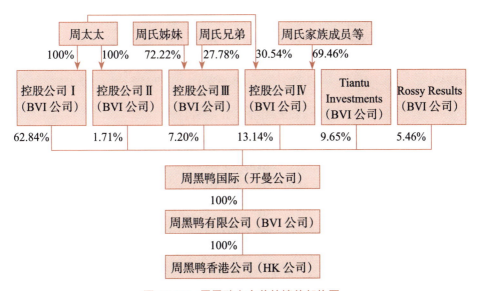

图 13-22　周黑鸭上市前的境外架构图

3. 股权架构重组

（1）**注册成立境内控股公司**。2015 年 6 月 12 日，由周黑鸭控股在湖北投资设立周黑鸭管理，该公司的定位为控股公司，由其持有境内所有附属公司股权。

（2）**将境内资产注入境内控股公司**。从 2015 年 6～7 月，周黑鸭控股将持有的湖北世纪愿景、上海周黑鸭、河南周黑鸭、湖北工业园、东莞鹏裕、天津周黑鸭、浙江周黑鸭、江苏达仕客、重庆周黑鸭食品、广东工业园及湖南全富裕（包括上海索垒）的全部股权转让给周黑鸭管理。

（3）**注册成立外商投资企业（WOFE）**。2015 年 7 月，由周黑鸭香港公司在中国湖北投资成立周黑鸭发展公司（WOFE）。

（4）**将境内资产注入WOFE**。周黑鸭发展注册成立后，周黑鸭控股将持有的周黑鸭管理全部股权转让给该公司。至此，周黑鸭全部资产及业务均注入境外上市主体内。境外红筹上市架构搭建完毕（见图13-23）。

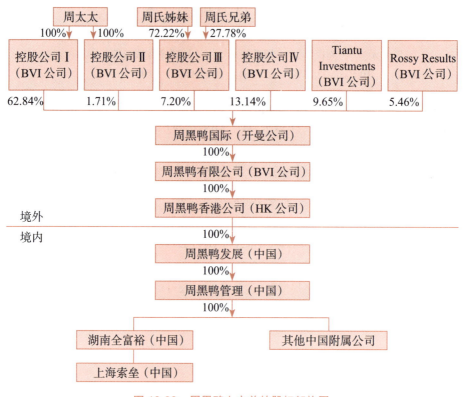

图13-23　周黑鸭上市前的股权架构图

4. 架构重组要点

（1）**支付对价方式**。在境外股权架构搭建完毕后，需将境内实体注入境外架构，即周黑鸭控股将持有的周黑鸭管理转让给周黑鸭发展，转让价格为1.226亿元。那么周黑鸭发展从哪里得来的资金支付给周黑鸭控股呢？

1）用资本金支付。境外架构的最终端股东唐建芳等注入资本金到周黑鸭（开曼公司），再按周黑鸭（开曼公司）—周黑鸭（BVI公司）—周黑鸭（HK

公司）—周黑鸭发展（WOFE）次序注资。根据汇发〔2015〕13 号○,外商投资企业外币注册资本兑换为人民币的资金可以在中国境内做股权投资，因此周黑鸭发展获得资本金后可以收购周黑鸭管理股权。但周黑鸭尚未上市，创始人股东并未获得投资收益，一下子筹措上亿元的资本金注入境外，存在一定的难度，不仅存在资金来源问题，也存在境内资金汇出的外汇管制问题，在实务中，海外控股公司可以以完成收购为条件进行私募，向境外投资者定向发行股份或发行可转换为海外公司普通股的优先股，境外控股公司股东和新私募投资人在海外控股公司之间的比例，由双方协商确定。

2）以过桥贷款资金支付。境外合格贷款机构向海外控股公司及其股东个人提供境外贷款，用于支付收购境内公司的价款，境内股东在境内提供担保，即内保外贷。关于内保外贷的规定可见汇发〔2014〕29 号○。

3）股份支付。商务部令 2012 年第 8 号○允许境内外投资者以其持有的中国境内企业的股权作为出资，设立及变更外商投资企业。商务部令 2018 年第 6 号○将外商投资企业变更事项修改为备案制。但在实务操作层面，却未见特殊目的公司跨境换股的成功案例，所以特殊目的公司股权可以作为并购的支付手段到目前为止仅存在于理论探讨层面。

（2）支付对价金额。周黑鸭控股将持有的周黑鸭管理 100% 的股权注入周黑鸭发展（WOFE），应如何确定周黑鸭管理 100% 股权的对价呢？实务中有 4 种定价方式：①以周黑鸭管理的注册资本（即股东初始投入金额）确定；②以周黑鸭管理的净资产确定；③以周黑鸭管理股权的评估报告价格确定；④参考周黑鸭管理最近一轮投资人入股时的估值确定。由于该跨境重组将导致境内资产权属的跨境转移，在实务中，为了防止国内资产流

○ 《国家外汇管理局关于进一步简化和改进直接投资外汇管理政策的通知》(汇发〔2015〕13 号)。
○ 《国家外汇管理局》《关于发布〈跨境担保外汇管理规定〉的通知》(汇发〔2014〕29 号)。
○ 《商务部关于涉及外商投资企业股权出资的暂行规定》(商务部令 2012 年第 8 号)。
○ 《外商投资企业设立及变更备案管理暂行办法》(商务部令 2018 年第 6 号)。

失,各地外管局多会以从严口径,要求以第三种评估价或第四种最近一轮投资人入股的估值作为定价依据。

(3)跨境重组税负。周黑鸭控股与周黑鸭发展(WOFE)签订股权转让协议,将持有的周黑鸭管理 100% 的股权转让给周黑鸭发展,该行为涉及哪些税收呢?

1)企业所得税。周黑鸭控股应确认股权转让所得,并入当年的应纳税所得额。同时笔者提示,根据《企业所得税法》的规定,企业与其关联方之间的业务往来,不符合独立交易原则而减少企业或者其关联方应纳税收入或者所得额的,税务机关有权按照合理方法调整。㊀也就是说,即使周黑鸭控股与周黑鸭发展的最终顶层结构是相同的,该股权转让的目的并非套现,但由于周黑鸭管理被注入境外架构,可能涉及国家税款跨境流失,因此,税务局有权以周黑鸭管理股的公允价格核定征收企业所得税。

2)印花税。根据国税发〔1991〕155 号的规定,股权转让合同应按"产权转移书据"税目,按所载金额的万分之五贴花。

13.2.2　案例 25　红筹架构之正荣地产

正荣地产的创始人为欧宗荣。2018 年 1 月正荣地产在香港联合交易所上市。欧宗荣是如何搭建的红筹架构呢?

1. 谋划上市

从 2014 年开始,欧宗荣开始谋划正荣地产上市。2014 年 7 月,欧宗荣之子欧国伟在境外设立一系列离岸公司,公司架构如图 13-24 所示。

㊀ 见《企业所得税法》第四十一条。

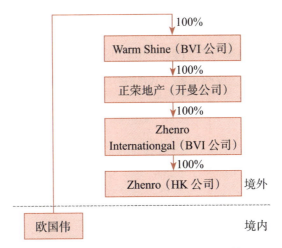

图 13-24　2014 年搭建系列离岸公司架构图

2. 境内重组

2015 年 7 月，正荣集团成立正荣地产控股，并以该公司作为股东控股平台，对境内公司进行重组。经过两年的时间，正荣地产的境内重组工作完成，如图 13-25 所示。

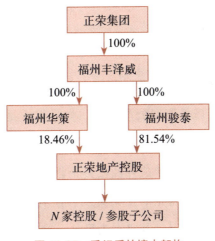

图 13-25　重组后的境内架构

3. 境外架构

2017 年 6 月 28 日，欧宗荣于英属维尔京群岛注册成立 RoYue 及 RoJing，欧国强于英属维尔京群岛注册成立 RoSheng。2017 年 7 月 13 日，RoYue、RoJing 及 RoSheng 以象征性对价认购上市主体的股份。2017 年 7 月 28 日，Zhenro HK 于中国成立福州汇衡（WOFE）。股权架构如图 13-26 所示。

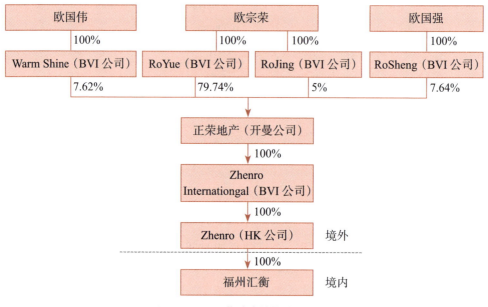

图 13-26　正荣地产的境外架构图

4. 资产注入

至此，正荣地产的境内和境外架构全部搭建完毕。接下来，正荣地产开始将境内资产注入境外离岸公司架构。为了避开商务部的并购审批，该注入资产环节共分为以下几个步骤。

第一步：将福州丰泽威变成外商投资企业。

2017 年 8 月 10 日，明兆向正荣集团收购其持有的福州丰泽威 5% 的股权。明兆是一家香港公司，其股东为另外一家香港公司 Blooming Force。由此，福州丰泽威由内资企业变更为中外合资经营企业。

第二步：上市主体间接收购明兆 100% 股权。

2017 年 8 月 24 日，开曼的上市主体收购明兆的股东 Blooming Force

100% 股权。作为转让对价，上市主体向 Blooming Force 的股东华博的全资子公司 Sky Birdge 发行 2 500 股股份。

第三步：WOFE 公司收购福州丰泽威 95% 的股权。

2017 年 8 月 24 日，正荣集团将其持有的福州丰泽威 95% 的股权全部转让给福州汇衡（WOFE）。

正荣地产的红筹架构全部搭建完毕，如图 13-27 所示。

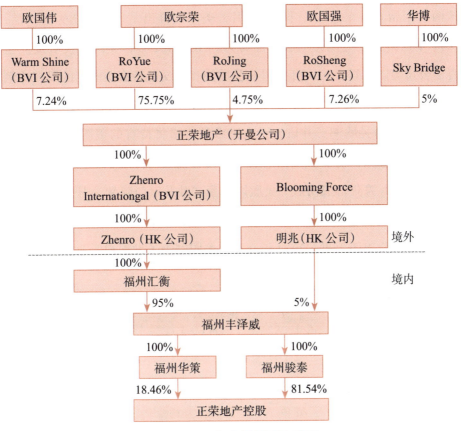

图 13-27　正荣地产的境外架构图

13.2.3　案例 26　VIE 架构之美图公司

在本书第 8 章海外股权架构中，我们曾对 VIE 架构进行过介绍，本小节

将以美图公司（01357.HK）为例，一起讨论其在香港上市前的股权重组。⊖

1. 美图境内架构

2003年6月，美图网⊜成立，创始人股东为吴欣鸿（持股比47%）、Cai Chongzhen（33%）和Mei Feng（20%），注册资本100万元人民币。但美图业务的真正发力是2008年。2008年7月，美图网引入了天使投资人蔡文胜（蔡文胜收购Cai Chongzhen和Mei Feng持有的美图网公司股权，该两名创始人股东退出），同年10月，美图网推出了首款美图秀秀产品，2011年推出首款应用移动版美图秀秀。2011年2月，美图网投资成立全资子公司美图互娱。2014年1月，吴欣鸿和蔡文胜持有美图网的股权比例为48%和52%。2015年12月，蔡文胜以原始出资价将持有的美图网3%的股权转让给吴欣鸿，并以1元人民币的价格将持有的美图网49%的股权转让给女儿蔡舒婷。美图网的股权结构为吴欣鸿持股51%，蔡舒婷持股49%。美图秀秀获得成功后，吴欣鸿、蔡文胜及厦门隆领注册成立了美图移动，持股比为45%、42.5%及12.5%（见图13-28）。2013年6月美图移动推出了首款美图手机。2014年9月，美图网为了发展视听业务，收购了美拍科技100%的股权。

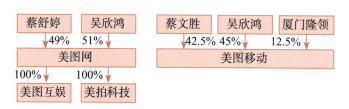

图13-28 美图网股权架构图

2. 搭建境外架构

2013年7月，美图公司（Meitu.Inc）在开曼群岛注册成立，该公司定

⊖ 本案例资料均整理自美图公司（01357.HK）公告的招股章程及全球发售资料。
⊜ 全称为"厦门美图网科技有限公司"，前称为"数字情缘网络科技有限公司"。

位为集团控股公司及未来境外上市主体。截至上市前，美图公司的股东为蔡文胜控股的 BVI 公司、吴欣鸿控股的 BVI 公司、Cai Rongjia 控股的 BVI 公司、私募股权基金，如图 13-29 所示。

图 13-29　美图境外股权架构图 1

2013 年 8 月美图公司在香港注册成立美图香港㊀。同年 10 月，美图香港在中国投资成立外商独资企业美图之家（WOFE）。同年 12 月，美图之家与美图移动、美图网（以及其各自的股东）签订了 VIE 协议㊁。从 2014 年 8 月至 2015 年年底，美图公司在境外设立了一系列公司（见图 13-30），至此，美图的境外股权结构已经搭建完毕。

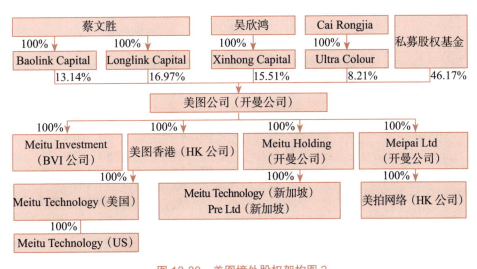

图 13-30　美图境外股权架构图 2

㊀ 全称为"美图（中国）有限公司"。
㊁ VIE，英文全称为 variable interest entities，中文翻译为可变利益实体。VIE 协议为一揽子协议，一般包括委托管理协议、股东委托投票代理协议、独家选择权协议、股权质押协议。

3. 股权结构重组

（1）**美图香港收购美图移动**。2014年6月，吴欣鸿、蔡文胜、厦门隆领及Wang Chi Lan⊖将持有美图移动的全部股权转让给美图香港（见图13-31）。美图移动的估值为2 000万元。

图13-31　美图移动股权转让交易图

（2）**美图互娱的业务转给美图之家北京**。2016年7月，美图之家（WOFE）投资设立全资子公司美图之家北京。成立美图之家北京的目的是为经营美图互娱根据中国法律不受外资限制的推广业务。美图互娱将业务转给美图之家北京后，主要做产品研发。

至此，美图已经全部完成香港上市的股权架构搭建，如图13-32所示。

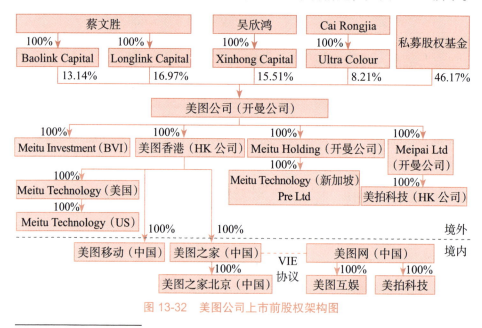

图13-32　美图公司上市前股权架构图

⊖ 于2014年5月成为公司股东。

| CHAPTER 14 |

第 14 章

家族传承型企业

14.1 夫妻股权[一]

14.1.1 离婚之痛：案例 27 昆仑万维

2016 年 9 月 13 日，昆仑万维（300418）的一则公告将董事长周亚辉推上了风口浪尖，该公告称：

根据《北京市海淀区人民法院民事调解书》（〔2016〕京 0108 民初 32888 号），周亚辉将其直接持有的昆仑万维的 207 391 145 股股份分割过户至李琼名下，周亚辉将其持有的盈瑞世纪的实缴资本 94.64 万元分割过户至李琼名下，盈瑞世纪间接持有昆仑万维 200 408 085 股股份，李琼通过分割盈瑞世纪的实缴资本间接获得昆仑万维的 70 543 646 股股份，自过户之日起上述股份归李琼所有。

根据媒体报道[二]，李琼是周亚辉的妻子，两人是发小，但即使青梅竹马

[一] 本部分内容所涉及法规见本书附录 B。
[二] 见《青梅竹马也抵不过岁月无情：昆仑万维董事长周亚辉离婚分手费高达 76.5 亿》，作者谢若琳，微信公众号：圈里局外（Truth-Be-Told-），2016-09-14。

也未能阻止后来的劳燕分飞。据昆仑万维公告的权益变动报告书，此前李琼通过盈瑞世纪间接持有昆仑万维 2 004 万股，占公司总股本的 1.778 0%。也就是说，此次离婚后，李琼总计拿走约 2.78 亿股，加上其此前持有的，此次股权分割过户完成后，李琼合计持有昆仑万维 2.98 亿股。根据 9 月 13 日昆仑万维收盘价 25.67 元 / 股计算，离婚后，李琼分得 76.5 亿元，堪称 A 股史上最贵分手费。对于昆仑万维比较幸运的是，本次权益变动后，董事长周亚辉合计控制昆仑万维 3.86 亿股股份，占公司总股本的 34.474 5%。财产分割没有导致昆仑万维实际控制人发生变化，因此未对公司运营产生影响。

原土豆网（TUDO）却因创始人王微的离婚大战而元气大伤。2010 年 11 月初，经历 5 轮融资的土豆网有望赶在优酷之前登陆纳斯达克。但在土豆网酝酿赴美上市的关键时期，王微前妻杨蕾半路杀出，将王微告上法庭。上海市徐汇区人民法院就杨蕾之前提出的离婚财产分割诉讼采取行动，冻结了王微名下 3 家公司的股权，其中包括上海全土豆网络科技有限公司 95% 的股份，土豆网上市计划因此搁浅。后王微与杨蕾达成和解，王微付给杨蕾 700 万美元（约合 4 552 万元）补偿款。2011 年 8 月，因离婚纠纷导致上市进程被搁置半年有余的土豆网终于在纳斯达克上市，但不幸遇上美国资本市场低谷，上市首日就下跌 12%，市值仅 7.1 亿美元。2013 年 3 月，优酷和土豆宣布双方将合并为优酷土豆股份有限公司，土豆网则退市。

由此可见，企业家的婚姻比普通人隐含着更大的风险。除了感情在婚后是否契合，身心交付是否如意之外，企业"江山"是否稳固也要受婚姻的影响，夫妻一旦分手，可不是"从哪里来，回哪里去"这么简单，是要"携多少分割的财产"分手的问题，并且，这些财产往往和企业的股权结构直接关联在一起，而企业的股权结构又影响着企业的发展稳定，影响成百上千名员工的劳动就业，甚至决定企业的生死存亡，可谓是牵一发而动全身。

1. 案例解析

我们以一个案例来解读夫妻离婚时股权的处理。

王朝和父亲于 2010 年共同投资成立王朝影视有限公司（以下简称"王朝影视"），王朝持股比例为 90%，出资 900 万元。2012 年王朝娶妻薛氏。2015 年，王朝影视增资 1 000 万元，其中王朝增资 900 万元，增资后王朝仍持股 90% 的股份。2016 年，王朝影视引入私募股权投资基金黑杉资本，投资时公司估值 5 亿元。2018 年，王朝与薛氏离婚。王薛婚姻经历股权变更过程如图 14-1 所示。

图 14-1　王薛婚姻经历股权变更过程图

离婚时，王朝的股权应该如何分割呢？本案例中王朝的股权分为婚后取得和婚前取得。

（1）婚后股权。

1）登记的持股比例≠分割财产比例。王朝在婚姻关系存续期间对王朝影视增资取得的股权，无论是否登记在薛氏名下，均属于夫妻共同财产⊖。在离婚时，这些股权由王朝和薛氏协商处理。协商时，薛氏可以选择分割财产后取得王朝影视股权，也可以选择让王朝给付相当于特定比例股权价值的价款。如果协商不成，则可诉讼至法院，原则上，法官会均等分

⊖ 见《中华人民共和国婚姻法》第十七条："夫妻在婚姻关系存续期间所得的下列财产，归夫妻共同所有：（一）工资、奖金；（二）生产、经营的收益；（三）知识产权的收益；（四）继承或赠与所得的财产，但本法第十八条第三项规定的除外；（五）其他应当归共同所有的财产。夫妻对共同所有的财产，有平等的处理权。"第三十九条："离婚时，夫妻的共同财产由双方协议处理；协议不成时，由人民法院根据财产的具体情况，照顾子女和女方权益的原则判决。夫或妻在家庭土地承包经营中享有的权益等，应当依法予以保护。"

割[○]。如果是非上市公司股权，按市价分配有困难的，则由法官依据数量按比例分配。[○]如果在法庭上，王朝希望获得公司经营权，是否可以向法官提出回购薛氏的股权呢？至今为止并没有相关规定。最高人民法院民二庭法官肖峰的一篇文章[○]认为："如果男方希望获得公司经营权，可回购女方的股权，原则上法院应该同意这种行为。如双方同意竞价，可价高者得股权，价低者得现金补偿，法院可让双方去庭外竞价，之后回到法院确认。"该观点仅供参考。在实践中，不同法院可能会做出不同的认定。

2）分割股权需履行公司法程序。如果薛氏在离婚析产时想得到股权，根据法律规定，股权并不能自动过户至其名下，而是要履行《公司法》中的程序。第一步，先对王朝影视进行估值，确定分割股权的价格。第二步，告知其他股东王朝的父亲和黑杉资本，征求该两名股东意见，并根据其意见分以下几种情况进行处理，如表 14-1 所示。

表 14-1 薛氏分割股权处理情况表

王朝的父亲		黑杉资本		处理方式
同意否	优先认购权	同意否	优先认购权	
是	放弃	是	放弃	薛氏享有股权
是	放弃	否	不放弃	薛氏分得股权转让价款
是	放弃	否	放弃	薛氏享有股权
否	不放弃	是	放弃	薛氏分得股权转让价款
否	放弃	是	放弃	薛氏享有股权
否	放弃	否	放弃	薛氏享有股权
否	不放弃	否	不放弃	薛氏分得股权转让价款

○ 《最高人民法院印发〈关于人民法院审理离婚案件处理财产分割问题的若干具体意见〉的通知》第 8 条："夫妻共同财产，原则上均等分割。根据生产、生活的实际需要和财产的来源等情况，具体处理时也可以有所差别。属于个人专用的物品，一般归个人所有。"

○ 见《最高人民法院关于适用〈中华人民共和国婚姻法〉若干问题的解释（二）》（法释〔2003〕19 号）第十五条："夫妻双方分割共同财产中的股票、债券、投资基金份额等有价证券以及未上市股份有限公司股份时，协商不成或者按市价分配有困难的，人民法院可以根据数量按比例分配。"

○ 见微信公众号"法语峰言"中《离婚纠纷中涉及有限公司股权的司法处理》，作者肖峰，发表时间 2015 年 10 月 28 日。

法规链接

《最高人民法院关于适用〈中华人民共和国婚姻法〉若干问题的解释(二)》(法释〔2003〕19号)

第十六条 人民法院审理离婚案件，涉及分割夫妻共同财产中以一方名义在有限责任公司的出资额，另一方不是该公司股东的，按以下情形分别处理：

(一) 夫妻双方协商一致将出资额部分或者全部转让给该股东的配偶，过半数股东同意、其他股东明确表示放弃优先购买权的，该股东的配偶可以成为该公司股东；

(二) 夫妻双方就出资额转让份额和转让价格等事项协商一致后，过半数股东不同意转让，但愿意以同等价格购买该出资额的，人民法院可以对转让出资所得财产进行分割。过半数股东不同意转让，也不愿意以同等价格购买该出资额的，视为其同意转让，该股东的配偶可以成为该公司股东。用于证明前款规定的过半数股东同意的证据，可以是股东会决议，也可以是当事人通过其他合法途径取得的股东的书面声明材料。

《中华人民共和国公司法》(2013年修正)

第七十一条 有限责任公司的股东之间可以相互转让其全部或者部分股权。股东向股东以外的人转让股权，应当经其他股东过半数同意。股东应就其股权转让事项书面通知其他股东征求同意，其他股东自接到书面通知之日起满30日未答复的，视为同意转让。其他股东半数以上不同意转让的，不同意的股东应当购买该转让的股权；不购买的，视为同意转让。经股东同意转让的股权，在同等条件下，其他股东有优先购买权。两个以上股东主张行使优先购买权的，协商确定各自的购买比例；协商不成的，按照转让时各自的出资比例行使优先购买权。公司章程对股权转让另有规定的，从其规定。

对上述分割还需注意以下几点：

①上述程序中的"同意"需要提供证据。

用于证明过半数股东同意的证据包括：王朝影视股东会决议或薛氏通过合法途径取得的股东的书面声明材料。

②"视为同意转让"的规定。

根据《公司法》的规定，如果王朝的父亲和黑杉资本在收到通知之日起满30日未答复的，视为同意转让。

③上述程序仅适用于有限公司。

以上分析仅为王朝影视是有限责任公司时，如果王朝影视已经完成股改上市，不必履行上述程序，而应该遵守上市公司对股票转让的规定，比如离婚析产分得的股票如在限售期内仍需遵守限售规定等。

（2）婚前股权。王朝在婚前取得的王朝影视的股权，是否属于夫妻共同财产呢？根据法律规定[⊖]，应区分为自然增值、孳息和投资收益根据情况而定。如果属于个人投资，但是在夫妻关系存续期间取得的投资收益，为夫妻共同财产；如果属于个人投资在婚后产生的自然增值和孳息，则为个人财产。比如王朝在婚后取得的王朝影视的分红，属于投资收益，应进行离婚析产。再如王朝婚前将资金借给他人收取的利息，属于孳息，无须分割。那么王朝影视在离婚时估值已经达到5亿元，对应王朝婚前投资部分的股权增值属于投资收益还是自然增值呢？是否应该进行分割呢？对此现有法规未给予清晰界定。按照《辞海》上的解释，投资即为企业或个人以获得未来收益为目的，投放一定量的货币或实物，以经营某项事业的行为。自然增值，字面解释属于不需要人为操作而自然增加的价值量，此过程排

⊖ 见《最高人民法院关于适用〈中华人民共和国婚姻法〉若干问题的解释（三）》（法释〔2011〕18号）第五条："夫妻一方个人财产在婚后产生的收益，除孳息和自然增值外，应认定为夫妻共同财产。"见《最高人民法院关于适用〈中华人民共和国婚姻法〉若干问题的解释（二）》（法释〔2003〕19号）》第十一条："婚姻关系存续期间，下列财产属于婚姻法第十七条规定的'其他应当归共同所有的财产'：（一）一方以个人财产投资取得的收益；……"

除夫妻一方或双方人为因素对财产价值产生的影响，即财产所有人并未将原有财产投入到价值再生产的过程中，财产增值的原因纯属外在的市场因素造成的，非主观意愿所能控制。因此，这样可以判断出资一方是否对股权进行主动管理。如果投资者进行了主动管理，则属于投资收益；如果投资者属于非主动管理，既未参与公司运作，又没有付出劳动，可以考虑该收益属于个人财产。

关联案例[一]

案件名称：原告魏某与被告孔某某离婚纠纷

审理法院：上海市长宁区人民法院（2011）长民一（民）初字第3827号

法院观点摘要：

（1）原告在婚前已取得某某公司全部股权，取得的股权系个人财产出资所得对价，实际是其个人财产的财产形态转化，股权仍属于其婚前个人所有，故被告无权主张分割原告在某某公司中享受的股权。

（2）本案中原告对某某公司享受的股权虽系个人财产，但该股权在婚后产生的收益，即原告作为某某公司股东根据其股份比例在婚姻期间应得的所有未分配利润应属于夫妻共同财产。

（3）某某公司在原、被告婚后转增资本，鉴于原告取得股权的时间是在婚前，故转增资本虽然占用了公司在原、被告婚姻期间产生的部分未分配利润，即使用了夫妻共同财产，但增资行为并不改变股权的属性，仅仅使股权对应的净资产价值增值，股权仍然属于原告的婚前个人财产。但占用夫妻共同财产转增的股本对应的净资产增值应属于夫妻共同财产，被告有权主张。鉴于某某公司在原、被告婚姻关系期间的净资产增值中除去上述属于夫妻共同财产的部分外，剩余均为原告婚前个人财产及婚后占用婚前未分配利润出资的股权在婚后产生的收益，按前文阐述，也应归夫妻共

[一] 郁忠.离婚案件股权分割司法观点集成[M].北京：法律出版社，2015:240-245.

同所有。综上，某某公司在婚姻期间的净资产增值，均属于夫妻共同财产，被告均有权主张。

2. 离婚税收

由离婚析产导致的财产权属变更是否需要王朝和薛氏纳税呢？离婚析产税负情况如表 14-2 所示。

表 14-2 离婚析产税负情况表

	分割房屋		分割股权	
	征否	政策依据	征否	政策依据
个人所得税	不征	财税发〔2009〕121 号①	不征	不属于征税范围
增值税	免征	财税〔2016〕36 号②	不征	不属于征税范围
土地增值税	不征	财法〔1995〕6 号、财税字〔1995〕48 号③	不征	不属于征税范围
契税	不征	国税函〔1999〕391 号④	不征	不属于征税范围

① 《根据国家税务总局关于明确个人所得税若干政策执行问题的通知》（国税发〔2009〕121 号）"四、关于个人转让离婚析产房屋的征税问题……（一）通过离婚析产的方式分割房屋产权是夫妻双方对共同共有财产的处置，个人因离婚办理房屋产权过户手续，不征收个人所得税。……"

② 《关于全面推开营业税改征增值税试点的通知》（财税〔2016〕36 号）附件 3《营业税改征增值税试点过渡政策的规定》"一、下列项目免征增值税……（三十六）涉及家庭财产分割的个人无偿转让不动产、土地使用权。家庭财产分割，包括下列情形：离婚财产分割；无偿赠与配偶、父母、子女、祖父母、外祖父母、孙子女、外孙子女、兄弟姐妹；无偿赠与对其承担直接抚养或者赡养义务的抚养人或者赡养人；房屋产权所有人死亡，法定继承人、遗嘱继承人或者受遗赠人依法取得房屋产权。……"

③ 《土地增值税暂行条例实施细则》（财法〔1995〕6 号）条例第二条所称的转让国有土地使用权、地上的建筑物及其附着物并取得收入，是指以出售或者其他方式有偿转让房地产的行为。不包括以继承、赠与方式无偿转让房地产的行为。

《财政部 国家税务总局关于土地增值税一些具体问题规定的通知》（财税字〔1995〕48 号）第四条规定，细则所称的"赠与"指如下情况：（一）房产所有人、土地使用权所有人将房屋产权、土地使用权赠与直系亲属或承担直接赡养义务人的。（二）房产所有人、土地使用权所有人通过中国境内非营利的社会团体、国家机关将房屋产权、土地使用权赠与教育、民政和其他社会福利、公益事业的。

④ 《关于离婚后房屋权属变化是否征收契税的批复》（国税函〔1999〕391 号）规定："根据我国婚姻法的规定，夫妻共有房屋属共同共有财产。因夫妻财产分割而将原共有房屋产权归属一方，是房共有权的变动而不是现行契税政策规定征税的房屋产权转移行为。因此，对离婚后原共有房屋产权的归属人不征收契税。"

3. 要点提示

根据民政部发布的《2017年社会服务发展统计公报》[1]，2017年我国依法办理离婚手续的共有437.4万对，比上年增长5.2%，离婚率已达3.2‰，离婚率逐年上升。为避免夫妻离婚给公司治理和股东利益造成不利影响，企业家应尽量提前进行顶层设计，既要确保配偶方的合法权益得到保障，又要保护好公司的人合性，保证公司稳定经营。对此，笔者给予如下建议：

（1）**配偶股东登记**。根据《公司法》的规定，一人有限责任公司的股东不能证明公司财产独立于股东自己的财产的，应当对公司债务承担连带责任。[2]因此，在注册公司时，为了避免成为一人有限公司，很多企业家会考虑是否将配偶列为股东。那么把配偶列为股东和不列为股东，对离婚时分家析产是否有影响呢？答案是，不会影响分割财产比例，但会影响分割流程。例如，王朝和薛氏离婚案例，不管薛氏是否为工商登记的股东，只要是婚姻关系存续期间，一方取得的股权均是夫妻共同财产，在离婚析产时会均等分割。[3]但薛氏是否为股东，在公司有其他股东的情况下，对分割流程会产生不同影响。如果薛氏不是公司股东，薛氏取得股权需征求其他股东同意（含视同同意），且其他股东拥有优先认购权；但如果薛氏已经是公司股东，则无须征得其他股东同意，其他股东也没有优先认购权。简而言之，让配偶成为股东，会在未来离婚析产时，配偶更容易获得公司股权。

---

[1] 来源于民政部官网 http://www.mca.gov.cn/article/sj/tjgb/。
[2] 见《公司法》第六十三条。
[3] 除了均分，法院一般还会考虑其他因素，比如补偿因素（婚姻法第四十条），离婚时抚养子女和照顾老人付出较多的一方有权要求补偿；经济帮助因素（婚姻法第四十二条），离婚时经济困难的一方可要求住房、股权等适当的经济帮助；离婚损害赔偿因素（婚姻法第四十六条）；主观过错因素（婚姻法第四十七条），转移、隐匿、变卖、损毁财产一方少分或不分财产。

⚖️ 法规链接

《公司法》第七十一条："有限责任公司的股东之间可以相互转让其全部或者部分股权。股东向股东以外的人转让股权,应当经其他股东过半数同意。股东应就其股权转让事项书面通知其他股东征求同意,其他股东自接到书面通知之日起满三十日未答复的,视为同意转让。其他股东半数以上不同意转让的,不同意的股东应当购买该转让的股权;不购买的,视为同意转让。经股东同意转让的股权,在同等条件下,其他股东有优先购买权。两个以上股东主张行使优先购买权的,协商确定各自的购买比例;协商不成的,按照转让时各自的出资比例行使优先购买权。……"

(2)财产分割协议。 我国《婚姻法》赋予了夫妻双方在婚前或者婚姻存续期间对财产权属进行约定的权利。也就是说,企业家可以与配偶在婚前签订婚前财产协议,约定婚前财产的增值归一方所有;结婚期间也可以签夫妻财产分别所有的约定,约定婚姻存续期间的婚前财产的增值归一方所有。在注册公司或取得股权时,也可以在工商登记时提交财产分割的书面声明或者协议。

⚖️ 法规链接

《中华人民共和国婚姻法》

第十七条 夫妻在婚姻关系存续期间所得的下列财产,归夫妻共同所有:(一)工资、奖金;(二)生产、经营的收益;(三)知识产权的收益;(四)继承或赠与所得的财产,但本法第十八条第三项规定的除外;(五)其他应当归共同所有的财产。夫妻对共同所有的财产,有平等的处理权。

第十八条 有下列情形之一的,为夫妻一方的财产:(一)一方的婚前财产;(二)一方因身体受到伤害获得的医疗费、残疾人生活补助费等费用;(三)遗嘱或赠与合同中确定只归夫或妻一方的财产;(四)一方专用的生活用品；(五) 其他应当归一方的财产。

第十九条　夫妻可以约定婚姻关系存续期间所得的财产以及婚前财产归各自所有、共同所有或部分各自所有、部分共同所有。约定应当采用书面形式。没有约定或约定不明确的，适用本法第十七条、第十八条的规定。夫妻对婚姻关系存续期间所得的财产以及婚前财产的约定，对双方具有约束力。夫妻对婚姻关系存续期间所得的财产约定归各自所有的，夫或妻一方对外所负的债务，第三人知道该约定的，以夫或妻一方所有的财产清偿。

《最高人民法院关于适用〈中华人民共和国婚姻法〉若干问题的解释（二）》（法释〔2003〕19号）

第十九条　婚姻法第十八条规定为夫妻一方所有的财产，不因婚姻关系的延续而转化为夫妻共同财产。但当事人另有约定的除外。

《公司登记管理若干问题的规定》（中华人民共和国国家工商行政管理局令第83号令）

第二十三条　家庭成员共同出资设立有限责任公司，必须以各自拥有的财产作为注册资本，并各自承担相应的责任，登记时需提交财产分割的书面证明或者协议。（备注：本条法规已被《国家工商行政管理总局关于废止有关工商行政管理规章、规范性文件的决定》废止）。

（3）信托工具。企业家可以采用家族信托、慈善基金、离岸公司等家族传承工具将婚前财产隔离，如默多克家族采用的信托；也可以将婚后财产在离婚前进行预分配，如龙湖地产创始人吴亚军的信托[⊖]。与签订婚前财产协议相比，婚前做家族信托的优势在于，其可以由财富所有者单方设立，无须告知或经结婚对象的同意，严格的保密性可以避免因为签订婚前财产

⊖ 见本书案例10：龙湖地产。

协议造成的情感隔阂；而且为了防止家族后代落入婚姻陷阱，可以在家族信托的设立过程中，排除子女配偶的收益权。

但信托等工具在实践中仅适合搭建了海外架构的企业家，并不适合境内企业的股东。这主要是由于我国采用了一元化所有权制度，与信托依托的二元化所有权制度相冲突，所以，国内的信托存在所有权归属模糊不清、受益权属性悬而未决、信托财产登记名存实亡等一系列的问题。[⊖]因此，即使企业家将股权在国内做了信托，这部分财产也有可能被认定为夫妻共同财产。

（4）多层股权架构。股权是一种复合型权利，不仅是重要的财产权利，还包括使公司稳定、高效和持续运转的治理权力。尤其在有限责任公司中，作为持股一方，往往因其特定的技术、才能、社会资源等因素获得股东地位，股东之间存有一定的利益分配或权力制衡的因素，这种人合性使得股权结构的稳定对公司运营来说极为重要。如果在离婚析产中，因离婚矛盾激化的配偶方进入公司，可能给公司股东决策层带来矛盾和分歧，甚至引发公司僵局。因此，企业家应提前做好股权结构的顶层设计，在本书第一部分曾介绍过有限合伙企业架构和控股公司架构，企业家可以通过多层股权架构的设计，最终实现股权分割但控制权并未分割的效果。

（5）公司章程。公司章程作为公司的"宪法"，对股东、董事、监事及经理等高级管理人员均具有法律约束力。作为创始人的股东为维持股东之间关系的稳定，保持公司的健康发展，如果是有限责任公司，可在公司章程中约定以下条款："如因股东离婚析产，导致股权作为被分割财产，股东

⊖ 于海涌．英美信托财产双重所有权在中国的本土化[M]．北京：中国政法大学出版社，2011．

配偶不能成为公司股东。"⊖ 同时，为了保证该章程条款的合法有效性，最好让配偶再出具声明。

（6）1年反悔期。 法律赋予了夫或妻在财产分割上的反悔期，即男女双方协议离婚后1年内就财产分割问题反悔，请求变更或者撤销财产分割协议的，人民法院应当受理。人民法院审理后，未发现订立财产分割协议时存在欺诈、胁迫等情形的，应当依法驳回当事人的诉讼请求⊖。

（7）期权分割。 根据证监会发布的《上市公司股权激励管理办法（2018年修订版）》的规定："股票期权是指上市公司授予激励对象在未来一定期限内以预先确定的条件购买本公司一定数量股份的权利。"激励对象可以其获授的股票期权在规定的期间内以预先确定的价格和条件购买上市公司一定数量的股份，也可以放弃该种权利。近年，期权在我国的运用越来越普遍，许多非上市公司也选择这一方式对员工进行激励。离婚时，期权是否需要分割呢？根据现有司法解释及法院判例，可参考表14-3的处理方式。本书附录14A 广东高院的判决案例也可供参考。

表 14-3 期权分割处理原则一览表

行权条件	行权否	处理原则
已成就	实际已行权	共同财产，可以分割
已成就	可行权但怠于行权	可行权且价值锁定的部分，直接分割
未成就	未行权	法院一般回避，告知行权之后再进行分割

⊖ 见《公司法》第七十一条："有限责任公司的股东之间可以相互转让其全部或者部分股权。股东向股东以外的人转让股权，应当经其他股东过半数同意。股东应就其股权转让事项书面通知其他股东征求同意，其他股东自接到书面通知之日起满三十日未答复的，视为同意转让。其他股东半数以上不同意转让的，不同意的股东应当购买该转让的股权；不购买的，视为同意转让。经股东同意转让的股权，在同等条件下，其他股东有优先购买权。两个以上股东主张行使优先购买权的，协商确定各自的购买比例；协商不成的，按照转让时各自的出资比例行使优先购买权。公司章程对股权转让另有规定的，从其规定。"

⊖ 见《最高人民法院关于适用〈中华人民共和国婚姻法〉若干问题的解释（二）》（法释〔2003〕19号）第九条。

14.1.2 债务之痛：案例 28　小马奔腾

1. 对赌之债

北京小马奔腾文化传媒股份有限公司㊀（以下简称"小马奔腾"），成立于 1994 年，创始人李明。小马奔腾是业内具有很高声誉的影视文化公司，曾出品过《机器侠》《花木兰》《武林外传》《无人区》《黄金大劫案》《历史的天空》《甜蜜蜜》《我的兄弟叫顺溜》《我是特种兵》等众多脍炙人口的影视作品。2014 年 1 月，小马奔腾创始人李明因心肌梗死突然去世，享年 47 岁。然而，在李明去世后，其遗孀金燕却被卷入一场始料未及的诉讼纠纷。

（1）**对赌**。2011 年 3 月，小马奔腾股东李明、李莉和李萍㊁与建银投资㊂签订《增资及转股协议》，约定建银投资以受让股权和直接增资两种方式成为小马奔腾公司的股东，占股 15%。同日，小马奔腾以及作为公司实际控制人的李明、李莉和李萍与建银投资签订了《投资补充协议》，该补充协议约定，若小马奔腾未能在 2013 年 12 月 31 日之前实现合格上市，则建银投资有权在 2013 年 12 月 31 日后的任何时间，在符合当时法律要求的情况下，要求李明、李莉和李萍共同或任一方一次性收购其所持小马奔腾公司的股权，且不得以任何理由拒绝。

（2）**赌败**。小马奔腾未能在 2013 年年底实现上市，更始料不及的是仅在对赌协议到期后的第三天，小马奔腾的创始人及灵魂人物李明去世。

（3）**纷争**。

2014 年 11 月，建银投资根据《投资补充协议》中约定的仲裁条款提起仲裁，要求李莉、李萍、金燕㊃、李自在㊄以及李明的父母根据

㊀ 原名为"北京雷明顿广告发展有限公司"。
㊁ 李莉和李萍为李明之姐姐和妹妹。
㊂ 全称为"建银文化产业股权投资基金（天津）有限公司"。
㊃ 系李明之妻。
㊄ 系李明与金燕之子。

约定，履行股份回购义务，一次性收购其持有的小马奔腾公司的全部股份①。

2014年12月，建银投资向北京市第二中级人民法院申请冻结李萍、李莉、李明持有的小马奔腾及小马奔腾股东小马欢腾②的股权。

2015年2月，金燕及其子李自在请求北京市第二中级人民法院确认《投资补充协议》中约定的仲裁条款无效，该诉讼请求被法院驳回。③

2017年4月，北京市第一中级人民法院依建银投资的申请，对金燕名下2亿元的财产采取保全措施④。

2017年9月，法院判定李明生前对赌之债为李明金燕夫妻共同债务，金燕有义务偿还。

2017年9月，北京市第三中级人民法院在京东司法拍卖网上对李莉、李萍持有的小马奔腾股权进行了拍卖。其中，小马奔腾9.6%的股权成交价3 647万元人民币，小马奔腾控股公司小马欢腾⑤所持66.67%的股份成交价1.19亿元。⑥

2017年12月，金燕向北京市高级人民法院提起上诉。

2. 案例点评

李明生前因与投资机构签订对赌协议欠下的债务是否属于夫妻共同债务，需要李明之妻偿还呢？对于夫妻之债的认定，我国立法经历了"用途论""推定论""折中论"3个阶段。

---

① 根据金燕等与建银文化产业股权投资基金（天津）有限公司申请确认仲裁协议效力一审民事判决书（北京市第二中级人民法院民事裁定书〔2015〕二中民特字第00437号）整理。
② 全称为"北京小马欢腾投资有限公司"。
③ 见北京市第二中级人民法院民事裁定书（2015）二中民特字第00437号，来源于中国裁判文书网。
④ 见北京市第一中级人民法院民事裁定书（2016）京01民初481号之二。
⑤ 小马欢腾全称北京小马欢腾投资有限公司。股东为李萍、李明和李莉。
⑥ 资料来源于京东拍卖网，网址 http://paimai.jd.com/103769389，引用时间2018年9月30日。

第一阶段：用途论。即适用《婚姻法》第四十一条的规定：离婚时，原为夫妻共同生活所负的债务，应当共同偿还。该规定主要以债务发生的用途来确定债务的性质，但在债权人主张夫妻共同债务的案件中，应当如何判断该债务是否"用于夫妻共同生活"，以及由谁承担该举证责任，《婚姻法》并未明示。《婚姻法》实施后的一段时期，法院通常对于"共同生活"的解释口径较为狭窄，并且一般将是否"用于夫妻共同生活"的举证责任加诸债权人，导致债权人的债权往往落空，甚至出现夫妻双方恶意串通逃避债务，损害债权人利益的行为。

第二阶段：推定论。即适用《婚姻法司法解释二》第二十四条的规定：债权人就婚姻关系存续期间夫妻一方以个人名义所负债务主张权利的，应当按夫妻共同债务处理，除非夫妻一方能证明债权人与债务人明确约定为个人债务，或者夫妻实行分别财产制且债权人明知的。由于实践中可以适用上述两种除外情形的案件很罕见，事实上导致只要是发生于夫妻关系存续期间的债务一律被认定为夫妻共同债务。在小马奔腾案例中，法院就是以该思路支持了建银投资主张夫妻共同债务的诉讼请求。这一判断标准虽然简单，且有利于对债权人的保护，但又因实践中出现很多夫妻举债一方与债权人恶意串通损害配偶利益的情形而被诟病。

第三阶段：折中论。由于用途论和推定论的观点均过于极端化，导致在债权人利益保护和夫妻内部善意非举债方的利益保护上往往顾此失彼，难以两全。最高人民法院于 2018 年 1 月出台了《关于审理涉及夫妻债务纠纷案件适用法律有关问题的解释》。该司法解释明确了夫妻共同债务形成时的"共债共签"原则，即夫妻双方共同签字、夫妻一方事后追认以及以其他共同意思表示形式（如电话、短信、微信、邮件等）所负的债务，均属于夫妻共同债务。立法者确立"共债共签"原则的目的是更好地保障夫妻一方的知情权、同意权，优先考虑到对意思自治基本原则和公民基本权利的维护。同时立法者在保证公平的情况下兼顾了效率，另外规定了将"为家庭日常生活需要"作为判定夫妻共同债务的重要标准。一方面，对于夫妻一方为家庭日常生活需要而产生的对外负债，不论是否基于夫妻双方的共同意思表示，都应先推定为夫妻共同债务，以保证交易效率；另一方面，对于夫妻一方明显超出为家庭日常生活需要而产生的大数额举债，则应先推定为不属于夫妻共同债务，以避免未举债一方在不知情的情况下"被负债"，体现了公平原则。

结合现有的法律规定，笔者将夫妻之债的司法认定原则总结如图14-2⊖所示。

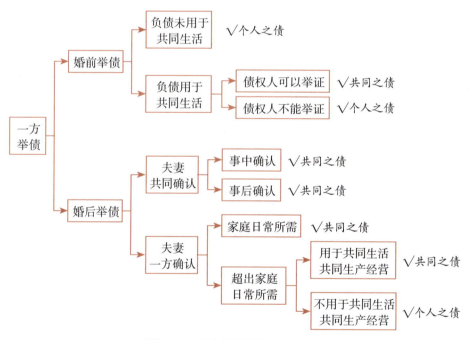

图 14-2　夫妻债务划分司法认定图

由图14-2可见，在小马奔腾案例中，金燕是否承担亡夫李明生前的对

⊖ 根据《婚姻法》《最高人民法院关于适用〈中华人民共和国婚姻法〉若干问题的解释（二）》整理。

赌之债取决于以下几个因素：

（1）金燕是否对李明签订的对赌协议知情。

（2）李明对赌之债是否超出家庭日常所需。

（3）李明对赌之债是否用于共同生活、共同生产经营。

对于债务是否用于夫妻共同生活、共同生产经营或者基于夫妻双方共同意思表示，均由建银投资承担举证责任。

14.2 兄弟股权

14.2.1 兄弟反目

【例14-2】

2006年，同胞兄弟龙大和龙二各出资500万元，成立龙文化传媒有限公司（以下简称"龙文化"），注册资金为1 000万元，后增资到15 000万元，龙大、龙二各占公司股份的50%。龙大负责外部资源整合，龙二负责内部运营管理，在兄弟二人齐心协力的经营下，龙文化业务发展十分迅猛。2014年，龙文化在上海市浦东新区购买了8 000平方米的土地及一栋办公楼，准备打造以"龙"为主题的动漫城。但当业务蒸蒸日上之时，龙大和龙二的经营理念发生了分歧，经过多次争吵后，兄弟在2018年协商分家。

14.2.2 分家方案

龙大和龙二如何进行分家呢？有以下3套方案。

1. 转股方案

在本方案下，龙大或者龙二中的一方彻底退出龙文化，退出方将持有的龙文化股份全部转让给经营方，经营方支付退出方股权转让款。经协商，龙二愿意退出，将股权全部转让给龙大。但双方因对龙文化估值无法达成一致，最终导致本方案未能实施。

2. 分立方案

在本方案下，龙文化进行存续分立，分立成两家公司。龙文化将继续存续，龙动漫城业务留在龙文化运营，除龙动漫业务外的影视业务相关资产、负债及人员转移至新设的公司，新公司名为龙娱乐有限公司（以下简称"龙娱乐"）。经协商，龙大继续运营龙文化，龙二则运营龙娱乐。具体的分立方案如下。

（1）基本原则。

1）本次分立的审计基准日为2018年6月30日。

2）基准日资产、业务主要基于属地原则、历史形成原因进行划分，负债随资产、业务归属进行划分。

3）基准日前相关期间的损益原则上根据资产归属进行划分，费用按分立后两公司对应期间的备考营业收入比例划分。

4）龙文化的或有负债/或有资产按其历史形成原因进行划分，不能确定归属的或有负债/或有资产，原则上平均分配。

（2）分立前后的注册资本情况，如表14-4所示。

表14-4 分立前后的注册资本情况

公司名称	注册资本（分立前）(万元)	注册资本（分立后）(万元)	分立后的股东情况
龙文化	15 000	6 000	龙大持股100%
龙娱乐		9 000	龙二持股100%

（3）财产分割情况。以2018年6月30日为基准日，经过分割和调整，龙文化和龙娱乐各自的资产总额、负债总额和净资产总额分别如表14-5所示。

表 14-5　龙文化和龙娱乐各自的资产总额、负债总额和净资产总额

项目	分立前		分立后			
	龙文化	比例	龙文化	比例	龙娱乐	比例
资产总额（万元）	91 714.55	100%	33 881.07	36.94%	57 833.48	63.06%
负债总额（万元）	10 313.04	100%	0.00	0.00	10 313.04	100%
净资产总额（万元）	81 401.51	100%	33 881.07	41.62%	47 520.44	58.38%

（4）**债权债务分割**。龙文化分立前产生的债权债务继续由龙文化承担，龙娱乐根据相关法律规定对龙文化分立前产生的债务承担连带责任[一]，但龙文化在分立前与债权人就债务清偿达成的书面协议另有约定的除外。

（5）**分立期间新增资产、负债的处置**。分立期间（即分立基准日的次日至龙娱乐工商登记完成之日），若龙文化相应资产、负债项目发生增减，不对分立方案产生影响。龙文化及龙娱乐在分立完成后按以下原则继承并进行相应的会计账务调整：分立期间新增的动漫业务资产、负债由龙文化承担；其余所有新增资产、负债等全部由龙娱乐承担。

（6）**分立税负**[二]。在本次分立过程中，各方是否有纳税义务呢？

1）龙文化公司。

①企业所得税。根据《财政部　国家税务总局关于企业重组业务企业所得税处理若干问题的通知》（财税〔2009〕59 号）的规定，龙文化应对分立出去的资产按公允价值确认资产转让所得或损失。由于本次重组后分立企业（龙娱乐）的股东（龙二持股 100%）未按原持股比例（龙大 50%：龙二 50%）取得分立企业（龙娱乐）的股权，所以无法享受特殊性税务处理的税收优惠。

②增值税。根据《财政部　国家税务总局关于全面推开营业税改征增

[一]《公司法》（2013 年修正版）第一百七十六条："公司分立前的债务由分立后的公司承担连带责任。但是，公司在分立前与债权人就债务清偿达成的书面协议另有约定的除外。"

[二] 本部分涉及法规见本书附录 C。

值税试点的通知》（财税〔2016〕36号）和《国家税务总局关于纳税人资产重组有关增值税问题的公告》（国家税务总局2011年第13号公告）的规定，由于本次分立属于将部分实物资产以及与其相关联的债权、负债和劳动力一并转让给龙娱乐，其中涉及的不动产、土地使用权、货物转让行为，不属于增值税征税范围，不征收增值税。

③土地增值税。根据《财政部 税务总局关于继续实施企业改制重组有关土地增值税政策的通知》（财税〔2018〕57号）的规定，企业分设为两个或两个以上与原企业投资主体相同的企业，对原企业将房地产转移、变更到分立后的企业，暂不征土地增值税。由于龙文化分立前后，投资主体发生变化（由原来的龙大和龙二各持股50%，改变为龙大持股龙文化100%、龙二持股龙娱乐100%），因此，在本次分立中房屋、土地的过户需要缴纳土地增值税。

④印花税。根据《财政部 国家税务总局关于企业改制过程中有关印花税政策的通知》（财税〔2003〕183号）的规定，以分立方式成立的龙娱乐公司，其新启用的资金账簿记载的资金，凡原已贴花的部分可不再贴花，未贴花的部分和以后新增加的资金按规定贴花。对于分立中的产权转移协议，如果是因改制签订，免于贴花。分立是否属于该文件中的"改制"，尚没有政策给予明确，实践中需根据各地税务机关的理解来执行。

2）龙娱乐公司。

①企业所得税。根据《财政部 国家税务总局关于企业重组业务企业所得税处理若干问题的通知》（财税〔2009〕59号）的规定，龙娱乐应按公允价值确认接受资产的计税基础。

②增值税。龙文化分立给龙娱乐相关资产的进项税留抵税额可以在龙娱乐继续抵扣。

③土地增值税。如果被分立公司龙文化以评估价作为转让收入缴纳了

土地增值税，则龙娱乐未来转让房屋土地计算土地增值税时，其允许扣除的土地成本是该土地的评估价。

④契税。根据《财政部 税务总局关于继续支持企业事业单位改制重组有关契税政策的通知》（财税〔2018〕17号）的规定，公司依照法律规定、合同约定分立为两个或两个以上与原公司投资主体相同的公司，对分立后公司承受原公司土地、房屋权属，免征契税。由于龙文化分立前后，投资主体发生了变化，因此，在本次分立中房屋、土地的过户，龙娱乐需要缴纳契税。

⑤印花税。同龙文化公司。

3）龙大和龙二。在本次分立中，龙大和龙二仅是将龙文化公司一分为二，并未套现，是否需要缴纳个人所得税呢？国家税务总局并未对分立中个人所得税出台政策给予明确。《海南省地方税务局关于印发企业重组中分立业务所得税税收风险特征的通知》（琼地税函〔2014〕467号）明确企业分立重组中，一般拆分为股东收回投资和再投资两个税收行为，对涉及个人股东权益变动或变更的，应按照个人所得税法的股息、利息、红利所得或财产转让所得规定计征税款。在实践中，如果分立前后发生股东权益变化，则可能遭遇被税务局追征个人所得税的风险，笔者也曾在实务中遇到过因为分立征收自然人股东个人所得税的案例。

通过上述涉税分析，龙大、龙二发现，兄弟两人分家，需要为该重组行为负担土地增值税、企业所得税、契税等，税收负担十分沉重，这是因为分立前后，龙文化和龙娱乐的股东结构发生变化所致。因此，两人对分立方案进行了修改，采取了第三种分家方案。

3. 先分立后转股方案

该方案将分家的过程拆分为两个步骤。

步骤一：同上述分立方案基本相同，唯一的差别是分立后的龙文化和龙娱乐的股权结构与分立前相同，即龙大持股 50%，龙二持股 50%。这样在分立过程中，龙文化可以享受企业所得税、土地增值税、契税等税收优惠。

步骤二：分立完成一年后，龙大将持有的龙娱乐 50% 的股权以 1 元 / 注册资本价格转让给龙二，龙二将持有的龙文化 50% 的股权以 1 元 / 注册资本价格转让给龙大。根据《国家税务总局关于发布〈股权转让所得个人所得税管理办法（试行）〉的公告》（国家税务总局公告 2014 年第 67 号），虽然龙大和龙二均平价转股，股权转让价格明显偏低，但由于龙大和龙二为直系亲属，上述转股行为不会被税务局核定征收个人所得税。

14.3 子女股权

14.3.1 案例 29 富贵鸟传承之痛

富贵鸟品牌创立于 1991 年，创始人为四兄弟林和平、林和狮、林国强及林荣河[⊖]。巅峰时期的富贵鸟曾跻身国内第三大品牌商务休闲鞋产品制造商、第六大品牌鞋产品制造商，被誉为"县城男鞋扛把子"。2013 年，富贵鸟在香港 H 股上市，在上市之前，富贵鸟更是经历了两位数的高速增长。2011～2013 年，富贵鸟的归属净利润分别同比增长 113.79%、27.47% 和 37.13%。但是上市后的富贵鸟渐渐跌落神坛，不仅在 2017 年净利润逐步下滑至亏损，更是在创始人之一林国强去世后，爆出其子女放弃继承权的新闻。创业难，守业更难！总结富贵鸟的成败得失，将对家族企业的股权传承具有很多借鉴意义。

⊖ 林和平与林和狮为兄弟，与林国强及林荣河为堂兄弟。

1. 上市模式之痛

（1）**两次改弦易辙的上市规划**。富贵鸟的上市之路颇为曲折，经历了从香港上市到内地 A 股上市再到香港 H 股㊀上市的两次转变。早在 2010 年，富贵鸟就开始谋划上市。2011 年 8 月，富贵鸟总裁洪辉煌表示，"富贵鸟会在香港上市，因为在香港上市契合富贵鸟的更加集约化、专业化以及正规化的企业发展目标"㊁。然而，当时以高达 35 倍市盈率登陆 A 股市场的九牧王（601566）动摇了富贵鸟香港上市的信心，因为同期香港服装类上市企业的估值仅为 A 股的 50% 左右。2011 年年底，富贵鸟转战 A 股市场 IPO。但自 2012 年年底浙江世宝（002703）登陆中小板之后，A 股市场就迟迟没有新的企业能顺利通过上市审核，导致 A 股 IPO 出现堰塞湖，开闸无期，企业上市风险大增。2013 年 5 月，富贵鸟撤回申报 A 股 IPO 材料。6 月，富贵鸟再次掉头走向香港市场，并于 2013 年 12 月 20 日成功登陆香港主板市场。

（2）**摇摆不定的 H 股全流通**。富贵鸟再次改弦易辙，除了 A 股上市通道拥堵的缘故，和证监会对 H 股的态度也有关系。2012 年 12 月 20 日，考虑到 A 股 IPO 受阻及境外市场回暖，中国证监会出台新政㊂，降低了境内公司境外上市门槛，取消 "456" 条款（即净资产达到 4 亿元人民币；集资额不少于 5 000 万美元；税后利润不少于 6 000 万元人民币），简化了境外上市的申报文件和审核程序。同时，证监会对全流通表现出开放态度，允许有意申请赴港上市的 H 股以 "要求案例"（By Request）形式申请全流通在

㊀ H 股，是指在香港证券交易所上市的境外上市外资股。H 股只是内地企业股份中的一部分，用来在香港股票市场交易、流通，而另一部分，即境内大股东持有的内资股，则只能在中国法人或自然人、合格国外机构投资者或战略投资者之间转让，并不能自由流通。

㊁ 赵黎、陈冉. 富贵鸟总裁洪辉煌：公司上市地选择在香港 [EB/OL].(2011-08-08)[2018-10-03]. http://news.hexun.com/2011-08-08/132218483.html.

㊂《关于股份有限公司境外发行股票和上市申报文件及审核程序的监管指引》(证监会公告〔2012〕45 号)。

港上市挂牌。富贵鸟也正是在此种背景下，对自己成为 H 股全流通第一股充满了期待。但这种期待在 2013 年 11 月戛然而止，H 股全流通项目申报暂停，全流通计划搁浅。最终，富贵鸟以普通 H 股形式登陆香港主板。

（3）**富贵鸟 H 股上市的优劣**。中国企业在 H 股上市和红筹上市有何优劣呢？具体分析如表 14-6 所示。

表 14-6 红筹股模式和 H 股模式对比表

	红筹股模式	H 股模式
定义	境外注册壳公司作为上市主体，再返程收购境内公司，或者在二者之间用 VIE（可变利益实体）模式建立一种利益控制关系的赴港上市公司	在中国境内注册成立，适用中国法律，以境内注册公司的身份直接在香港申请上市
主板要求	3 年持续经营，第一年及第二年盈利不少于 3 000 万港元，第三年盈利不少于 2 000 万港元	3 年持续经营，第一年及第二年盈利不少于 3 000 万港元，第三年盈利不少于 2 000 万港元
上市审批	香港联合交易所、香港证监会	中国证监会、香港联合交易所、香港证监会
优点	①搭建海外架构后，可以把境内资产注入境外上市主体，实现转移资产至境外的目的；②所有股东股票均可以在上市后全流通，大股东可以在境外股市减持套现；③在港上市后融资、发债等资本路径选择不需要中国的各项审批，在自由度和弹性上更有优势；④大股东可以使用信托等架构设计；⑤可以有上市前和上市后的期权计划，数量较为灵活	①只需要境内公司将主体资格改制为股份有限公司，不需要搭建海外红筹架构，在公司重组方式上较为简便，节省架构重组的税务成本和时间成本；②不能流通 H 股可以选择在 H 股上市后，再安排内资股在 A 股市场上市，即无须私有化，可在保持现有架构的同时，实现 A+H 两个资本市场上市
缺点	①需要搭建海外架构（可能包括更换国籍），程序烦琐，税负成本高；②一旦回归 A 股，需要私有化，并拆除海外架构，程序烦琐，有税收负担	①内资股不能上市流通⊖，缺乏流动性，股东无法在股市减持套现；② H 股公司在上市、融资等各方面需要受到中国香港和内地的多方审核监管；③架构搭建受到限制；④股权激励计划受到国内法规限制
适合	有海外资产配置和家族传承需求的企业家	国企和有意向做 A+H 的民营企业

⊖ 2018 年 5 月 22 日，中国证券登记结算有限责任公司发布了《H 股"全流通"试点业务指南（试行）》，标志着对 H 股全流通股的试水。另外，建设银行（00939.HK）是现阶段唯一一家理论上全流通 H 股。

由于富贵鸟选择 H 股上市，而中国证监会对信托架构不认可，所以，4 位创始人股东在富贵鸟的股权结构中未能嵌入信托工具。2017 年 6 月 27 日，富贵鸟发布公告称，创始人之一林国强已于两天前去世。由于富贵鸟集团与农业银行石狮支行的借款合同中，林国强曾签字任担保人，因此林国强去世后，银行提出诉讼请求，要求追究其配偶及子女作为第一顺位继承人，在继承遗产范围内承担连带清偿责任。于是林国强子女为了规避巨额债务，不得不选择放弃继承权。如果富贵鸟当初选择红筹架构，虽然上市前需要经历股权重组，但可以在英属维尔京群岛设置信托，以信托持股，从而有效实现风险隔离。由此可见，企业家需要结合不同资本市场融资能力、未来的资本路径规划、家族财富传承及风险隔离等多个维度选择最合适的上市地和上市模式。

2. 股权结构隐患

富贵鸟是一家典型的家族企业，创始人为兄弟 4 人，其在香港上市前的股权结构及 IPO 后股权结构如图 14-3 和图 14-4 所示。

图 14-3　富贵鸟上市前股权结构图

其在香港 IPO 发行后的股权结构如图 14-4 所示[⊖]。

从股权架构上来看，导致富贵鸟治理层面行权不畅的原因主要有以下两个。

⊖　见富贵鸟公告全球发售招股说明书第 95 页。

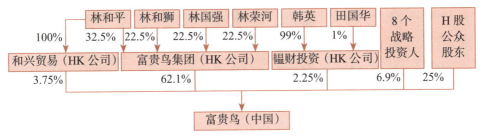

图 14-4 富贵鸟 IPO 后股权结构图

（1）股权结构分散，四人共同控股模式存在不稳定因素。根据富贵鸟的《公司章程》，股东大会是公司最高决策机构，股东大会做出普通决议，应当由出席股东大会的股东所持表决权的 1/2 以上通过。股东大会做出特别决议，应当由出席股东大会的股东所持表决权的 2/3 以上通过。㊀从股权架构分析，富贵鸟在上市后，单一最高持股股东为富贵鸟集团（持股比为 62.1%）。富贵鸟集团共有 4 名股东，持股比例分别为 32.5%：22.5%：22.5%：22.5%。由于任一股东都没有单独的决策权，从而形成了 4 人共同控股的模式。富贵鸟的招股说明书显示，在富贵鸟上市时，林和狮、林国强及林荣河均为非执行董事，仅提供战略性意见，并不参与公司业务营运的日常管理。只有林和平一人作为执行董事兼董事会主席，负责整体策略、规划及业务发展。㊁4 名创始人股东多年形成的默契使富贵鸟的治理结构在那时非常平稳，这个阶段也是富贵鸟发展的巅峰时期。在 2014 年富贵鸟上市后，先是林荣河成为执行董事㊂，随后林和狮、林国强成为执行董事㊃。3 名股东为何由原来的非执行董事成为执行董事，背后的原因我们无法得知，但共同控股人的内部平衡极易因为以下两个原因被打破：

1）公司业务转型。从 2014 年开始，电商势头崛起，传统渠道受到全面冲击。由于富贵鸟的营销模式主要是线下为主（截至 2013 年年底，富贵

㊀ 见富贵鸟《公司章程》第七十八条。
㊁ 见富贵鸟公告全球发售招股说明书第 166 页。
㊂ 见富贵鸟 2014 年 4 月 2 日发布公告：董事名单与其角色和职能。
㊃ 见富贵鸟 2014 年 8 月 26 日发布公告：董事名单与其角色和职能。

鸟共有262家直营门店、3 097家加盟店门店），亟待与时俱进，对产品、营销模式、经营模式等进行变革。然而，面对来势汹汹的互联网营销，对原有模式驾轻就熟的管理团队会存在基因不符，转型并不顺利。从财务数据来看，富贵鸟正是从2014年开始增速放缓。当业务增速下降，公司进入发展的瓶颈期，经营和战略均面临着大的调整，原有股权结构上的共同控制会随着经营层面的调整发生微妙的失衡。

2）二代接班。创始人股东往往是公司的灵魂，即使其不再下沉至日常运营层面，也会有定海神针的魅力。但是当二代接班时，年轻一代的价值观可能与老一辈截然不同。当股权结构又是共同体时，就会出现新生代在经营上已接班，但未必接班共同体内的决策权，从而导致治理结构的扭曲。

（2）富贵鸟股权均衡设置，最大创始人股东林和平单方控制权不足。进一步分析，在富贵鸟股权架构层面，林和平仅通过一人公司和兴贸易持有富贵鸟3.75%的股权，其甚至无法根据《公司法》及《公司章程》的规定，单方要求召开临时股东大会⊖。因此，林和平对于富贵鸟的控制和管理，必须通过富贵鸟集团实现。但从富贵鸟集团的股权结构而言，林和平仅持股32.5%，对富贵鸟集团并无实际控制权。其他创始人股东均持股22.5%，存在股权均衡设置情形。在该等持股比例模式下，富贵鸟集团的内部治理和对富贵鸟的管理，至少需要四方股东达成一致意见，任何一方均无单方决定权，这时的股权控制极易进入僵局。作为富贵鸟的核心灵魂人物，林和平在富贵鸟的持股比例过少，控制权极有可能受到现有股东或者外来股东的挑战，从而导致公司经营的不稳定。后来富贵鸟发生过多次人事更迭，甚至爆出内讧，也与此股权结构有极大的关系。

⊖ 见富贵鸟《公司章程》单独或合计持有在该拟举行的会议上有表决权的股份百分之十以上（含百分之十）的股东，可以签署一份或者数份同样格式内容的书面要求，提请董事会召集临时股东大会或者类别股东会议，并阐明会议的议题。董事会在收到签署书面要求后应尽快召集临时股东大会或者类别股东会议。签署持股数按股东提出书面要求日计算。

3. 始于聚焦，衰于多元

富贵鸟的崛起源自林和平战略上的聚焦。1984年，富贵鸟集团的前身——石狮市旅游纪念品厂创立。这个旅游纪念品厂以4万元起家，连同既当老板又当工人的19个堂兄弟，也不过几十个劳动力，生产人造革的凉鞋和拖鞋，每双鞋大约卖几元钱。由于经营、管理制度不灵活，分工也不明确，在磕磕碰碰中坚持了5年，多数人对这个厂的前景不看好，纷纷退股。最终持股的只剩下以林和平为首的4个堂兄弟。1989年是富贵鸟发展史上一个重要的分水岭。这一年，旅游纪念品厂进行了重组，4个股东组成新的董事会，推选林和平当厂长，把公司的经营战略转向真皮休闲鞋，并开始注册"富贵鸟"商标。专心做鞋、做好鞋，让富贵鸟荣获了"中国真皮鞋王"的美誉。

但富贵鸟上市之后，开始偏离了专注做鞋的主业。2015年4月22日，富贵鸟有限公司2014年公司债券（简称"14富贵鸟"）发行，总额为8亿元人民币，票面利率6.3%，期限为5年。2015年10月，富贵鸟入股叮咚钱包，股份占比高达80%。叮咚钱包运营主体是深圳中融资本投资有限公司，成立于2013年8月20日，注册资本为5 000万元人民币，资产端涵盖供应链金融、消费金融、汽车金融、资管产品、海外基金等。除了入股叮咚钱包，2015年年初，富贵鸟还与深圳中融资本（也就是叮咚钱包的主营公司）达成协议，以千万美元战略投资互联网交易平台"共赢社"。共赢社专注于为自然人提供小额借贷。公司战略上由聚焦向多元化发展，如果富贵鸟业绩没有如预期般上升，势必会引发原有股东共同体的裂痕及人事上的频繁调整，进而更加损害经营。

14.3.2 富贵鸟案例启发

中国民营企业家的财富积累始于改革开放后中国经济的腾飞。对于如何实现财富传承，中国企业家并没有太多可供参考、借鉴的经验，尽管国外不乏相关案例，但毕竟与中国的国情不同、法律环境不同，无法直接拿来就用。企业家在处理离婚、传承等类似家庭问题时，主要依赖于情感或家长的个人权威来解决，不太愿意接受太多外力的帮助或参与。依靠个人威信来处理家族事宜毕竟存在太多的偶然性和不可复制性，而且，感情的影响总是有太多的不确定性，富人一旦面临夫妻反目、兄弟成仇的境地，相较于普通人而言，处理经济纠纷时升级到法律诉讼就在所难免。其实，防患于未然，增强法律意识，提前对股权架构进行安排，才是企业家平衡家庭和企业的"维稳"之道。

CHAPTER 15
第 15 章

被并购型企业

15.1 案例 30 慈铭体检

15.1.1 第一阶段架构[一]

2004 年 9 月，慈铭体检[二]注册成立，创始人为夫妻档胡波和韩小红。仅成立 1 年后，慈铭体检便得到了国内知名私募基金鼎晖投资[三]的青睐，以每股 1.97 元的价格对慈铭体检增资 1 933 万元，占股比例为 39.52%。2007 年 4 月，胡波和韩小红将自然人直接架构调整为间接架构，即先投资注册成立健之康业公司[四]，然后将持有的慈铭体检的全部股权平价转让给健之康业（胡波夫妻为何要进行股权架构调整，可以参考本书第 6 章控股公司架构）。之后，慈铭体检又进行过多轮股权变更，并于 2012 年 3 月 24 日，慈铭股份完成了 IPO 的证监会申报工作。截至申报 IPO 资料时，慈铭体检的

[一] 根据《慈铭健康体检管理集团股份有限公司首次公开发行股票招股说明书（申报稿）》内容整理。
[二] 全称为"北京慈济医院管理有限公司"。
[三] 北京鼎晖创业投资中心（有限合伙）。
[四] 全称为"北京健之康业投资咨询有限公司"。

股权结构如图 15-1 所示。

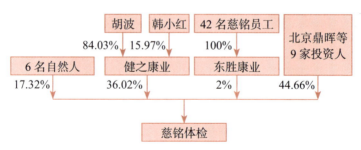

图 15-1　慈铭体检申报 IPO 前股权结构图

15.1.2　第二阶段架构[⊖]

2014 年 1 月 3 日，中国证监会出具《关于核准慈铭健康体检管理集团股份有限公司首次公开发行股票的批复》（证监许可〔2014〕30 号），核准慈铭股份首次公开发行股票。

2014 年 1 月 13 日，根据中国证券监督管理委员会于 2014 年 1 月 12 日发布的《关于加强新股发行监管的措施》（证监会公告〔2014〕4 号文）的精神，发行人和主承销商经协商决定推迟刊登《慈铭健康体检管理集团股份有限公司首次公开发行股票发行公告》。因 2014 年股市波动，慈铭体检认为发行窗口期及发行价格较难满足股东利益诉求及慈铭股份长远发展，故此放弃了首次公开发行股票。

放弃了 IPO 的慈铭体检转而走上被并购之路。2014 年 11 月 20 日，美年大健康与慈铭体检的 16 名股东签订《关于慈铭健康体检管理集团股份有限公司之股份转让协议》。协议约定，美年大健康将收购慈铭体检 27.78% 的股份，并在 12 个月后完成对慈铭体检剩余 72.22% 股份的收购。接下来，慈铭体检的股权结构开始一系列腾转挪移的变化。

⊖ 根据美年大健康 2015 年 7 月 24 日发布的《重大资产置换及发行股份购买资产并募集配套资金暨关联交易报告书》内容整理。

1. 并购基金搭桥

2014年12月8日,华泰证券管理的并购基金深圳前海瑞联二号投资中心(有限合伙)(以下简称"瑞联二号")与慈铭体检全体股东签订股份转让协议,慈铭体检全体股东将合计持有的慈铭体检27.78%的股份以10亿元的价格转让给瑞联二号。

2. 健之康业搬家

2014年12月9日,慈铭体检的最大股东健之康业将注册地址由北京市朝阳区建国路99号603室迁址至鹰潭市月湖新城经济大厦207室。健之康业的名称也由北京健之康业投资咨询有限公司变更为鹰潭健之康业投资咨询有限公司,如图15-2所示。根据启信宝软件查询,2016年12月28日,该公司被吊销营业执照。

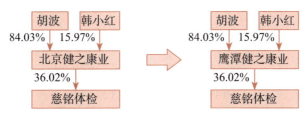

图15-2 健之康业迁址前后股权架构图

为何健之康业赶在转让慈铭体检股份前搬家呢?原因恐怕是与税收有关。如果转让慈铭体检股份的主体是北京健之康业,北京健之康业需要对股权转让所得缴纳25%的企业所得税,北京健之康业将税后利润分配给胡波、韩小红,二人需要缴纳20%的个人所得税。也就是说,胡波夫妻套现的税负高达40%⊖。那么搬家到鹰潭之后,鹰潭有哪些税收优惠呢?

鹰潭为江西省下辖地级市,本来名不见经传,但在2010年7月,江西

⊖ 企业所得税税负25%+个人所得税税负15%(75%税后利润×20%税率)。

省鹰潭市政府出台鼓励政策[1]，个人限售股股东来鹰潭的证券营业部减持的，政府可将归地方的个人所得税 40% 部分的 80%～90%，作为奖励再返还给股东。至此，鹰潭在资本市场声名鹊起，股票在鹰潭减持被称为"鹰潭模式"，鹰潭市也成为资本市场套现的税收洼地。胡波夫妻的套现到底在鹰潭享受了哪些优惠，其中细节我们无法得知，但综合全国税收洼地的避税方法，一般有先征后返、核定征收两种模式。具体可以参考本书第 4 章 "4.3 架构点评" 部分。

3. 并购基金再转股

2014 年 12 月 29 日，瑞联二号完成收购。2015 年 2 月 12 日，美年大健康与瑞联二号签订协议，瑞联二号将持有的慈铭体检股份全部转让给美年大健康，转让价款共计 102 951.50 万元。2015 年 3 月 9 日，本次股权转让工商登记办理完毕。并购基金过桥图如图 15-3 所示。

图 15-3　并购基金过桥图

为何慈铭体检并购要用并购基金瑞联二号做过桥，短短 69 天的时间让其净赚了 2 951.5 万元呢？因为在美年大健康并购慈铭体检时，美年大健康已经与上市公司江苏三友进入借壳流程。[2] 本并购方案如有偏差，不但影响慈铭体检与美年大健康的利益，而且直接影响借壳上市进程。所以，并购

---

[1]《鼓励个人在鹰潭市辖区证券机构转让上市公司限售股的奖励办法》(2010)，后被废止。

[2] 2014 年 11 月 5 日，江苏三友公告了《关于筹划重大资产重组的停牌公告》。

方案需要谙熟资本市场的专业机构操刀。近 3 000 万元极有可能是并购双方支付的并购服务费。为何不由并购双方以服务费方式直接支付给瑞联二号呢？笔者猜想可能有如下原因：

（1）**过桥资金**。美年大健康和慈铭体检同为体检行业巨头，慈铭体检创始人愿意退出，让出控股权，对于美年大健康是千载难逢的机遇，如果美年大健康不快速抓住机会，很可能夜长梦多，但让美年大健康迅速筹集 10 亿元的并购现金，难免有资金困局。通过并购基金做过桥，可以解决资金燃眉之急，使得交易顺利推进。

（2）**避税目的**。在 2016 年营改增之前，咨询服务收入需缴纳营业税（税率 5%），也就是说瑞联二号直接收到 2 951.5 万元的服务费，需要缴纳 147.575 万元的营业税，但转化为股权转让所得，则不再属于营业税的征税范围。

（3）**杠杆收益**。瑞联二号是一家有限合伙企业，其一般合伙人（GP）为华泰瑞联基金管理公司，持有的份额比例为 0.5%，其有限合伙人（LP）为北京华泰瑞联并购基金中心，持有的份额比例为 99.5%。在本次并购过桥的操作中，华泰瑞联基金管理公司通过少量的资金投入（10 亿元 × 0.5%=500 万元），撬动了并购过桥的完成。

15.1.3　第三阶段架构⊖

2015 年 11 月 20 日，健之康业等 14 名股东与天亿资管⊖签署协议，约定天亿资管以 2 462 426 340 元的价格受让慈铭体检 68.40% 的股份（占总股本）。天亿资管是美年大健康的创始人俞熔的控股公司。为何慈铭体检股

⊖ 根据美年大健康 2015 年 7 月 24 日发布的《重大资产置换及发行股份购买资产并募集配套资金暨关联交易报告书》内容整理。
⊖ 上海天亿资产管理有限公司，实际控制人为俞熔。俞熔是美年大健康的创始人股东及实际控制人。

份未直接转让给美年健康呢？一方面，由于慈铭体检体量巨大，一旦注入上市公司将构成重大重组，需要经过证监会的审批，流程十分漫长，为了将交易提前锁定，俞熔选择用天亿资管在体外先行收购，待时机成熟后，再注入上市公司；另一方面，美年健康借壳尚未完成，如果再把慈铭直接注入上市公司，难免会节外生枝。

2016年2月2日，慈铭股份将公司性质由股份有限公司整体变更为有限责任公司，公司注册资本及股权结构保持不变。

2016年4月21日，天亿资管将其持有的慈铭体检36.11%的股权转让给维途投资，转让价款共计1 385 050 000元。至此，慈铭体检的股权架构如图15-4所示。

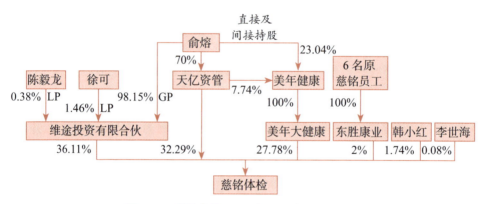

图15-4　慈铭体检2016年4月的股权架构图

15.1.4　第四阶段架构[㊀]

2016年4月2日，美年健康发布公告称，其拟向天亿资管、东胜康业、韩小红和李世海非公开发行股份，购买其持有的慈铭体检72.22%的股权，交易作价约为26.97亿元。随后，美年健康遭遇了举报，商务部介入该起并购案中，审查其是否存在垄断。历时将近1年的审查后，美年大健

㊀　根据美年健康2016～2017年公告内容整理。

康收到商务部出具的《商务部行政处罚告知书》(商法函〔2017〕193号)。2017年6月13日,中国证监会恢复了该申请。2017年10月11日,经历过一波三折后,美年健康并购慈铭体检终于尘埃落定,慈铭体检72.22%的股权在北京市工商局完成了过户事宜。至此,慈铭体检创始人胡波夫妻套现离场,慈铭体检被注入上市公司美年健康。

15.2 被并购架构点评

美年健康并购慈铭体检是资本市场比较经典的案例,从双方开始协商并购,到最终并购方案全部尘埃落定,历时近3年的时间,其间既跨越了美年健康借壳,又遭遇了反垄断审查,可谓是一波三折,但万幸的是最终功德圆满。这个案例带给我们非常多的启发。

15.2.1 税收筹划

在并购中,博弈的不仅仅是交易双方,还包括税务机关,每一笔并购交易所得,国家均会通过征税方式拿走一部分收益。所以在并购中企业应充分考量税负对并购交易成本的影响。在并购中企业可以参考以下纳税筹划思路。

1. 通过股权架构设计进行纳税筹划

企业通过股权架构设计,可以改变并购中的交易主体。不同交易主体的税率、纳税时间、税收优惠、纳税地点等不同,会导致最终的税负不同。在本案例中,慈铭体检的大股东胡波夫妇将控股平台"健之康业"由北京搬家至鹰潭,便是利用纳税地点不同,进行税收筹划的典型案例。比如,自然人转股和公司转股,前者需要缴纳个人所得税,后者需要缴纳企业所得税。纳税义务上就存在很大的差异(见表15-1),从而给税收筹划带来了很大的空间。

表 15-1 个人所得税和企业所得税比较表

	个人所得税	企业所得税
纳税主体	自然人	公司
纳税义务发生时间	收付实现制	权责发生制
纳税地点	被投资公司所在地	转让方所在地
税率	20%	25%
纳税方式	代扣代缴/自行申报	年终汇算清缴
税基	单项核算	与其他所得合并汇缴

在设置股权架构之初，企业创始人就应该根据持股目的进行规划。比如，拟上市公司和被并购公司的股权架构设计的思路截然不同。如果中途变更持股目的，就要及时地对股权架构进行调整。如果等到套现退出时，企业再考虑税收筹划，可能全无空间。比如，慈铭体检利用了税收洼地，但税收洼地的实质是税收洼地所在地的地方政府通过财政返还等方式对其他地方政府财政收入的抢夺，极易被中央叫停，本书第二部分第 5 章对此有相关论述。所以，最好的纳税筹划是根据持股目的，及时调整股权架构，越早规划，未来税负越低。

2. 学会识别或利用税负转嫁

税负转嫁是指纳税人将应缴纳的税款通过各种途径和方式转由他人负担的行为与过程。我们以一个案例来解析税负转嫁的过程。肥肥地产拟将一块土地卖给千科地产。肥肥地产的拿地成本为 1 亿元，现双方协商的转让价格为 3 亿元。如果肥肥地产转让土地给千科地产，肥肥地产需要缴纳企业所得税、增值税、土地增值税、印花税，千科地产需要缴纳契税、印花税，税负十分沉重，于是双方协商，通过肥肥地产的股东肥肥控股转让肥肥地产 100% 的股权给千科地产的方式，变相地将土地转让给千科地产。由于股权转让不属于增值税、土地增值税、契税的征税范围，所以直接降低了交易税负。但需要注意的是，在以变卖股权的方式卖地的筹划中，并没有让税负消失，而仅仅是达到了递延纳税和税负转嫁的效果。因为千科地产受让了肥肥地产的股权，肥肥地产仅是股东发生变更，土地的计税成本并未发生变化，依然为1亿元。未来在该土地上建造房屋出售时，肥肥地产依然需要对土地增值2亿元部分需要缴纳土地增值税。由于土地增值税是累进税率，增值比例越大，适用税率越高，所以，卖地环节节省的土地增值税不但不会消失，反而会在肥肥地产卖房时，由于增值更大，适用更高的税率。所以，在并购交易中，我们一方面要学会利用税负转嫁原理，将无法避免的税负转移给交易对手，另一方面也要学会识别税负转嫁，避免被交易对手转移隐性税负。

15.2.2 并购基金

美年健康在慈铭体检并购中利用了并购基金瑞联二号和维途投资，对本次并购起到了积极的作用。那么利用并购基金有哪些好处呢？

1. 提高并购效率

企业可以利用并购基金先行收购以锁定并购项目，避免错失最佳的并购时机。同时企业可以根据上市公司市值管理的需要以及政策监管尺度，寻找合适的时机将并购项目注入上市公司，使并购成功概率大大增加，并且提升并购效率。

2. 降低并购风险

被并购的项目可能在财务、法律或业务方面有瑕疵，不符合上市公司规范要求，此时企业可通过并购基金先行收购进行合规性处理，待符合上市公司规范要求后，再行注入上市公司。

3. 提供过桥资金

如果上市公司独立做并购，可能账上没有闲余资金，等筹措资金后再行并购，很可能会错过最佳并购时机。而并购基金能很快提供较高的资金杠杆，以并购基金形式收购，对并购项目进行整合、规范后，再将其装入上市公司。

4. 提升公司估值

在并购基金收购并购项目后，企业也可以利用并购基金的资源优势和专业优势，为并购项目嫁接资源、品牌、渠道等资源，从而提升并购项目估值及与并购公司的协同度。

Appendix A
附录 A

不同持股比含义依据法规汇编[一]

A.1 有限公司

A.1.1 股东捣蛋线（34%）

《公司法》(2018 年修订版)

第四十三条 股东会会议作出修改公司章程、增加或者减少注册资本的决议，以及公司合并、分立、解散或者变更公司形式的决议，必须经代表三分之二以上表决权的股东通过。

A.1.2 绝对控股线（51%）

《公司法》(2018 年修订版)

第二百一十七条 本法下列用语的含义：……

（二）控股股东，是指其出资额占有限责任公司资本总额百分之五十以上或者其持有的股份占股份有限公司股本总额百分之五十以上的股东；出资额

[一] 包含拥有表决权比例，下同。

或者持有股份的比例虽然不足百分之五十，但依其出资额或者持有的股份所享有的表决权已足以对股东会、股东大会的决议产生重大影响的股东。……

A.1.3　完美控制线（67%）

《公司法》(2018年修订版)

第四十三条　股东会会议作出修改公司章程、增加或者减少注册资本的决议，以及公司合并、分立、解散或者变更公司形式的决议，必须经代表三分之二以上表决权的股东通过。

第一百八十条　公司因下列原因解散：

（一）公司章程规定的营业期限届满或者公司章程规定的其他解散事由出现；……

第一百八十一条　公司有本法第一百八十条第（一）项情形的，可以通过修改公司章程而存续。依照前款规定修改公司章程，有限责任公司须经持有三分之二以上表决权的股东通过，股份有限公司须经出席股东大会会议的股东所持表决权的三分之二以上通过。

A.1.4　外资待遇线（25%）

《中华人民共和国中外合资经营企业法》(2016年修订)

第四条　合营企业的形式为有限责任公司。在合营企业的注册资本中，外国合营者的投资比例一般不低于百分之二十五。

《关于外国投资者并购境内企业的规定》(商务部令2009年第6号)

第九条　外国投资者在并购后所设外商投资企业注册资本中的出资比例高于25%的，该企业享受外商投资企业待遇。

外国投资者在并购后所设外商投资企业注册资本中的出资比例低于25%的，除法律和行政法规另有规定外，该企业不享受外商投资企业待遇，其举借外债按照境内非外商投资企业举借外债的有关规定办理。审批机关向其颁发加注"外资比例低于25%"字样的外商投资企业批准证书（以下称"批准证书"）。登记管理机关、外汇管理机关分别向其颁发加注"外资比例低于25%"字样的外商投资企业营业执照和外汇登记证。

境内公司、企业或自然人以其在境外合法设立或控制的公司名义并购与其有关联关系的境内公司，所设立的外商投资企业不享受外商投资企业待遇，但该境外公司认购境内公司增资，或者该境外公司向并购后所设企业增资，增资额占所设企业注册资本比例达到25%以上的除外。根据该款所述方式设立的外商投资企业，其实际控制人以外的外国投资者在企业注册资本中的出资比例高于25%的，享受外商投资企业待遇。

外国投资者并购境内上市公司后所设外商投资企业的待遇，按照国家有关规定办理。

第十六条 外国投资者并购境内企业设立外商投资企业，如果外国投资者出资比例低于企业注册资本25%，投资者以现金出资的，应自外商投资企业营业执照颁发之日起3个月内缴清；投资者以实物、工业产权等出资的，应自外商投资企业营业执照颁发之日起6个月内缴清。

A.1.5 重大影响线（20%）

《企业会计准则第2号——长期股权投资》（2014年修订）

第二条 本准则所称长期股权投资，是指投资方对被投资单位实施控制、重大影响的权益性投资，以及对其合营企业的权益性投资。……

重大影响，是指投资方对被投资单位的财务和经营政策有参与决策的权力，但并不能够控制或者与其他方一起共同控制这些政策的制定。在确定能否对被投资单位施加重大影响时，应当考虑投资方和其他方持有的被投资单位当期可转换公司债券、当期可执行认股权证等潜在表决权因素。

投资方能够对被投资单位施加重大影响的,被投资单位为其联营企业。

......

第七条 投资方能够对被投资单位实施控制的长期股权投资应当采用成本法核算。……

第九条 投资方对联营企业和合营企业的长期股权投资,应当按照本准则第十条至第十三条规定,采用权益法核算。

《企业会计准则第 2 号——长期股权投资》应用指南(2014 年修订)

二、关于适用范围

(三)投资方对被投资单位具有重大影响的权益性投资,即对联营企业投资。重大影响,是指对一个企业的财务和经营政策有参与决策的权力,但并不能够控制或者与其他方一起共同控制这些政策的制定。实务中,较为常见的重大影响体现为在被投资单位的董事会或类似权力机构中派有代表,通过在被投资单位财务和经营决策制定过程中的发言权实施重大影响。投资方直接或通过子公司间接持有被投资单位 20% 以上但低于 50% 的表决权时,一般认为对被投资单位具有重大影响,除非有明确的证据表明该种情况下不能参与被投资单位的生产经营决策,不形成重大影响。在确定能否对被投资单位施加重大影响时,一方面应考虑投资方直接或间接持有被投资单位的表决权股份,同时要考虑投资方及其他方持有的当期可执行潜在表决权在假定转换为对被投资单位的股权后产生的影响,如被投资单位发行的当期可转换的认股权证、股份期权及可转换公司债券等的影响。

A.1.6 申请解散线(10%)

最高人民法院关于适用《中华人民共和国公司法》若干问题的规定(二)

第一条 单独或者合计持有公司全部股东表决权百分之十以上的股东,

以下列事由之一提起解散公司诉讼,并符合公司法第一百八十三条规定的,人民法院应予受理:

(一)公司持续两年以上无法召开股东会或者股东大会,公司经营管理发生严重困难的;

(二)股东表决时无法达到法定或者公司章程规定的比例,持续两年以上不能做出有效的股东会或者股东大会决议,公司经营管理发生严重困难的;

(三)公司董事长期冲突,且无法通过股东会或者股东大会解决,公司经营管理发生严重困难的;

(四)经营管理发生其他严重困难,公司继续存续会使股东利益受到重大损失的情形。

股东以知情权、利润分配请求权等权益受到损害,或者公司亏损、财产不足以偿还全部债务,以及公司被吊销企业法人营业执照未进行清算等为由,提起解散公司诉讼的,人民法院不予受理。

《公司法》(2018 年修订版)

第一百八十二条　公司经营管理发生严重困难,继续存续会使股东利益受到重大损失,通过其他途径不能解决的,持有公司全部股东表决权百分之十以上的股东,可以请求人民法院解散公司。

A.1.7　临时股东会议召集线(10%)

《公司法》(2018 年修订版)

第三十九条　代表十分之一以上表决权的股东,三分之一以上的董事,监事会或者不设监事会的公司的监事提议召开临时会议的,应当召开临时会议。

A.2　非公众股份公司

A.2.1　股东代表诉讼线（1%）

《公司法》(2018 年修订版)

第一百五十一条　董事、高级管理人员有本法第一百四十九条规定的情形的，有限责任公司的股东、股份有限公司连续一百八十日以上单独或者合计持有公司百分之一以上股份的股东，可以书面请求监事会或者不设监事会的有限责任公司的监事向人民法院提起诉讼；监事有本法第一百四十九条规定的情形的，前述股东可以书面请求董事会或者不设董事会的有限责任公司的执行董事向人民法院提起诉讼。

第一百五十一条　董事、高级管理人员有本法第一百四十九条规定的情形的，有限责任公司的股东、股份有限公司连续一百八十日以上单独或者合计持有公司百分之一以上股份的股东，可以书面请求监事会或者不设监事会的有限责任公司的监事向人民法院提起诉讼；监事有本法第一百四十九条规定的情形的，前述股东可以书面请求董事会或者不设董事会的有限责任公司的执行董事向人民法院提起诉讼。

A.2.2　股东提案资格线（3%）

《公司法》(2018 年修订版)

第一百零二条　单独或者合计持有公司百分之三以上股份的股东，可以在股东大会召开十日前提出临时提案并书面提交董事会……

A.2.3　申请公司解散线（10%）

《公司法》(2018 年修订版)

第一百八十二条　公司经营管理发生严重困难，继续存续会使股东利益受到重大损失，通过其他途径不能解决的，持有公司全部股东表决权百分之十以上的股东，可以请求人民法院解散公司。

A.2.4　股东大会召集线（10%）

《公司法》(2018 年修订版)

第一百零一条　股东大会应当每年召开一次年会。有下列情形之一的，应当在两个月内召开临时股东大会：……

（三）单独或者合计持有公司百分之十以上股份的股东请求时；……

A.3　新三板公司

A.3.1　重大重组通过线（67%）

《非上市公众公司重大资产重组管理办法》(中国证监会令第 103 号)

第二条本办法适用于股票在全国中小企业股份转让系统（以下简称全国股份转让系统）公开转让的公众公司重大资产重组行为。

本办法所称的重大资产重组是指公众公司及其控股或者控制的公司在日常经营活动之外购买、出售资产或者通过其他方式进行资产交易，导致公众公司的业务、资产发生重大变化的资产交易行为。

公众公司及其控股或者控制的公司购买、出售资产，达到下列标准之一的，构成重大资产重组：

（一）购买、出售的资产总额占公众公司最近一个会计年度经审计的合并财务会计报表期末资产总额的比例达到 50% 以上；

（二）购买、出售的资产净额占公众公司最近一个会计年度经审计的合并财务会计报表期末净资产额的比例达到 50% 以上，且购买、出售的资产总额占公众公司最近一个会计年度经审计的合并财务会计报表期末资产总额的比例达到 30% 以上。

公众公司发行股份购买资产触及本条所列指标的，应当按照本办法的相关要求办理。

第十五条　股东大会就重大资产重组事项作出的决议，必须经出席会议的股东所持表决权的 2/3 以上通过。

A.3.2　实际控制认定线（30%）

《全国中小企业股份转让系统挂牌公司信息披露细则（试行）》（股转系统公告〔2017〕664 号）

第五十六条　本细则下列用语具有如下含义：

（九）控制：指有权决定一个公司的财务和经营政策，并能据以从该公司的经营活动中获取利益。有下列情形之一的，为拥有挂牌公司控制权（有确凿证据表明其不能主导公司相关活动的除外）：

1. 为挂牌公司持股 50% 以上的控股股东；

2. 可以实际支配挂牌公司股份表决权超过 30%；

3. 通过实际支配挂牌公司股份表决权能够决定公司董事会半数以上成员选任；

4. 依其可实际支配的挂牌公司股份表决权足以对公司股东大会的决议

产生重大影响；

5. 中国证监会或全国股转公司认定的其他情形。

A.3.3　权益变动报告线（10%）

《非上市公众公司收购管理办法》（2014年6月23日证监会令第102号）

第十三条　有下列情形之一的，投资者及其一致行动人应当在该事实发生之日起2日内编制并披露权益变动报告书，报送全国股份转让系统，同时通知该公众公司；自该事实发生之日起至披露后2日内，不得再行买卖该公众公司的股票。

（一）通过全国股份转让系统的做市方式、竞价方式进行证券转让，投资者及其一致行动人拥有权益的股份达到公众公司已发行股份的10%；

（二）通过协议方式，投资者及其一致行动人在公众公司中拥有权益的股份拟达到或者超过公众公司已发行股份的10%。

第十六条　通过全国股份转让系统的证券转让，投资者及其一致行动人拥有权益的股份变动导致其成为公众公司第一大股东或者实际控制人，或者通过投资关系、协议转让、行政划转或者变更、执行法院裁定、继承、赠与、其他安排等方式拥有权益的股份变动导致其成为或拟成为公众公司第一大股东或者实际控制人且拥有权益的股份超过公众公司已发行股份10%的，应当在该事实发生之日起2日内编制收购报告书，连同财务顾问专业意见和律师出具的法律意见书一并披露，报送全国股份转让系统，同时通知该公众公司。

A.3.4　重要股东认定线（5%）

1. 应当披露股权受限

**《全国中小企业股份转让系统挂牌公司信息披露细则（试行）》（股转系

统公告〔2017〕664号）

第四十八条　挂牌公司出现以下情形之一的，应当自事实发生或董事会决议之日起及时披露：

……

（四）任一股东所持挂牌公司5%以上的股份被质押、冻结、司法拍卖、托管、设定信托或者被依法限制表决权；……

2. 增加或者减少5%要披露

《非上市公众公司收购管理办法》（2014年6月23日证监会令第102号）

第十三条　投资者及其一致行动人拥有权益的股份达到公众公司已发行股份的10%后，其拥有权益的股份占该公众公司已发行股份的比例每增加或者减少5%（即其拥有权益的股份每达到5%的整数倍时），应当依照前款规定进行披露。自该事实发生之日起至披露后2日内，不得再行买卖该公众公司的股票。

3. 自愿要约收购，约定比例不低于5%

《非上市公众公司收购管理办法》（2014年6月23日证监会令第102号）

第二十二条　收购人自愿以要约方式收购公众公司股份的，其预定收购的股份比例不得低于该公众公司已发行股份的5%。

4. 外资比超过5%须备案

《外商投资企业设立及变更备案管理暂行办法》（商务部令2018年第6号）

第六条　……外商投资的上市公司及在全国中小企业股份转让系统挂牌的公司，可仅在外国投资者持股比例变化累计超过5%以及控股或相对控股地位发生变化时，就投资者基本信息或股份变更事项办理备案手续。

A.4 上市公司

A.4.1 重大事项通过线（67%）

1. 重大重组、重大担保

《公司法》（2018 年修订）

第一百二十一条 上市公司在一年内购买、出售重大资产或者担保金额超过公司资产总额百分之三十的，应当由股东大会作出决议，并经出席会议的股东所持表决权的三分之二以上通过。

《上海证券交易所科创板股票上市规则》

7.1.16 上市公司提供担保的，应当提交董事会或者股东大会审议，并及时披露。上市公司下列担保事项应当在董事会审议通过后提交股东大会审议：

（一）单笔担保超过公司最近一期经审计净资产10%的担保；

（二）公司及其控股子公司的对外担保总额，超过公司最近一期经审计净资产50%以后提供的任何担保；

（三）为资产负债率超过70%的担保对象提供的担保；

（四）按照担保金额连续12个月累计计算原则，超过公司最近一期经审计总资产30%的担保；

（五）本所或者公司章程规定的其他担保

对于董事会权限范围内的担保事项，除应当经全体董事的过半数通过外，还应当经出席董事会会议的三分之二以上董事同意；前款第四项担保，应当经出席股东大会的股东所持表决权的三分之二以上通过。

2. 股权激励

《上市公司股权激励管理办法》（2016 年修订）

第四十一条 股东大会应当对本办法第九条规定的股权激励计划内容

进行表决，并经出席会议的股东所持表决权的 2/3 以上通过。

3. 科创板 AB 股通过线

《上海证券交易所科创板股票上市规则》

4.5.2　发行人首次公开发行并上市前设置表决权差异安排的，应当经出席股东大会的股东所持三分之二以上的表决权通过。发行人在首次公开发行并上市前不具有表决权差异安排的，不得在首次公开发行并上市后以任何方式设置此类安排。

A.4.2　实际控制 / 要约收购线（30%）

1. 实际控制的认定

《上市公司收购管理办法》(2014 修订版)

第八十四条　有下列情形之一的，为拥有上市公司控制权：

（一）投资者为上市公司持股 50% 以上的控股股东；

（二）投资者可以实际支配上市公司股份表决权超过 30%；……

2. 要约收购

《上市公司收购管理办法》

第二十四条　通过证券交易所的证券交易，收购人持有一个上市公司的股份达到该公司已发行股份的 30% 时，继续增持股份的，应当采取要约方式进行，发出全面要约或者部分要约。

3. 收购报告书

《上市公司收购管理办法》

第三十条　收购人按照本办法第四十七条拟收购上市公司股份超过 30%，须改以要约方式进行收购的，收购人应当在达成收购协议或者做出类似安排后的 3 日内对要约收购报告书摘要作出提示性公告，并按照本办法第二十八条、第二十九条的规定履行公告义务，同时免于编制、公告上市公司收购报告书；依法应当取得批准的，应当在公告中特别提示本次要约须取得相关批准方可进行。……

A.4.3　首发公众股比线（25%）

《中华人民共和国证券法》

第五十条　股份有限公司申请股票上市，应当符合下列条件：

（一）股票经国务院证券监督管理机构核准已公开发行；

（二）公司股本总额不少于人民币三千万元；

（三）公开发行的股份达到公司股份总数的百分之二十五以上；公司股本总额超过人民币四亿元的，公开发行股份的比例为百分之十以上；……

A.4.4　详式权益报告线/科创板激励总量线（20%）

1. 详式权益变动报告线

《上市公司收购管理办法》

第十七条　投资者及其一致行动人拥有权益的股份达到或者超过一个上市公司已发行股份的 20% 但未超过 30% 的，应当编制详式权益变动报告书，除须披露前条规定的信息外，还应当披露以下内容：

（一）投资者及其一致行动人的控股股东、实际控制人及其股权控制关系结构图；

（二）取得相关股份的价格、所需资金额、资金来源，或者其他支付安排；

（三）投资者、一致行动人及其控股股东、实际控制人所从事的业务与上市公司的业务是否存在同业竞争或者潜在的同业竞争，是否存在持续关联交易；存在同业竞争或者持续关联交易的，是否已做出相应的安排，确保投资者、一致行动人及其关联方与上市公司之间避免同业竞争以及保持上市公司的独立性；

（四）未来 12 个月内对上市公司资产、业务、人员、组织结构、公司章程等进行调整的后续计划；

（五）前 24 个月内投资者及其一致行动人与上市公司之间的重大交易；

（六）不存在本办法第六条规定的情形；

（七）能够按照本办法第五十条的规定提供相关文件。

2. 科创板激励上限

《科创板上市公司持续监管办法（试行）》(证监会令〔第 154 号〕)

第二十四条 科创公司授予激励对象限制性股票的价格，低于市场参考价的 50% 的，应符合交易所有关规定，并应说明定价依据及定价方式。出现前款规定情形的，科创公司应当聘请独立财务顾问，对股权激励计划的可行性、相关定价依据和定价方法的合理性、是否有利于公司持续发展、是否损害股东利益等发表意见。

第二十五条 科创公司全部在有效期内的股权激励计划所涉及的标的股票总数，累计不得超过公司总股本的 20%。

A.4.5 激励总量 / 股份回购线（10%）

1. 股权激励总量控制

《上市公司股权激励管理办法》

第十四条 上市公司全部在有效期内的股权激励计划所涉及的标的股票总数累计不得超过公司股本总额的 10%。

2. 股份回购上限线

《公司法》（2018 年修订版）

第一百四十二条　公司不得收购本公司股份。但是，有下列情形之一的除外：

（一）减少公司注册资本；

（二）与持有本公司股份的其他公司合并；

（三）将股份用于员工持股计划或者股权激励；

（四）股东因对股东大会作出的公司合并、分立决议持异议，要求公司收购其股份；

（五）将股份用于转换上市公司发行的可转换为股票的公司债券；

（六）上市公司为维护公司价值及股东权益所必需。

公司因前款第（一）项、第（二）项规定的情形收购本公司股份的，应当经股东大会决议；公司因前款第（三）项、第（五）项、第（六）项规定的情形收购本公司股份的，可以依照公司章程的规定或者股东大会的授权，经三分之二以上董事出席的董事会会议决议。

公司依照本条第一款规定收购本公司股份后，属于第（一）项情形的，应当自收购之日起十日内注销；属于第（二）项、第（四）项情形的，应当在六个月内转让或者注销；属于第（三）项、第（五）项、第（六）项情形的，公司合计持有的本公司股份数不得超过本公司已发行股份总额的百分之十，并应当在三年内转让或者注销。

上市公司收购本公司股份的，应当依照《中华人民共和国证券法》的规定履行信息披露义务。上市公司因本条第一款第（三）项、第（五）项、第（六）项规定的情形收购本公司股份的，应当通过公开的集中交易方式进行。

3. 持有控股子公司 10% 的股份认定为关联方

《上海证券交易所上市公司关联交易实施指引》

第八条　具有以下情形之一的法人或其他组织，为上市公司的关联法人：

（一）直接或者间接控制上市公司的法人或其他组织；

（二）由上述第（一）项所列主体直接或者间接控制的除上市公司及其控股子公司以外的法人或其他组织；

（三）由第十条所列上市公司的关联自然人直接或者间接控制的，或者由关联自然人担任董事、高级管理人员的除上市公司及其控股子公司以外的法人或其他组织；

（四）持有上市公司 5% 以上股份的法人或其他组织；

（五）本所根据实质重于形式原则认定的其他与上市公司有特殊关系，可能导致上市公司利益对其倾斜的法人或其他组织，包括持有对上市公司具有重要影响的控股子公司 10% 以上股份的法人或其他组织等。

第十条　具有以下情形之一的自然人，为上市公司的关联自然人：

（一）直接或间接持有上市公司 5% 以上股份的自然人；

（二）上市公司董事、监事和高级管理人员；

（三）第八条第（一）项所列关联法人的董事、监事和高级管理人员；

（四）本条第（一）项和第（二）项所述人士的关系密切的家庭成员；

（五）本所根据实质重于形式原则认定的其他与上市公司有特殊关系，可能导致上市公司利益对其倾斜的自然人，包括持有对上市公司具有重要影响的控股子公司 10% 以上股份的自然人等。

4. 股本超过 4 亿元，上市发行比例为 10%

《中华人民共和国证券法》

第五十条　股份有限公司申请股票上市，应当符合下列条件：

（一）股票经国务院证券监督管理机构核准已公开发行；

（二）公司股本总额不少于人民币三千万元；

（三）公开发行的股份达到公司股份总数的百分之二十五以上；公司股本总额超过人民币四亿元的，公开发行股份的比例为百分之十以上；

（四）公司最近三年无重大违法行为，财务会计报告无虚假记载。

5. 外国投资者首次投资比例一般不低于10%

《外国投资者对上市公司战略投资管理办法》(2005年版)

第五条 投资者进行战略投资应符合以下要求：……

（二）投资可分期进行，首次投资完成后取得的股份比例不低于该公司已发行股份的百分之十，但特殊行业有特别规定或经相关主管部门批准的除外；……

6. 特别表决权股东限制线

《上海证券交易所科创板股票上市规则》

4.5.3 持有特别表决权股份的股东应当为对上市公司发展或业务增长等作出重大贡献，并且在公司上市前及上市后持续担任公司董事的人员或者该等人员实际控制的持股主体。特别表决权股东在上市公司中拥有权益的股份合计应当达到公司全部已发行有表决权股份10%以上。

7. 科创板临时大会提议线

《上海证券交易所科创板股票上市规则》

4.5.7 上市公司应当保证普通表决权比例不低于10%；单独或者合计持有公司10%以上已发行有表决权股份的股东有权提议召开临时股东大会；单独或者合计持有公司3%以上已发行有表决权股份的股东有权提出股东大会议案。

本规则所称普通表决权比例，是指全部普通股份的表决权数量占上市公司全部已发行股份表决权数量的比例。

8. 科创板非公众股界定线

《上海证券交易所科创板股票上市规则》

（十七）股权分布不具备上市条件，指社会公众股东持有的股份连续20个交易日低于公司总股本的25%；公司股本总额超过人民币4亿元的，低于公司总股本的10%。

上述社会公众股东指不包括下列股东的上市公司其他股东：

1. 持有上市公司10%以上股份的股东及其一致行动人；

2. 上市公司的董事、监事、高级管理人员及其关联人。

A.4.6　重要股东认定线（5%）

1.5%以上的股东为关联方

①《深圳证券交易所股票上市规则（2014年修订）》

10.1.3　具有下列情形之一的法人或者其他组织，为上市公司的关联法人：……

（四）持有上市公司5%以上股份的法人或者其他组织及其一致行动人；

10.1.5　具有下列情形之一的自然人，为上市公司的关联自然人：

直接或者间接持有上市公司5%以上股份的自然人；

②《上海证券交易所上市公司关联交易实施指引》

第八条　具有以下情形之一的法人或其他组织，为上市公司的关联法人：……

（四）持有上市公司5%以上股份的法人或其他组织；

第十条　具有以下情形之一的自然人，为上市公司的关联自然人：

（一）直接或间接持有上市公司5%以上股份的自然人；……

③《上海证券交易所科创板股票上市规则》

15.1　本规则下列用语含义如下：

（十四）上市公司的关联人，指具有下列情形之一的自然人、法人或其他组织：

1. 直接或者间接控制上市公司的自然人、法人或其他组织；

2. 直接或间接持有上市公司 5% 以上股份的自然人；

……

8. 间接持有上市公司 5% 以上股份的法人或其他组织；

……

2. 内幕交易知情人

《中华人民共和国证券法》

第七十四条　证券交易内幕信息的知情人包括：

……

（二）持有公司百分之五以上股份的股东及其董事、监事、高级管理人员，公司的实际控制人及其董事、监事、高级管理人员；……

《中华人民共和国刑法》

第一百八十条　证券、期货交易内幕信息的知情人员或者非法获取证券、期货交易内幕信息的人员，在涉及证券的发行，证券、期货交易或者其他对证券、期货交易价格有重大影响的信息尚未公开前，买入或者卖出该证券，或者从事与该内幕信息有关的期货交易，或者泄露该信息，或者明示、暗示他人从事上述交易活动，情节严重的，处五年以下有期徒刑或者拘役，并处或者单处违法所得一倍以上五倍以下罚金；情节特别严重的，处五年以上十年以下有期徒刑，并处违法所得一倍以上五倍以下罚金。

……

内幕信息的范围，依照法律、行政法规的规定确定。知情人员的范围，依照法律、行政法规的规定确定。

3. 大股东的减持限制

《上市公司股东、董监高减持股份的若干规定》（证券监督管理委员会公告〔2017〕第9号）

第二条　上市公司控股股东和持股5%以上股东（以下统称大股东）、董监高减持股份，以及股东减持其持有的公司首次公开发行前发行的股份、上市公司非公开发行的股份，适用本规定。大股东减持其通过证券交易所集中竞价交易买入的上市公司股份，不适用本规定。

第六条　具有下列情形之一的，上市公司大股东不得减持股份：（一）上市公司或者大股东因涉嫌证券期货违法犯罪，在被中国证监会立案调查或者被司法机关立案侦查期间，以及在行政处罚决定、刑事判决作出之后未满6个月的。（二）大股东因违反证券交易所规则，被证券交易所公开谴责未满3个月的。（三）中国证监会规定的其他情形。

……

第八条　上市公司大股东、董监高计划通过证券交易所集中竞价交易减持股份，应当在首次卖出的15个交易日前向证券交易所报告并预先披露减持计划，由证券交易所予以备案。上市公司大股东、董监高减持计划的内容应当包括但不限于：拟减持股份的数量、来源、减持时间区间、方式、价格区间、减持原因。减持时间区间应当符合证券交易所的规定。在预先披露的减持时间区间内，大股东、董监高应当按照证券交易所的规定披露减持进展情况。减持计划实施完毕后，大股东、董监高应当在两个交易日内向证券交易所报告，并予公告；在预先披露的减持时间区间内，未实施减持或者减持计划未实施完毕的，应当在减持时间区间届满后的两个交易日内向证券交易所报告，并予公告。

第九条　上市公司大股东在3个月内通过证券交易所集中竞价交易减持股份的总数，不得超过公司股份总数的1%。股东通过证券交易所集中竞价交易减持其持有的公司首次公开发行前发行的股份、上市公司非公开发行的股份，应当符合前款规定的比例限制。股东持有上市公司非公开发行的股份，在股份限售期届满后 12 个月内通过集中竞价交易减持的数量，还应当符合证券交易所规定的比例限制。适用前三款规定时，上市公司大股东与其一致行动人所持有的股份应当合并计算。

第十条　通过协议转让方式减持股份并导致股份出让方不再具有上市公司大股东身份的，股份出让方、受让方应当在减持后 6 个月内继续遵守本规定第八条、第九条第一款的规定。股东通过协议转让方式减持其持有的公司首次公开发行前发行的股份、上市公司非公开发行的股份，股份出让方、受让方应当在减持后 6 个月内继续遵守本规定第九条第二款的规定。

第十一条　上市公司大股东通过大宗交易方式减持股份，或者股东通过大宗交易方式减持其持有的公司首次公开发行前发行的股份、上市公司非公开发行的股份，股份出让方、受让方应当遵守证券交易所关于减持数量、持有时间等规定。适用前款规定时，上市公司大股东与其一致行动人所持有的股份应当合并计算。

第十二条　上市公司大股东的股权被质押的，该股东应当在该事实发生之日起 2 日内通知上市公司，并予公告。中国证券登记结算公司应当统一制定上市公司大股东场内场外股权质押登记要素标准，并负责采集相关信息。证券交易所应当明确上市公司大股东办理股权质押登记、发生平仓风险、解除股权质押等信息披露内容。因执行股权质押协议导致上市公司大股东股份被出售的，应当执行本规定。

4. 非科创板激励控制线

《上市公司股权激励管理办法（2018 年修订）》（证监会令第 148 号）

第八条　激励对象可以包括上市公司的董事、高级管理人员、核心技术人员或者核心业务人员，以及公司认为应当激励的对公司经营业绩和未来发展有直接影响的其他员工，但不应当包括独立董事和监事。外籍员工任职上市公司董事、高级管理人员、核心技术人员或者核心业务人员的，可以成为激励对象。

单独或合计持有上市公司 5% 以上股份的股东或实际控制人及其配偶、父母、子女，不得成为激励对象。下列人员也不得成为激励对象：

（一）最近 12 个月内被证券交易所认定为不适当人选；

（二）最近 12 个月内被中国证监会及其派出机构认定为不适当人选；

（三）最近 12 个月内因重大违法违规行为被中国证监会及其派出机构行政处罚或者采取市场禁入措施；

（四）具有《公司法》规定的不得担任公司董事、高级管理人员情形的；

（五）法律法规规定不得参与上市公司股权激励的；

（六）中国证监会认定的其他情形。

5. 科创板激励对象持股线

《科创板上市公司持续监管办法（试行）》(证监会令〔第 154 号〕)

第二十二条　单独或合计持有科创公司 5% 以上股份的股东或实际控制人及其配偶、父母、子女，作为董事、高级管理人员、核心技术人员或者核心业务人员的，可以成为激励对象。科创公司应当充分说明前款规定人员成为激励对象的必要性、合理性。

《上海证券交易所科创板股票上市规则》

10.4　激励对象可以包括上市公司的董事、高级管理人员、核心技术人员或核心业务人员，以及公司认为应当激励的对公司经营业绩和未来发展有直接影响的其他员工，独立董事和监事除外。

单独或合计持有科创公司 5% 以上股份的股东、上市公司实际控制人及其配偶、父母、子女以及上市公司外籍员工，在上市公司担任董事、高级管理人员、核心技术人员或者核心业务人员的，可以成为激励对象。科创公司应当充分说明前款规定人员成为激励对象的必要性、合理性。激励对象不得具有《上市公司股权激励管理办法》第八条第二款第二项到第六项规定的情形。

6. 科创板契约型股东穿透线

《上海证券交易所科创板股票上市规则》

4.1.8　持有上市公司 5% 以上股份的契约型基金、信托计划或资产管理计划，应当在权益变动文件中披露支配股份表决权的主体，以及该主体与上市公司控股股东、实际控制人是否存在关联关系。

契约型基金、信托计划或资产管理计划成为上市公司控股股东、第一大股东或者实际控制人的，除应当履行前款规定的义务外，还应当在权益变动文件中穿透披露至最终投资者。

7. 举牌红线和报告义务

《上市公司收购管理办法》(2014 年修订版)

第十三条　通过证券交易所的证券交易，投资者及其一致行动人拥有权益的股份达到一个上市公司已发行股份的 5% 时，应当在该事实发生之日起 3 日内编制权益变动报告书，向中国证监会、证券交易所提交书面报告，通知该上市公司，并予公告；在上述期限内，不得再行买卖该上市公司的股票。

前述投资者及其一致行动人拥有权益的股份达到一个上市公司已发行股份的 5% 后，通过证券交易所的证券交易，其拥有权益的股份占该上市公司已发行股份的比例每增加或者减少 5%，应当依照前款规定进行报告和公告。在报告期限内和作出报告、公告后 2 日内，不得再行买卖该上市公司的股票。

第十四条　通过协议转让方式，投资者及其一致行动人在一个上市公司中拥有权益的股份拟达到或者超过一个上市公司已发行股份的 5% 时，应当在该事实发生之日起 3 日内编制权益变动报告书，向中国证监会、证券交易所提交书面报告，通知该上市公司，并予公告。

投资者及其一致行动人拥有权益的股份达到一个上市公司已发行股份的 5% 后，其拥有权益的股份占该上市公司已发行股份的比例每增加或者减少达到或者超过 5% 的，应当依照前款规定履行报告、公告义务。

前两款规定的投资者及其一致行动人在作出报告、公告前，不得再行买卖该上市公司的股票。相关股份转让及过户登记手续按照本办法第四章及证券交易所、证券登记结算机构的规定办理。

8. 短线交易

《中华人民共和国证券法》

第四十七条 上市公司董事、监事、高级管理人员、持有上市公司股份百分之五以上的股东，将其持有的该公司的股票在买入后六个月内卖出，或者在卖出后六个月内又买入，由此所得收益归该公司所有，公司董事会应当收回其所得收益。但是，证券公司因包销购入售后剩余股票而持有百分之五以上股份的，卖出该股票不受六个月时间限制。

公司董事会不按照前款规定执行的，股东有权要求董事会在三十日内执行。公司董事会未在上述期限内执行的，股东有权为了公司的利益以自己的名义直接向人民法院提起诉讼。

公司董事会不按照第一款的规定执行的，负有责任的董事依法承担连带责任。

9. 外资比超过 5% 须备案

《外商投资企业设立及变更备案管理暂行办法》(商务部令 2018 年第 6 号)

第六条 ……外商投资的上市公司及在全国中小企业股份转让系统挂

牌的公司，可仅在外国投资者持股比例变化累计超过5%以及控股或相对控股地位发生变化时，就投资者基本信息或股份变更事项办理备案手续。

10. 科创板质押披露线

《上海证券交易所科创板股票上市规则》

9.2.5 上市公司持股5%以上股东质押股份，应当在2个交易日内通知上市公司，并披露本次质押股份数量、累计质押股份数量以及占公司总股本比例。

11. 激励表决时不单独披露

《上市公司股权激励管理办法》（2018年修订）

股东大会应当对本办法第九条规定的股权激励计划内容进行表决，并经出席会议的股东所持表决权的2/3以上通过。除上市公司董事、监事、高级管理人员、单独或合计持有上市公司5%以上股份的股东以外，其他股东的投票情况应当单独统计并予以披露。

上市公司股东大会审议股权激励计划时，拟为激励对象的股东或者与激励对象存在关联关系的股东，应当回避表决。

A.4.7 减持限制线（2%）

《上海证券交易所上市公司股东及董事、监事、高级管理人员减持股份实施细则》

第五条 大股东减持或者特定股东减持，采取大宗交易方式的，在任意连续90日内，减持股份的总数不得超过公司股份总数的2%。

《上海证券交易所科创板股票上市规则》

2.4.3 公司上市时未盈利的，在公司实现盈利前，控股股东、实际控制人自公司股票上市之日起3个完整会计年度内，不得减持首发前股份；

自公司股票上市之日起第 4 个会计年度和第 5 个会计年度内，每年减持的首发前股份不得超过公司股份总数的 2%，并应当符合《减持细则》关于减持股份的相关规定。

公司上市时未盈利的，在公司实现盈利前，董事、监事、高级管理人员及核心技术人员自公司股票上市之日起 3 个完整会计年度内，不得减持首发前股份；在前述期间内离职的，应当继续遵守本款规定。

公司实现盈利后，前两款规定的股东可以自当年年度报告披露后次日起减持首发前股份，但应当遵守本节其他规定。

A.4.8 提名独立董事资格线（1%）

1. 持股 1% 的股东可以提议独立董事的人选

《关于在上市公司建立独立董事制度的指导意见》

四、独立董事的提名、选举和更换应当依法、规范地进行

上市公司董事会、监事会、单独或者合并持有上市公司已发行股份 1% 以上的股东可以提出独立董事候选人，并经股东大会选举决定。

2. 任一激励对象累计获授不超过总股本 1%

《上市公司股权激励管理办法》

第十四条 非经股东大会特别决议批准，任何一名激励对象通过全部在有效期内的股权激励计划获授的本公司股票，累计不得超过公司股本总额的 1%。

3. 大股东 3 个月内集中竞价减持不超过 1%

《上市公司大股东、董监高减持股份的若干规定》

第九条 上市公司大股东在 3 个月内通过证券交易所集中竞价交易减持股份的总数，不得超过公司股份总数的 1%。

Appendix B
附录 B

离婚析产中期权分割司法判例

《广东省高级人民法院关于婚前取得的股票期权，
离婚后行权所得能否确认为夫妻共同财产问题的批复》

（粤高法民一复字〔2009〕5号）

深圳市中级人民法院：

你院《关于婚前取得的股票期权，离婚后行权所得能否确认为夫妻共同财产问题的请示》收悉。经研究，答复如下：

基本同意你院审判委员会的多数意见。冯磊婚前取得的股票期权，是腾讯科技公司作为一种激励机制而赋予员工有条件地购买本企业股票的资格，并非具有确定价值的财产性权益。该期权要转化为可实际取得财产权益的股票，必须以员工在公司工作时间的积累为前提条件。在冯磊与沈韶华二人婚姻关系存续期间，冯磊的部分股票期权可行权并获得财产权益。虽然冯磊是在离婚后才行使股票期权，但无法改变其在婚姻关系存续期间可以行使部分期权并获得实际财产权益的事实。根据《中华人民共和国婚姻法》第十七条，参照最高人民法院《关于适用〈中华人民共和国婚姻法〉

若干问题的解释（二）》第十一条、第十二条的规定，冯磊在婚姻关系存续期间可通过行使股票期权获得的该部分股票财产权益，属于在婚姻关系存续期间明确可以取得的财产性收益，宜认定为夫妻共同财产。

此复。

二〇〇九年七月二十日

附：深圳市中级人民法院关于婚前取得的股票期权，离婚后行权所得能否确认为夫妻共同财产问题的请示（深中法（2009）44号）

一、案件的基本情况

沈韶华、冯磊于2002年6月29日登记结婚，2004年10月20日在深圳市罗湖区人民法院调解离婚。（2004）深罗法民一初字第2566号民事调解书内容为："一、冯磊与沈韶华自愿离婚；二、位于深圳市罗湖区东昌路今日家园明秀轩7E商品房一套归冯磊管理使用，未付清的房款由冯磊本人继续支付；三、冯磊应于2004年12月20日前支付给沈韶华房款60 000元；四、冯磊应于2004年12月20日前支付给沈韶华补偿金15 000元；五、现个人使用的日常衣物归个人所有；六、冯磊应于2004年12月20日前支付给沈韶华房屋租金3 500元。"腾讯科技（深圳）有限公司（以下简称腾讯科技公司）是腾讯控股有限公司（以下简称腾讯控股公司）的全资子公司。2000年3月份冯磊入职腾讯科技公司。2001年8月10日，腾讯控股公司授予冯磊期权525 000股，授予价为每股0.049 7美元。根据期权计划规定，授予期每满一年，冯磊可行使期权总额的四分之一，满4年后可全部行使。2004年6月份，腾讯控股公司在香港证券交易所上市。2004年12月，冯磊行使期权80 000股（即以每股0.049 7美元的价格购得了相同数量的股票），并在行权当日抛售80 000股股票获取了现金。2005年1月份，冯磊行权85 000股后抛售了股票。2005年7月，冯磊行权60 000股后抛售了股票。2004年12月、2005年1月、2005年7月腾讯股票收盘价分别为港币 4.62 元、4.55 元、6.1 元。沈韶华的诉讼请求是 1. 判令被告偿还原告在离婚财产分割时未分割的财产约 50 万元人民币，实际财产据法院调查结果确定。2. 本案诉讼费由被告承担。

二、两审法院的认定与判决

一审法院认为，沈韶华、冯磊离婚后冯磊行使期权获得腾讯控股公司股票并出售的事实双方均无异议，法院予以确认。本案争议的焦点在于冯磊通过行权获得的股票价值应否认定为夫妻共同财产？如属共同财产，价值如何计算？对此《中华人民共和国婚姻法》及司法解释未有明确具体的规定。为此，法院从以下几个方面考虑进行认定和处理：一、关于股票期权的定义和性质问题。《财政部、国家税务总局关于个人股票期权所得征收个人所得税问题的通知》（以下简称《通知》）第一条中规定："企业员工股票期权是指上市公司按照规定的程序授予本公司及其控股企业员工的一项权利，该权利允许被授权员工在未来时间内以某一特定价格购买本公司一定数量的股票。"《通知》第二条第（二）项规定："员工行权时，其从企业取得股票的实际购买价（施权价）低于购买日公平市场价（指该股票当日的收盘价）的差额，是因员工在企业的表现和业绩情况而取得的与任职、受雇有关的所得。"从上述规定来看，股票期权具有如下特点：一、它是一项权利而非义务；二、这项权利是上市公司授予给公司员工的，是员工的劳动所得；三、这项权利的实质是以低于购买日公平市场价的价格购得股票从而获取较大差额的金钱利润，因此它归根到底是一项财产权利。从股票期权的定义、性质和特点可以看出，股票期权实为一种财产权利，若员工放弃权利，则另当别论；但当员工行权将该项权利实际转化为有形财产后，如果符合《中华人民共和国婚姻法》第十七条规定的夫妻共同财产的情形，则理应作为夫妻共同财产进行处理。二、关于本案中冯磊取得的股票期权实际转化的财产应否认定为夫妻共同财产的问题。根据《中华人民共和国婚姻法》第十七条的规定，夫妻在婚姻关系存续期间所得的财产属于夫妻共同所有，这是确定夫妻婚后所得财产所有权归属问题的基本原则。而此处的"所得"，应理解为包括"已经取得并实际占有"和"应当取得而尚未实际取得并占有"的财产。因此，本案应从以下两个方面加以考虑：1.夫妻关系存续的时间与冯磊在腾讯科技公司工作而取得期权所应付出的劳动时间的关系；2.股票期权可以行权的时间和实际行权的情况。首先，根据腾讯控股公司期权计划的规定，2001年8月10日授予冯磊525 000股的期权。同时，该计划还规定了行权的条件，即授予期每满一年，冯磊可行使期权总额的四分之一，满4年后方可全部行使。从这个规定来看，冯磊从被授予期权至获得全部期权应在腾讯科技公司工作满48个月，据此计算，冯磊从2001年8月10日后每工作1个月可获得相当于10 937.5股（525 000÷48）股票的期权。冯磊与沈韶华夫妻关系存续的时间约29个月（2002年6月29日至2004年10月20日），在此期间，冯磊在腾讯科技公司连续工作，根据期权计划的规定冯磊获得了相当于317 187.5股股票的期权。如果这些期权实际行权并产生了收益，根据《中华人民共和国婚姻法》第十七条的规定，所产生的收益理应作为夫妻共同财产进行处理；其次，腾讯控股公司股票是于2004年6月在香港挂牌上市。此时尚在冯磊与沈韶华夫妻关系存续期间，根据腾讯控股公司期权计划的规定，冯磊可以行权四分之三即以每股0.049 7美元的价格购买腾讯控股公司的393 750股（525 000×75%）股票。也就是说，冯磊在2004年6月份就应当能够取得这些实际的财产。虽然出于各种原因冯磊实际行权的时间是在夫妻离婚后（2004年12月、2005年1月和7月），行权的数量也未满四分之三，但依法不能改变其在夫妻关系存续期间即应当能够获得这些财产的事实。截至2005年7月，冯磊实际行权购买的股票共225 000股并且出售转化为现金，考虑到其尚未行使的期权将来存在多种可能性（如因冯磊放弃行权而不能获取相应的股票），而且未来行权所取得的利润（股票实际购买价与出售价格的差额）亦无法确定，因此本案对于冯磊已实际行权购买225 000股股票并出售后取得的收益作为双方共同财产进行处理。对于冯磊尚未行权获取的股票暂不处理，沈韶华可待冯磊实际行权后另行起诉解决。三、关于沈韶华诉讼请求的金额如何确定的问题。如上所述，本案中应作为夫妻共同财产进行分割的部分为冯磊行权获取225 000股股票并出售后赚取的利润（差额）。冯磊在庭审后向法院提交了一份行权所得利润的计算方法，认为其行权后实际所得为人民币511 520元。但冯磊并未就其出售股票时的价格向法院提交相应的证据证明，故对此法院不予采信。同理，虽然沈韶华也在其代理词中对其计算作出了说明，因未提交相应的证据证明，法院亦不予采纳。参照《通知》第二条的规定，法院认为以2004年12月、2005年1月、2005年7月腾讯控股公司股票当月的收盘价作为计算的标准较为公平。据此计算被告售出的股票价值为港币1 244 350元（80 000×4.62+85 000×4.55+80 000×6.1），而冯磊购买这些股票支出11 182.5美元，两者的差额即属夫妻共同财产，依法应予分割。从适当照顾女方合法权益的角度出发，由冯磊适当补偿沈韶华上述差额的60%为宜。具体金额，以沈韶华起诉之日港元、美元分别与人民币的汇率计算。综上所述，依据《中华人民共和国民事诉讼法》第一百二十八条，《中华人民共和国婚姻法》第十七条、第三十九条的规定，判决：一、冯磊应于本判决发生法律效力之日起十日内向原告沈韶华支付股票收益款，具体金额为人民币724 307[（1 244 350×1.042 8-11 182.5×8.086 8）×60%]元，逾期则按照《中华人民共和国民事诉讼法》第二百三十二条的规定处理；二、驳回沈韶华的其他诉讼请求。本案案件受理费17 798元，沈韶华负担5 658元，冯磊负担12 140元。冯磊不服，提起上诉。

本院二审认为冯磊在结婚前的2001年8月10日取得腾讯控股公司授

予的 525 000 股股票期权,该股票期权是腾讯控股公司授予其所属公司员工(包括上诉人冯磊)在预定的未来时间内以预定的认购价格认购特定数量的公司股票的一项权利,这项权利因当事人行权时的认购价格可能低于当日市场价而将产生财产性收益,因此该股票期权具有经济利益,应当认定为一项财产权利。根据《中华人民共和国婚姻法》第十七条、第十八条的规定,判断财产性质的首要标准是财产和财产权利的取得时间是否在婚姻关系存续期间。冯磊取得的股票期权所附的条件在婚前虽然未成就,但该条件是在婚前就确定的将来可以取得认购权利的条件,与冯磊的任职、受雇有关且所附条件的成就取决于冯磊的任职年限,不因婚姻关系的变化而发生变化,因此该财产权利的取得和确定时间在结婚前而不是在结婚后,婚前取得的财产权利应当认定为冯磊个人所有的财产权利。冯磊实现股票期权所得的收益属于冯磊工资、薪金所得,冯磊行权时间是离婚后的 2004 年 12 月、2005 年 1 月和 7 月,冯磊行权后卖出股票所得的收益属于离婚后的所得,不属于《中华人民共和国婚姻法》第十七条及最高人民法院《关于适用〈中华人民共和国婚姻法〉若干问题解释(二)》第十一条规定的应当归双方共同所有的财产。沈韶华主张分割冯磊行权后卖出股票所得的收益没有法律依据,本院不予支持。原审判决将冯磊行使股票期权所得收益认定为夫妻共同财产不当,本院予以纠正。原审判决认定事实清楚,但适用法律错误,依照《中华人民共和国民事诉讼法》第一百五十三条第一款第(二)、(三)项,《中华人民共和国婚姻法》第十八条的规定,判决:一、撤销深圳市福田区人民法院(2005)深福法民一初字第 3102 号民事判决;二、驳回沈韶华的诉讼请求。本案一、二审受理费共人民币 35 596 元,由沈韶华负担。

  沈韶华不服二审判决,向深圳市人民检察院申诉,深圳市人民检察院提请广东省人民检察院进行抗诉。广东省人民检察院认为:1. 冯磊的股票期权虽然是在婚前取得的，但所得的收益来自婚姻关系存续期间。冯磊所取得的股票期权是腾讯科技公司为激励雇员努力工作所制定的一项激励机制，是其工资、奖金收入的一部分，属于财产权利。其取得股票期权的时间是2001年8月10日，与沈韶华结婚是在2002年6月29日，离婚于2004年10月20日。依据腾讯科技公司出具的《关于冯磊期权事宜的说明》，从2004年9月30日起，腾讯科技公司的行权计划已经落实，其员工从此时起开始可以行权，可按计划认购股份取得利益。也就是说从2004年9月30日开始，冯磊已经可以行权并取得利益，在此时其并未与沈韶华离婚，无疑是属婚姻关系存续期间的财产利益。因此，尽管冯磊是在离婚后的2004年12月才实际行使2004年9月30日（婚姻关系存续期间）应行使的权利，但并不能因此而改变股票期权收益的性质。终审判决认定冯磊的股票期权的取得和确定时间在结婚前而不是在结婚后，婚前取得的财产权利应当认定为冯磊个人所有的财产权利属认定事实不清。2. 终审判决将股票期权认定为冯磊个人所有的财产，在适用法律上不当。《中华人民共和国婚姻法》第十九条第一款规定："夫妻可以约定婚姻关系存续期间所得的财产以及婚前财产归各自所有、共同所有或部分各自所有、部分共同所有。约定应当采用书面形式。没有约定或约定不明确的，适用本法第十七条、第十八条的规定。"本案并没有证据证明双方对该股票期权进行过约定，按《婚姻法》第十七条第（一）项规定："夫妻在婚姻关系存续期间所得的下列财产，归夫妻共同所有：工资、奖金。"冯磊的股票期权既然属工资、薪金的一部分，且又属婚姻关系存续期间所得，理应认定为夫妻共同所有。终审判决认定冯磊的股票期权的取得和确定时间在结婚前而不是在结婚后，婚前取得的财产权利应当认定为冯磊个人所有的财产权利，显然适用法律不当。

三、本院审判委员会研究意见

少数意见认为，最高人民法院《关于人民法院审理离婚案件处理财产分割问题的若干具体意见》第 2 条规定：夫妻双方在婚姻关系存续期间所得的财产，为夫妻共同财产。在这里，立法侧重保护的是当事人的财产性收益。认定一项财产是否属于夫妻共同财产，应该以该项财产取得是否在婚姻关系存续期间内为判断标准。本案中，冯磊取得股票期权在其与沈韶华结婚之前，而实现期权收益则在婚姻关系解除之后，根据以上判断夫妻共同财产的标准，冯磊所获期权收益应属于个人财产，不属于夫妻共同财产，沈韶华无权要求分割。

多数意见认为，冯磊离婚后因行使股票期权所获收益应作为夫妻共同财产进行分割。其理由是：一、《财政部、国家税务总局关于个人股票期权所得征收个人所得税问题的通知》（以下简称《通知》）第一条中规定："企业员工股票期权是指上市公司按照规定的程序授予本公司及其控股企业员工的一项权利，该权利允许被授权员工在未来时间内以某一特定价格购买本公司一定数量的股票。"《通知》第二条第（二）项规定："员工行权时，其从企业取得股票的实际购买价（施权价）低于购买日公平市场价（指该股票当日的收盘价）的差额，是因员工在企业的表现和业绩情况而取得的与任职、受雇有关的所得。"由以上规定可以看出，股票期权是企业员工有条件购买本企业股票的资格，并非财产权利，因此，不能以其获得的时间，来判断其是否属于夫妻共同财产，且本案当事人主张的是股票期权所获收益的分割，而非主张分割股票期权。二、本案中，依据冯磊与腾讯控股公司的协议，冯磊每年可行权四分之一，即获得 131 250 股股票。而冯磊可行权的时间从结婚前一直持续到双方婚姻关系解除。在双方婚姻关系存续期间（29 个月），冯磊可以行权获得 317 187.5 股股票。对于这部分所得，不仅依赖于冯磊在腾讯控股公司的辛勤工作，同时，也取决于沈韶华大量的难以计数的家务劳动，以及在感情和道义上对其的支持。即沈韶华对于冯磊可以行使的 317 187.5 股股票期权，有无形的贡献，因而对于冯磊行权所获得的 317 187.5 股股票收益，沈韶华理当享有平等的权利。三、最高人民法院《关于人民法院审理离婚案件处理财产分割问题的若干具体意见》第 2 条规定中的"所得"不仅包括"已经取得并实际占有"的财产，而且也包括"应当取得而尚未实际取得并占有"的财产。涉案的 317 187.5 股股票收益则属于冯磊"应当取得而尚未实际取得并占有"的财产。综上，涉案的 317 187.5 股股票收益，应当属于夫妻共同财产，沈韶华应分得 158 593.25 股。尽管冯磊行权时间在双方婚姻关系解除之后，但这并不能改变该股票收益的法律属性。本案中，冯磊已行权 225 000 股，所获收益为 1 207 181.58（1 244 350×1.042 8–11 182.5×8.086 8），沈韶华应得份额占期权总数的百分比为 158 593.25÷525 000=0.302 1，即 30.21%，根据该比例计算，沈韶华应分得 364 689.56 元。

以上意见妥否，请批复。

Appendix C
附录 C

婚姻法及其司法解释

中华人民共和国婚姻法（2001年修正版）

第十九条　……夫妻对婚姻关系存续期间所得的财产约定归各自所有的，夫或妻一方对外所负的债务，第三人知道该约定的，以夫或妻一方所有的财产清偿。

第四十一条　离婚时，原为夫妻共同生活所负的债务，应当共同偿还。共同财产不足清偿的，或财产归各自所有的，由双方协议清偿；协议不成时，由人民法院判决。

最高人民法院关于适用《中华人民共和国婚姻法》若干问题的解释（一）

法释〔2001〕30号

第十七条　婚姻法第十七条关于"夫或妻对夫妻共同所有的财产，有平等的处理权"的规定，应当理解为：

（一）夫或妻在处理夫妻共同财产上的权利是平等的。因日常生活需要而处理夫妻共同财产的，任何一方均有权决定。

（二）夫或妻非因日常生活需要对夫妻共同财产做重要处理决定，夫妻双方应当平等协商，取得一致意见。他人有理由相信其为夫妻双方共同意思表示的，另一方不得以不同意或不知道为由对抗善意第三人。

《最高人民法院关于适用〈中华人民共和国婚姻法〉若干问题的解释（二）》

法释〔2003〕19号

……

第十六条　人民法院审理离婚案件，涉及分割夫妻共同财产中以一方名义在有限责任公司的出资额，另一方不是该公司股东的，按以下情形分别处理：

（一）夫妻双方协商一致将出资额部分或者全部转让给该股东的配偶，过半数股东同意、其他股东明确表示放弃优先购买权的，该股东的配偶可以成为该公司股东；

（二）夫妻双方就出资额转让份额和转让价格等事项协商一致后，过半数股东不同意转让，但愿意以同等价格购买该出资额的，人民法院可以对转让出资所得财产进行分割。过半数股东不同意转让，也不愿意以同等价格购买该出资额的，视为其同意转让，该股东的配偶可以成为该公司股东。

用于证明前款规定的过半数股东同意的证据，可以是股东会决议，也可以是当事人通过其他合法途径取得的股东的书面声明材料。

第二十三条　债权人就一方婚前所负个人债务向债务人的配偶主张权利的，人民法院不予支持。但债权人能够证明所负债务用于婚后家庭共同生活的除外。

第二十四条　债权人就婚姻关系存续期间夫妻一方以个人名义所负债务主张权利的，应当按夫妻共同债务处理。但夫妻一方能够证明债权人与债务人明确约定为个人债务，或者能够证明属于婚姻法第十九条第三款规定情形的除外。

第二十五条 当事人的离婚协议或者人民法院的判决书、裁定书、调解书已经对夫妻财产分割问题作出处理的，债权人仍有权就夫妻共同债务向男女双方主张权利。

一方就共同债务承担连带清偿责任后，基于离婚协议或者人民法院的法律文书向另一方主张追偿的，人民法院应当支持。

第二十六条 夫或妻一方死亡的，生存一方应当对婚姻关系存续期间的共同债务承担连带清偿责任。

最高人民法院关于适用〈中华人民共和国婚姻法〉若干问题的解释（二）的补充规定

法释〔2017〕6号

在《最高人民法院关于适用〈中华人民共和国婚姻法〉若干问题的解释（二）》第二十四条的基础上增加两款，分别作为该条第二款和第三款：

夫妻一方与第三人串通，虚构债务，第三人主张权利的，人民法院不予支持。

夫妻一方在从事赌博、吸毒等违法犯罪活动中所负债务，第三人主张权利的，人民法院不予支持。

最高人民法院关于审理涉及夫妻债务纠纷案件适用法律有关问题的解释

（法释〔2018〕2号）

为正确审理涉及夫妻债务纠纷案件，平等保护各方当事人合法权益，根据《中华人民共和国民法总则》《中华人民共和国婚姻法》《中华人民共和国合同法》《中华人民共和国民事诉讼法》等法律规定，制定本解释。

第一条 夫妻双方共同签字或者夫妻一方事后追认等共同意思表示所负的债务，应当认定为夫妻共同债务。

第二条 夫妻一方在婚姻关系存续期间以个人名义为家庭日常生活需要所

负的债务,债权人以属于夫妻共同债务为由主张权利的,人民法院应予支持。

第三条　夫妻一方在婚姻关系存续期间以个人名义超出家庭日常生活需要所负的债务,债权人以属于夫妻共同债务为由主张权利的,人民法院不予支持,但债权人能够证明该债务用于夫妻共同生活、共同生产经营或者基于夫妻双方共同意思表示的除外。

第四条　本解释自2018年1月18日起施行。

本解释施行后,最高人民法院此前作出的相关司法解释与本解释相抵触的,以本解释为准。

附录 D

企业重组税收政策汇编

关于企业重组业务企业所得税处理若干问题的通知

财税〔2009〕59号

四、企业重组,除符合本通知规定适用特殊性税务处理规定的外,按以下规定进行税务处理:……

(五)企业分立,当事各方应按下列规定处理:

1. 被分立企业对分立出去资产应按公允价值确认资产转让所得或损失。

2. 分立企业应按公允价值确认接受资产的计税基础。

3. 被分立企业继续存在时,其股东取得的对价应视同被分立企业分配进行处理。

4. 被分立企业不再继续存在时,被分立企业及其股东都应按清算进行所得税处理。

5. 企业分立相关企业的亏损不得相互结转弥补。

五、企业重组同时符合下列条件的,适用特殊性税务处理规定:

(一)具有合理的商业目的,且不以减少、免除或者推迟缴纳税款为主要目的。

（二）被收购、合并或分立部分的资产或股权比例符合本通知规定的比例。

（三）企业重组后的连续12个月内不改变重组资产原来的实质性经营活动。

（四）重组交易对价中涉及股权支付金额符合本通知规定比例。

（五）企业重组中取得股权支付的原主要股东，在重组后连续12个月内，不得转让所取得的股权。

六、企业重组符合本通知第五条规定条件的，交易各方对其交易中的股权支付部分，可以按以下规定进行特殊性税务处理：

……

（五）企业分立，被分立企业所有股东按原持股比例取得分立企业的股权，分立企业和被分立企业均不改变原来的实质经营活动，且被分立企业股东在该企业分立发生时取得的股权支付金额不低于其交易支付总额的85%，可以选择按以下规定处理：

1. 分立企业接受被分立企业资产和负债的计税基础，以被分立企业的原有计税基础确定。

2. 被分立企业已分立出去资产相应的所得税事项由分立企业承继。

3. 被分立企业未超过法定弥补期限的亏损额可按分立资产占全部资产的比例进行分配，由分立企业继续弥补。

4. 被分立企业的股东取得分立企业的股权（以下简称"新股"），如需部分或全部放弃原持有的被分立企业的股权（以下简称"旧股"），"新股"的计税基础应以放弃"旧股"的计税基础确定。如不需放弃"旧股"，则其取得"新股"的计税基础可从以下两种方法中选择确定：直接将"新股"的计税基础确定为零；或者以被分立企业分立出去的净资产占被分立企业全部净资产的比例先调减原持有的"旧股"的计税基础,再将调减的计税基础平均分配到"新股"上。

(六)重组交易各方按本条(一)至(五)项规定对交易中股权支付暂不确认有关资产的转让所得或损失的,其非股权支付仍应在交易当期确认相应的资产转让所得或损失,并调整相应资产的计税基础。

非股权支付对应的资产转让所得或损失=(被转让资产的公允价值—被转让资产的计税基础)×(非股权支付金额÷被转让资产的公允价值)

国家税务总局关于企业重组业务企业所得税征收管理若干问题的公告

国家税务总局公告 2015 年第 48 号

一、按照重组类型,企业重组的当事各方是指:

……

(五)分立中当事各方,指分立企业、被分立企业及被分立企业股东。

上述重组交易中,股权收购中转让方、合并中被合并企业股东和分立中被分立企业股东,可以是自然人。

当事各方中的自然人应按个人所得税的相关规定进行税务处理。

财政部 国家税务总局关于全面推开营业税改征增值税试点的通知

财税〔2016〕36 号

附件 2:营业税改征增值税试点有关事项的规定

(二)不征收增值税项目。

……

5.在资产重组过程中,通过合并、分立、出售、置换等方式,将全部或者部分实物资产以及与其相关联的债权、负债和劳动力一并转让给其他单位和个人,其中涉及的不动产、土地使用权转让行为。

……

国家税务总局关于纳税人资产重组有关增值税问题的公告

国家税务总局公告 2011 年第 13 号

根据《中华人民共和国增值税暂行条例》及其实施细则的有关规定，现将纳税人资产重组有关增值税问题公告如下：

纳税人在资产重组过程中，通过合并、分立、出售、置换等方式，将全部或者部分实物资产以及与其相关联的债权、负债和劳动力一并转让给其他单位和个人，不属于增值税的征税范围，其中涉及的货物转让，不征收增值税。

本公告自 2011 年 3 月 1 日起执行。此前未作处理的，按照本公告的规定执行。《国家税务总局关于转让企业全部产权不征收增值税问题的批复》（国税函〔2002〕420 号）、《国家税务总局关于纳税人资产重组有关增值税政策问题的批复》（国税函〔2009〕585 号）、《国家税务总局关于中国直播卫星有限公司转让全部产权有关增值税问题的通知》（国税函〔2010〕350 号）同时废止。

国家税务总局关于纳税人资产重组有关增值税问题的公告

国家税务总局公告 2013 年第 66 号

现将纳税人资产重组有关增值税问题公告如下：

纳税人在资产重组过程中，通过合并、分立、出售、置换等方式，将全部或者部分实物资产以及与其相关联的债权、负债经多次转让后，最终的受让方与劳动力接收方为同一单位和个人的，仍适用《国家税务总局关于纳税人资产重组有关增值税问题的公告》（国家税务总局公告 2011 年第 13 号）的相关规定，其中货物的多次转让行为均不征收增值税。资产的出让方需将资产重组方案等文件资料报其主管税务机关。

本公告自 2013 年 12 月 1 日起施行。纳税人此前已发生并处理的事项，不再做调整；未处理的，按本公告规定执行。

财政部 税务总局关于继续实施企业改制重组有关土地增值税政策的通知

财税〔2018〕57号

三、按照法律规定或者合同约定，企业分设为两个或两个以上与原企业投资主体相同的企业，对原企业将房地产转移、变更到分立后的企业，暂不征土地增值税。

财政部 税务总局关于继续支持企业事业单位改制重组有关契税政策的通知

财税〔2018〕17号

四、公司分立

公司依照法律规定、合同约定分立为两个或两个以上与原公司投资主体相同的公司，对分立后公司承受原公司土地、房屋权属，免征契税。

财政部 国家税务总局关于企业改制过程中有关印花税政策的通知

财税〔2003〕183号

一、关于资金账簿的印花税

……

（二）以合并或分立方式成立的新企业，其新启用的资金账簿记载的资金，凡原已贴花的部分可不再贴花，未贴花的部分和以后新增加的资金按规定贴花。

……

三、关于产权转移书据的印花税

企业因改制签订的产权转移书据免予贴花。

海南省地方税务局关于印发企业重组中分立业务所得税税收风险特征的通知

琼地税函〔2014〕467号

……

（二）个人所得税

企业分立重组中，一般拆分为股东收回投资和再投资两个税收行为，对涉及个人股东权益变动或变更的，应按照个人所得税法的股息、利息、红利所得或财产转让所得规定计征税款。

……

国家税务总局关于发布《股权转让所得个人所得税管理办法（试行）》的公告

国家税务总局公告2014年第67号

……

第十一条　符合下列情形之一的，主管税务机关可以核定股权转让收入：

（一）申报的股权转让收入明显偏低且无正当理由的；

……

第十三条　符合下列条件之一的股权转让收入明显偏低，视为有正当理由：

……

（二）继承或将股权转让给其能提供具有法律效力身份关系证明的配偶、父母、子女、祖父母、外祖父母、孙子女、外孙子女、兄弟姐妹以及对转让人承担直接抚养或者赡养义务的抚养人或者赡养人；

……

致谢

从立意到提笔、从草就到成篇,时光匆匆,三载已逝。今天,在众多朋友的支持和帮助下,本书终于画下了最后一个句号。此刻,我最想表达的只有感谢。

感谢机械工业出版社的策划编辑,从本书选题到写作再到出版付出了颇多心血,给予了巨大帮助;感谢营销编辑,他们换位思考,从读者的角度提出了很多富有启发的建议;感谢责任编辑,为了本书的如期出版,春节期间仍在加班修改书稿。因为他们的敬业和专业,才有了本书的顺利面世,向他们说一声:"辛苦了!"

感谢我的朋友乔冰、方正、姜波、樊书峰、王骏、吴稼南、杜明堂、董璐、吴鸿雁、赵金雷、何德文、焉梅、孙炜、王葆青、肖宏伟、李民、李秀华、钟必、李茂娇、徐闻洲、侯菲菲、王凯、欧阳邵波等。在本书的写作过程中,我荣幸地得到了他们的帮助,收获了很多富有卓识的建议。援手之情,铭记在心。

作为兮鼎股权咨询的创始人,我也要感谢我的合伙人张莅,她不仅陪伴我写作的全过程,时时给我建议,还承担了烦冗的查缺补漏工作,让本书更加严谨完善。感谢我的合伙人曾德雄,他不仅尽力承担了很多工作,以使我有时间完成书稿,同时他也用自己20年的投行经验,给了我非常多的建设性的意见。

感谢我的先生,谢谢他在我忙碌的日子里默默支持和包容我;感谢我的女儿，她是如此乖巧懂事，让我的写作充满动力；感谢我的父母，谢谢他们在我人到中年时仍然给予我无微不至的照顾。

感谢参加过我培训的学员，他们的热情参与和积极反馈，让我不断涌现灵感去完善课程、充实书稿。

感谢我服务过的企业家，是他们的信赖，让我有机会与之一起共同拥抱股权大时代。他们的经历和梦想，驱使我下定决心，完成此书，帮助更多的人追逐梦想。

最后，我要感谢每一位读者认真地读完本书，你们的阅读是我持续写作的最大动力。

从始至终，我很想把书写得既有趣又专业，让外行看得懂、用得上，让内行起共鸣、有收获，但是将专业术语通俗易懂地表述出来不仅需要耗费大量的时间，还有写作技巧的挑战。繁忙的工作和有限的能力时常让我鱼和熊掌无法兼得，加之本书横跨法律、资本、税务、管理等多门学科，所以尽管我一直很努力，写了删，删了写，但直至本书出版，依然没有让自己十分满意。最后，只能把它变成一本永远写不完的书。怎么能永远写不完？这就欢迎读者不断地提问、挑错误，我不断地解答、做改正，把它变成一本常读常新、永远写不完的书。为此，我注册了微信公众号"兮鼎股权咨询"，欢迎大家搜索添加并留言。我会根据大家的需求，不断更新内容、补充案例，让每位读者买到的不仅是一本书，更是终身服务的知识体系。

李利威

2019 年 3 月于上海

会计极速入职晋级

书号	定价	书名	作者	特点
66560	49	一看就懂的会计入门书	钟小灵	非常简单的会计入门书；丰富的实际应用举例，贴心提示注意事项，大量图解，通俗易懂，一看就会
44258	49	世界上最简单的会计书	（美）穆利斯 等	被读者誉为最真材实料的易懂又有用的会计入门书
71111	59	会计地图：一图掌控企业资金动态	（日）近藤哲朗 等	风靡日本的会计入门书，全面讲解企业的钱是怎么来的、是怎么花掉的，要想实现企业利润最大化，该如何利用会计常识开源和节流
59148	49	管理会计实践	郭永清	总结调查了近1000家企业问卷，教你构建全面管理会计图景，在实务中融会贯通地去应用和实践
70444	69	手把手教你编制高质量现金流量表：从入门到精通（第2版）	徐峥	模拟实务工作真实场景，说透现金流量表的编制原理与操作的基本思路
69271	59	真账实操学成本核算（第2版）	鲁爱民 等	作者是财务总监和会计专家；基本核算要点，手把手讲解；重点账务处理，举例综合演示
57492	49	房地产税收面对面（第3版）	朱光磊 等	作者是房地产从业者，结合自身工作经验和培训学员常遇问题写成，丰富案例
69322	59	中小企业税务与会计实务（第2版）	张海涛	厘清常见经济事项的会计和税务处理，对日常工作中容易遇到重点和难点财税事项，结合案例详细阐释
62827	49	降低税负：企业涉税风险防范与节税技巧实战	马昌尧	深度分析隐藏在企业中的涉税风险，详细介绍金三环境下如何合理节税。5大经营环节，97个常见经济事项，107个实操案例，带你活学活用税收法规和政策
42845	30	财务是个真实的谎言（珍藏版）	钟文庆	被读者誉为最生动易懂的财务书；作者是沃尔沃原财务总监
64673	79	全面预算管理：案例与实务指引（第2版）	龚巧莉	权威预算专家，精心总结多年工作经验/基本理论、实用案例、执行要点，一册讲清/大量现成的制度、图形、表单等工具，即改即用
61153	65	轻松合并财务报表：原理、过程与Excel实战	宋明月	87张大型实战图表，手把手教你用EXCEL做好合并报表工作；书中表格和合并报表的编制方法可直接用于工作实务！
70990	89	合并财务报表落地实操	蔺龙文	深入讲解合并原理、逻辑和实操要点；14个全景式实操案例
69178	169	财务报告与分析：一种国际化视角	丁远	从财务信息使用者角度解读财务与会计，强调创业者和创新的重要作用
69738	79	我在摩根的收益预测法：用Excel高效建模和预测业务利润	（日）熊野整	来自投资银行摩根士丹利的工作经验；详细的建模、预测及分析步骤；大量的经营模拟案例
64686	69	500强企业成本核算实务	范晓东	详细的成本核算逻辑和方法，全景展示先进500强企业的成本核算做法
60448	45	左手外贸右手英语	朱子斌	22年外贸老手，实录外贸成交秘诀，提示你陷阱和套路，告诉你方法和策略，大量范本和实例
70696	69	第一次做生意	丹牛	中小创业者的实战心经；赚到钱、活下去、管好人、走对路；实现从0到亿元营收跨越
70625	69	聪明人的个人成长	（美）史蒂夫·帕弗利纳	全球上亿用户一致践行的成长七原则，护航人生中每一个重要转变

财务知识轻松学

书号	定价	书名	作者	特点
71576	79	IPO财务透视：注册制下的方法、重点和案例	叶金福	大华会计师事务所合伙人作品，基于辅导IPO公司的实务经验，针对IPO中最常问询的财务主题，给出明确可操作的财务解决思路
58925	49	从报表看舞弊：财务报表分析与风险识别	叶金福	从财务舞弊和盈余管理的角度，融合工作实务中的体会、总结和思考，提供全新的报表分析思维和方法，黄世忠、夏草、梁春、苗润生、徐珊推荐阅读
62368	79	一本书看透股权架构	李利威	126张股权结构图，9种可套用架构模型；挖出38个节税的点，避开95个法律的坑；蚂蚁金服、小米、华谊兄弟等30个真实案例
70557	89	一本书看透股权节税	李利威	零基础50个案例搞定股权税收
62606	79	财务诡计（原书第4版）	（美）施利特 等	畅销25年，告诉你如何通过财务报告发现会计造假和欺诈
58202	35	上市公司财务报表解读：从入门到精通（第3版）	景小勇	以万科公司财报为例，详细介绍分析财报必须了解的各项基本财务知识
67215	89	财务报表分析与股票估值（第2版）	郭永清	源自上海国家会计学院内部讲义，估值方法经过资本市场验证
58302	49	财务报表解读：教你快速学会分析一家公司	续芹	26家国内外上市公司财报分析案例，17家相关竞争对手、同行业分析，遍及教育、房地产等20个行业；通俗易懂，有趣有用
67559	79	500强企业财务分析实务（第2版）	李燕翔	作者将其在外企工作期间积攒下的财务分析方法倾囊而授，被业界称为最实用的管理会计书
67063	89	财务报表阅读与信贷分析实务（第2版）	崔宏	重点介绍商业银行授信风险管理工作中如何使用和分析财务信息
71348	79	财务报表分析：看透财务数字的逻辑与真相	谢士杰	立足报表间的关系和影响，系统描述财务分析思路以及虚假财报识别的技巧
58308	69	一本书看透信贷：信贷业务全流程深度剖析	何华平	作者长期从事信贷管理与风险模型开发，大量一手从业经验，结合法规、理论和实操融会贯通讲解
55845	68	内部审计工作法	谭丽丽 等	8家知名企业内部审计部长联手分享，从思维到方法，一手经验，全面展现
62193	49	财务分析：挖掘数字背后的商业价值	吴坚	著名外企财务总监的工作日志和思考笔记；财务分析视角侧重于为管理决策提供支持；提供财务管理和分析决策工具
66825	69	利润的12个定律	史永翔	15个行业冠军企业，亲身分享利润创造过程；带你重新理解客户、产品和销售方式
60011	79	一本书看透IPO	沈春晖	全面解析A股上市的操作和流程；大量方法、步骤和案例
65858	79	投行十讲	沈春晖	20年的投行老兵，带你透彻了解"投行是什么"和"怎么干投行"；权威讲解注册制、新证券法对投行的影响
68421	59	商学院学不到的66个财务真相	田茂永	萃取100多位财务总监经验
68080	79	中小企业融资：案例与实务指引	吴瑕	畅销10年，帮助了众多企业；有效融资的思路、方略和技巧；从实务层面，帮助中小企业解决融资难、融资贵问题
68640	79	规则：用规则的确定性应对结果的不确定性	龙波	华为21位前高管一手经验首次集中分享；从文化到组织，从流程到战略；让不确定变得可确定
69051	79	华为财经密码	杨爱国 等	揭示华为财经管理的核心思想和商业逻辑
68916	99	企业内部控制从懂到用	冯萌 等	完备的理论框架及丰富的现实案例，展示企业实操经验教训，提出切实解决方案
70094	129	李若山谈独立董事：对外懂事，对内独立	李若山	作者获评2010年度上市公司优秀独立董事；9个案例深度复盘独董工作要领；既有怎样发挥独董价值的系统思考，还有独董如何自我保护的实践经验
70738	79	财务智慧：如何理解数字的真正含义（原书第2版）	（美）伯曼 等	畅销15年，经典名著；4个维度，带你学会用财务术语交流，对财务数据提问，将财务信息用于工作